Karel Szesny

Das Sterneglöckchen

FSC
www.fsc.org
MIX
Papier aus verantwortungsvollen Quellen
Paper from responsible sources
FSC® C105338

Die Deutsche Nationalbibliothek verzeichnet diese Publikation in der deutschen Nationalbibliografie; detaillierte bibliografische Daten sind im Internet über http://dnb.ddb.de abrufbar.

Illustrationen von Karel Szesny
Grafik von Tibor Horvath

ISBN: 978-3-940650-11-5

www.abentheuerverlag.de

Facebook-Fanseite: Das Sternenglöckchen

Karel Szesny

Das Sternenglöckchen

oder

Die Blume des kleinen Prinzen

Ein Roman
für Kinder und Erwachsene

MIT ZEICHNUNGEN DES VERFASSERS

ABENTHEUER VERLAG

Inhalt

FÜR ANTOINE

Ich bitte die Kinder um Verzeihung, dass ich dieses Buch einem Erwachsenen widme. Es gibt einen triftigen Grund dafür. Dieser Erwachsene war Flieger. Er hat im Krieg tapfer für sein Heimatland gekämpft, das von einer feindlichen Macht überfallen worden war. Sein Flugzeug wurde von einem Gegner abgeschossen und stürzte ins Mittelmeer. Dabei ist Antoine ums Leben gekommen. Ich habe noch eine weitere Begründung. Er hat ein Buch für Kinder geschrieben. Es heißt „Der kleine Prinz“. Es ist für mich das allerschönste Buch, das es auf der Welt gibt. Falls diese Gründe nicht stichhaltig genug sein sollten, will ich dieses Buch dem Kind widmen, das dieser Erwachsene einmal gewesen war. Also:

FÜR ANTOINE

de Saint-Exupéry

ALS ER NOCH EIN KLEINER JUNGE WAR

Am 31. Juli 1944 wurde Antoines Flugzeug, eine P-38 Lightning, über dem Mittelmeer von einem deutschen Jagdflieger abgeschossen.

1. Eine merkwürdige Autopanne

Es passierte, als ich wie gewöhnlich beruflich mit dem Auto unterwegs war. Und natürlich war ich wie immer in Eile. Um Zeit zu sparen, war ich spontan in eine schmale Landstraße eingebogen, die ich vorher noch nie benutzt hatte. Doch leider erwies sie sich nicht als die erhoffte Abkürzung. Der Weg schlängelte sich endlos zwischen Wäldern, Wiesen und Feldern entlang. Mit zunehmender Entfernung von der Hauptstraße wurde er obendrein immer schadhafter. Weil ich viele Mulden durchqueren und Schlaglöchern ausweichen musste, kam ich nur langsam voran, viel zu langsam. Irgendwann begann ich zu ahnen, dass ich mich gründlich verfahren hatte. Ich überlegte bereits, ob es nicht besser wäre, umzukehren. Da setzte ganz plötzlich der Motor aus. – Nanu!

Ich ließ den Wagen ausrollen und versuchte, ihn erneut zu starten. Der Anlasser jaulte wie ein Hund, der sich den Schwanz eingeklemmt hat. Der Motor wollte aber nicht wieder anspringen. Nichts zu machen. – Merkwürdig.

Ich besitze dieses Auto bereits seit dreizehn Jahren, seit ich es von meinem Großonkel Alfons geschenkt bekam, der es nicht mehr selber fahren wollte, nachdem er sich im Alter von 91 Jahren einer Augenoperation unterziehen musste, die nicht das erhoffte Ergebnis erbracht hatte. Da war das Auto schon ungefähr siebzehn Jahre alt gewesen, und es war stets die Zuverlässigkeit selbst. Und wenn doch mal eine Reparatur anstand, kündigte es deren unausweichliche Notwendigkeit lange vorher durch ein deutlich hörbares Rasseln, Klappern oder Schleifen an. Dieses Auto hatte jedenfalls noch nie so unvermittelt seinen Dienst verweigert. Wirklich höchst merkwürdig.

Verflucht! Ausgerechnet jetzt musste das passieren, wo ich einen so wichtigen Termin hatte! So etwas ist natürlich alles andere als erfreulich, noch dazu auf einer derart abgelegenen Straße. Oh, dieses verdammte Auto! Diese blöde Klapperkiste!

Na schön. Da stand ich nun am Rande eines erntereifen Kornfeldes, dessen Größe ich nicht überblicken konnte, weil es bis weit über den hügeligen Horizont hinausreichte. Ich öffnete die Motorhaube. Ratlos betrachtete ich die komplizierte Maschine, die auf einmal nicht mehr laufen wollte. Weit und breit war kein Mensch zu sehen. Anscheinend kam hier nur selten jemand vorbei, denn während der Fahrt auf dieser holprigen Piste war mir kein einziges Auto begegnet. Seufzend griff ich nach meinem Handy und tippte die Nummer der Auskunft ein, um mich nach dem nächsten Reparaturdienst zu erkundigen, doch – Auch das noch! Kein Empfang. Ich ballte die Fäuste und brüllte ein Wort, das ich jetzt nicht unbedingt wiederholen möchte.

Allmählich sah ich ein, dass es nichts nützen würde, noch länger untätig vor dem defekten Fahrzeug zu stehen und irgendwelche Worte zu brüllen. Also krempelte ich mir die Ärmel hoch und kramte das Werkzeug hervor. Weil ich irgendwann einmal gehört hatte, dass es in solchen Fällen ratsam sei, erst einmal die Zündkerzen zu reinigen, begann ich unverzüglich mit dieser schmutzigen Arbeit. Ich hatte meinen allerbesten Anzug an. Darum musste ich mich außerordentlich vorsehen. Das Jackett konnte ich natürlich ablegen, aber die Hose …

Tief über den Motor gebeugt mühte ich mich, die erste Zündkerze herauszuschrauben. Das Gewinde klemmte. Es war anstrengend. Ich stöhnte laut und fluchte ziemlich unanständig. Da hörte ich auf einmal dicht hinter mir eine Kinderstimme: „Hallo, guten Tag. Schön dass ich Sie hier treffe.“

Es ist wohl verständlich, dass ich tüchtig erschrak. Ich war ja davon überzeugt gewesen, dass ich hier der einzige Mensch auf weiter Flur wäre. Vor lauter Schreck richtete ich mich so abrupt auf, dass ich mit dem Kopf an die hochgeklappte Motorhaube bumste. Es klang fast wie ein Glockenschlag. Ich dürfte gewiss keinen besonders netten Eindruck gemacht haben, als ich mich mit meinem schmerzverkniffenen Gesicht umwandte. Vor mir stand ein Mädchen, das merkwürdigerweise einen silberglänzenden Stirnreif trug.

„Wie kommst du denn hierher?"

„Verzeihung", sagte sie. „Tut es sehr weh?"

Ich rieb mir mit dem Handrücken den Kopf.

„Schon gut", winkte ich ab, obwohl es eigentlich noch ganz schön zwiebelte. „Kannst du mir sagen, wie weit es bis zur nächsten Ortschaft ist?"

„Oh, das ist weit", antwortete sie.

„Das hätte ich mir ja wohl selber denken können", knurrte ich misslaunig. „Mich interessiert nicht, *dass* es weit ist, sondern *wie* weit es ist. Ich will wissen, ob es sich lohnen würde, loszugehen und Hilfe zu holen."

Die Kleine sah mich mit großen, dunkelblauen Augen an.

„Es ist sehr weit", erwiderte sie. Und weil sie wohl bemerkte, dass mich auch diese Auskunft nicht zufriedenstellte, ergänzte sie: „Wirklich sehr, sehr weit."

Ich wandte mich ab und verdrehte seufzend die Augen gen Himmel.

„Verzeihung", sprach sie weiter, während ich mich erneut über den Motor beugte. „Ich muss Sie unbedingt etwas fragen: Erinnern Sie sich eigentlich noch an die Geschichten aus Ihrer Kindheit?"

„Was?", krächzte ich. So etwas hatte mir gerade noch gefehlt! Ziemlich ungehalten wandte ich mich ihr erneut zu.

„Du erwartest doch nicht etwa, dass ich mich jetzt hier gemütlich hinsetze und dir eine Geschichte erzähle? Siehst du denn nicht, dass ich eine Panne habe? Und außerdem hab ich's eilig."

„Aber es ist wichtig!“, rief sie plötzlich mit einer so eindringlich lauten Stimme, dass ich sogar ein wenig zusammenzuckte. Beeindruckt starrte ich sie an. Das Antennenstäbchen vorn auf ihrem Stirnreif zitterte. Langsam verwehte die kleine Staubwolke, die sich eben beim Aufstampfen ihres Fußes erhoben hatte.

Nun erst bemerkte ich, dass das Mädchen von einem eigenartigen Schimmer umgeben war, der von ihrem blonden Haar und dem orangeroten Kleid auszugehen schien. Bei genauerem Hinsehen erkannte ich, dass dieser Schimmer von winzigen Körnchen herrührte, die sich in Haar und Stoff verfangen hatten. Ein wenig glitzerte es auch auf ihrer Haut. Und auf den Wimpern und in den Augenwinkeln sah es besonders schön aus. – Da wusste ich aber noch nicht, dass es sich dabei um echten Sternenstaub handelte. Vermutlich hatte ich sie eben ziemlich aufdringlich angestarrt.

„Also, erinnern Sie sich an diese Geschichten?“, fragte sie mit einigem Nachdruck. Ihr ernster Blick machte mir begreiflich, dass ihr meine Antwort tatsächlich äußerst wichtig war.

„Kindergeschichten?“, fragte ich zurück, um erst einmal Zeit zu gewinnen und mich zu sammeln. Schließlich war ich eine Minute zuvor noch mit ganz anderen Dingen beschäftigt gewesen. Unsicher tastete ich nach der schmerzenden Stelle auf meinem Schädel, wo sich eine Beule zu bilden begann.

„Ja, aber wozu …?“, stammelte ich. „Wozu willst du das wissen?“

„Ich habe diesen Auftrag vom uralten Schnitzer bekommen“, antwortete sie.

„Was für ein uralter Schnitzer?“, fragte ich schroff. „Ich kenne überhaupt keinen Schnitzer.“

„Das ist nicht so einfach zu erklären“, erwiderte das Mädchen. „Aber Sie werden es erfahren, wenn Sie der Richtige sind.“

„Wenn ich der Richtige bin?“, wiederholte ich.

„Ja, der Richtige“, bestätigte sie, „ich meine, wenn Sie derjenige sind, den ich suche.“

Da lachte ich laut auf, obwohl mir eigentlich gar nicht danach zumute war. Es war ein bitteres Lachen.
„Na, in mir wirst du ganz bestimmt den Richtigen gefunden haben“, spottete ich, „wo ich im Moment so richtig zum Geschichtenerzählen aufgelegt bin. Allerdings brauche ich jetzt keinen Schnitzer, sondern einen Schlosser.“
Sodann tauchte ich wieder unter die Motorhaube und setzte den Kerzenschlüssel an, um dem Mädchen damit zu zeigen, dass ich das Gespräch für beendet hielt. Nun war ich aber doch ein wenig amüsiert über diese absurde Situation.
„Kindergeschichten!“, lamentierte ich, während ich angestrengt werkelte. „Wenn ich so drüber nachdenke, kommen mir schon einige in den Sinn. Jetzt, wo ich es so eilig habe, wünsche ich mir, fliegen zu können wie zum Beispiel Peter Pan oder wie der kleine Häwelmann mit seinem Bett. Oder man müsste einen fliegenden Teppich haben wie Aladin. Es wäre auch toll, wenn jetzt Fuchur aus den Wolken käme, der Drache aus der unendlichen Geschichte. Ich würde meinetwegen sogar mit den Wildgänsen reisen wie Nils Holgersson oder mich einfach in einen Storch verwandeln wie dieser morgenländische Kalif aus dem Märchen aus Tausendundeiner Nacht. Zur Not würde ich sogar auf einem Hexenbesen reiten wie der Zauberschüler Harry Potter, auch wenn das wohl ziemlich unbequem für einen Mann sein muss... Dann bräuchte ich mich jedenfalls nicht mit dieser Schrottkiste herumzuplagen.“
„Und diese Geschichten kennen Sie alle?“, hörte ich die Stimme des Mädchens hinter mir. Weil sie auf einmal so erfreut klang, blickte ich mich um.
„Natürlich“, versicherte ich. „Meine Nase soll so lang werden wie die von Pinocchio, wenn ich sie nicht alle mindestens fünf bis zehn Mal gelesen habe. Das war nämlich früher meine allerliebste Beschäftigung.“

„Und welche kennen Sie noch?“, wollte das Mädchen wissen, das einen Schritt nähergetreten war.
„Du meine Güte, das würde viel zu weit führen, wenn ich die alle aufzählen würde“, lenkte ich ab, denn die Zeit saß mir mächtig im Nacken. Doch das Mädchen ließ nicht locker.
„Dann kennen Sie auch … die Schatzinsel?“
„Aber sicher.“
„So?“, zweifelte sie. Anscheinend wollte sie mich auf die Probe stellen, denn sie fragte: „Wie hieß denn der Junge, der die Landkarte der Insel gefunden hatte?“
„Jim Hawkins“, antwortete ich. „Und die Karte stammte aus der Seemannskiste eines gewissen William Bones.“
„Und auf welchem Schiff ist Jim Hawkins als Schiffsjunge…?“, wollte sie fragen. Da kam meine Antwort schon wie aus der Pistole geschossen: „Es war die HISPANIOLA unter dem Kommando des Kapitäns Smollett.“
Die Fragerei ging weiter und hätte mir unter anderen Umständen richtig Spaß machen können.
„Was wollte Peter Pan niemals werden?“
„Erwachsen.“
„Welches Tier führte Alice ins Wunderland?“
„Ein weißes Kaninchen.“
„Wer hatte ein paar Zauberpantoffeln, mit denen er unheimlich schnell rennen konnte?“
„Der kleine Muck natürlich.“
„Was tauschte der Köhler Peter gegen sein Herz ein?“
„Der Holländer Michel gab ihm einen Stein dafür.“
„Und wie lautet Pippi Langstrumpfs vollständiger Name?“
Mit dieser Frage wollte mich die Kleine wohl hereinlegen, doch ich sprudelte ohne zu zögern hervor: „Pippilotta Viktualia Rollgardina Pfefferminz Efraimstochter Langstrumpf.“
Über diese präzise Antwort war ich selber ein bisschen erstaunt.

„Und kennen Sie auch die Geschichte von diesem Flieger, der in der Wüste notgelandet war?“
„Du meinst wohl die Geschichte vom kleinen Prinzen“, vermutete ich richtig.
„Der kleine Prinz“, fuhr das Mädchen fort, „hatte den Flieger gebeten, ihm etwas zu zeichnen. Stimmt's?“
Ich nickte. „Ein Schaf. Er wollte ein Schaf gezeichnet haben.“
Das Mädchen fragte weiter: „Und wie hat der Flieger ihm den Wunsch erfüllt?“
„Er hat einfach eine …“, wollte ich antworten, doch das Mädchen schnitt mir mit einer heftigen Geste das Wort ab: „Oh, sagen Sie es nicht!“
Sie streckte mir einen Zettel und einen Bleistift entgegen.
„Zeichnen Sie es auf!“
„Ich kann nicht zeichnen“, wehrte ich ab. „Und außerdem …“
„Bitte“, sagte sie und sah mich dabei mit ihren tiefblauen Augen so flehentlich an, dass ich einfach nicht widerstehen konnte. Also säuberte ich mir die Finger notdürftig an einem Lappen und kritzelte eine Kiste mit drei Luftlöchern aufs Papier.
„Das Schaf war nämlich in der Kiste drin“, erklärte ich, als ich ihr die Zeichnung reichte.

Sichtlich zufrieden betrachtete sie mein Werk. Ich war jetzt sogar ein bisschen stolz, dass ich die Schafskiste einigermaßen hingekriegt hatte. Und ich war froh, mich noch so gut an die Geschichten zu erinnern, die ich als Junge gelesen hatte. Ich hätte nie gedacht, dass dies einmal von so enormer Bedeutung sein könnte, wie sich noch zeigen wird. Die Kleine faltete das Blatt zusammen, wobei sie Obacht gab, dass die Kiste keinen Knick bekam, und verwahrte es sorgsam in einer Tasche ihres orangeroten Kleides.
„Sie kennen die Geschichte also tatsächlich“, stellte sie befriedigt fest.
„Aber ja“, bestätigte ich.

„Dann wissen Sie auch, dass der kleine Prinz am Ende verschwunden ist."
Ich machte eine unbestimmte Geste. Verstohlen sah ich auf die Uhr. Ich hatte schon viel zu viel Zeit verloren.
„Aber was …?", fragte sie, als ich den Kerzenschlüssel erneut ansetzte. „Was glauben Sie, was mit ihm passiert ist?"

Ich hielt kurz inne, denn ich kannte ja die traurige Wahrheit. Doch irgendetwas hielt mich zurück, sie auszusprechen. Darum erwiderte ich ausweichend: „Wollte er denn nicht zurück auf seinen Heimatplaneten? Bestimmt ist er jetzt dort, zu Hause bei seiner Blume."
„Das wollte er", sagte sie bekümmert. „Aber er ist nie wieder dorthin zurückgekehrt."

Während ich die Zündkerze herausschraubte, fragte ich über die Schulter hinweg: „Woher willst du das eigentlich so genau wissen?“
Da antwortete das Mädchen: „Ich weiß es, weil ich *dort* gewesen bin.“
Es dauerte ein paar Sekunden, bis diese Worte in meinem Bewusstsein anlangten. Ich richtete mich auf und sah das Mädchen prüfend an.
„Sag mal, hab ich das jetzt richtig verstanden!?“

Da hat man also eine Autopanne und ist gerade mit dem Herausschrauben von Zündkerzen beschäftigt, und es kommt jemand daher, der einem erzählt, er sei schon einmal auf einem anderen Planeten gewesen. Natürlich sollte man zu allererst dessen Glaubwürdigkeit bezweifeln, bevor man überhaupt anfängt, sich über derlei Behauptungen Gedanken zu machen. Aber in der Stimme dieses Mädchens lag etwas, das an ihren Worten einfach keinen Zweifel zuließ. Es war etwas Warmes, Weiches, Leises, etwas, das man kaum erklären kann, weil es dafür einfach keine Bezeichnung gibt. Und doch war dieses Etwas da, denn es hat mich deutlich spürbar in meinem Innersten berührt.

So kam ich an dieser abgelegenen Landstraße mit dem Mädchen Elisa ins Gespräch. Was ich im Weiteren von ihr erfuhr, erwies sich nach und nach als so unausdenkbar bedeutsam, dass ich mich nun dringend verpflichtet fühle, ihre vollständige Geschichte niederzuschreiben.

Am besten, ich beginne ganz am Anfang, nämlich an jenem Tag, als Elisa das Buch vom kleinen Prinzen ausgelesen hatte.

2. Das Schaf, die Rose und der Maulkorb

Es war still in der Stube. Nur das gemächliche Ticken der alten Wanduhr und die Maschinengeräusche der Tütensuppenfabrik waren zu hören. An dieses ständige Rasseln, Rütteln und Stampfen, das gedämpft durch die Wände drang, war Elisa inzwischen so gewöhnt, dass sie es kaum noch wahrnahm. Ihre Großmutter saß im Lehnstuhl am Fenster und schaute auf die Straße hinaus. Mit orangeroten Strahlen malte die Abendsonne das Gardinenmuster auf ihr runzliges Gesicht.

Obwohl Elisa das Buch schon seit einer Viertelstunde ausgelesen und geschlossen hatte, hielt sie es noch immer auf ihrem Schoß.
„Ich kann einfach nicht glauben, dass der kleine Prinz ganz und gar spurlos im Wüstensand verschwunden ist, nachdem ihn die Schlange gebissen hatte“, sagte sie nachdenklich. „Auch der Flieger war sich da nicht sicher. Nur – wie soll das tödliche Gift es geschafft haben, ihn wieder auf seinen Planeten zu bringen?“

Die Großmutter nickte kaum merklich, ohne den Blick zu wenden, und schwieg dazu.
„Aber falls er doch dorthin zurückgekehrt ist“, fuhr Elisa fort, „dann müsste er inzwischen ein ziemliches Problem haben. Hier steht geschrieben, dass der Flieger einen Maulkorb für das Schaf gezeichnet hat. Ja, aber den Lederriemen dazu, den hat er leider vergessen. Ein Maulkorb, den man nicht festschnallen kann, ist doch vollkommen nutzlos.“
„Es hat schon seit Wochen nicht geregnet“, murmelte die Großmutter vor sich hin. „Opa hat im Garten viel zu tun.“
Elisa überlegte weiter: „Wenn der kleine Prinz einmal nicht aufpasst und das Schaf den Maulkorb abstreift, könnte es für seine Rose sehr gefährlich werden. Oma, fressen Schafe denn überhaupt Rosen? Die haben doch Dornen.“
Da sagte die Großmutter: „Früher hatten wir einen Rosenstrauch mit über hundert Blüten hier am Haus. Aber dann wurde die Fabrik gebaut mit dieser hohen Mauer. Die nahm ihm die Sonne. Da hat Opa ihn mit in den Garten genommen und ihn dort eingepflanzt.“
„Wenn das Schaf die Blume frisst“, sorgte sich Elisa, „dann wäre das schlimm für den kleinen Prinzen. Die Blume ist das Kostbarste, was er besitzt.“
Die Großmutter lächelte versonnen und erinnerte sich: „Und dann hat Opa Setzlinge aus dem Strauch gezogen und sie den Nachbarn geschenkt. Inzwischen sind aus den hundert Rosen bestimmt schon mehr als tausend geworden.“
Elisa ging zur Großmutter hinüber, fasste ihre Hand und sprach sehr eindringlich: „Stell dir vor, Oma, der kleine Prinz ist zu dieser Giftschlange gegangen, weil die ihm versprochen hatte, ihn auf seinen Planeten zurückzubringen. Seine Sehnsucht nach dieser einen einzigen Blume war größer als seine Angst vor dem Tod.“
Die Wanduhr schlug neun Mal.

„Oh, wie spät es schon ist", bemerkte die Großmutter. „Geh schlafen, mein Kind. Morgen kannst du Opa beim Himbeeren pflücken helfen."
Elisa legte sich Großmutters warme Hand an die Wange.
„Hast du es denn schon wieder vergessen, Oma?", fragte sie leise.
„Im Garten ist viel zu tun", sagte die Großmutter mit fester Stimme, ohne ihren Blick zu wenden. „Ich warte noch. Opa kommt sicher bald nach Haus."

3. Der Streit im Nachbarhaus

‚Schafe sind eigentlich sehr liebe Tiere', überlegte Elisa, als sie an diesem Abend im Bett lag. ‚Aber wenn ein Schaf Hunger hat, ist es ihm vermutlich egal, ob es Gras oder Rosen zu fressen bekommt.'
Außer diesem Problem gab es noch einen anderen Grund, weshalb sie nicht einschlafen konnte. Im Nachbarhaus ging es laut her. Professor Heuretes stritt wieder einmal mit seiner Gattin.
„Sieh dir meine Hände an!", hörte Elisa die schrille Frauenstimme. „Ganz rau und rissig sind sie geworden! Aber du musstest die Haushälterin ja unbedingt entlassen!"
„Und wovon hätte ich sie bezahlen sollen?", erwiderte der Professor verschnupft. Durch das offene Fenster war jedes Wort zu verstehen, obwohl die großen Zitterpappeln vor dem Haus kräftig im Abendwind rauschten und die Maschinengeräusche der Tütensuppenfabrik auch des Nachts nicht verstummten.
„Denkst du, die Frau von Herrn Konsul Karnifeks muss das Geschirr selber spülen?", keifte die Frau. „Weißt du, was die alles hat? - Ein Dienstmädchen, einen Koch, einen Gärtner, einen eigenen Wagen mit Chauffeur und einen Nerzmantel!"

„Karnifeks!“, rief der Professor verächtlich. „Dieser klumpfüßige Ganove!“
„Du solltest dir ein Beispiel an ihm nehmen“, lamentierte die Frau, „und endlich Geld verdienen anstatt deinen albernen Hirngespinsten nachzuhängen!“
„Hirngespinste?!“, empörte sich der Professor. „Seit zwölf Jahren arbeite ich an der bedeutendsten Erfindung der Menschheit, und du nennst es … Hirngespinste?!“
„Und ich muss seit zwölf Jahren diesen gewöhnlichen Fuchs tragen!“, beklagte sich die Frau.

Genau das war es, weshalb Elisa für diese auffallend elegante Dame nicht besonders viel Sympathie empfand. Wenn die nämlich aus dem Haus ging, trug sie immer einen toten Fuchs als Kragen um den Hals. Dem kleinen Prinzen würden die Haare zu Berge stehen. – Ein Artgenosse seines allerbesten Freundes als Halsschmuck!

„Ich werde dich verlassen!“, schluchzte die Frau. „Am besten gleich morgen!“
‚Aha‘, dachte Elisa, ‚das kenne ich schon. Gleich versöhnen sie sich wieder.‘
Und richtig. Der Professor, der seine Gattin nicht weinen sehen konnte, sprach nun mit beruhigender Stimme: „Aber was redest du, mein Liebling. Wenn mein psychokinetischer Antrieb …“ – Diese geheimnisvolle Bezeichnung hörte Elisa hier zum ersten

Mal. – „…psychokinetischer Antrieb erst funktioniert, kannst du dir von mir wünschen, was du willst. Dann kaufe ich dir einen Nerzmantel und einen eigenen Wagen mit Chauffeur und stelle auch die Haushälterin wieder ein."
„Und wir ziehen in eine große Villa", ergänzte die Frau weinerlich.
„Natürlich", stimmte der Professor zu. „In eine viel größere Villa als die von diesem Karnifeks. Ich sage dir, der wird platzen vor Neid. Ich werde das Unmögliche möglich machen. Die Welt wird aufhorchen!"

Wie an manch vorangegangenem Abend konnte Elisa auch dieses Mal etwas merkwürdige, doch nicht minder deutliche Anzeichen der Versöhnung zwischen dem Ehepaar Heuretes vernehmen.
‚Komisch, über was für unwichtige Sachen sich erwachsene Leute in die Haare geraten', dachte sie. ‚Merkwürdig, was sie da tun, um sich wieder zu versöhnen.'
Müde drehte sie sich auf ihre Einschlafseite.
‚Das Unmögliche möglich machen …', gingen ihr die Worte des Professors noch durch den Sinn, als der Schlaf mit seinen behutsamen Händen ihre Lider schloss.

4. Die Klugheit der Lehrer

„Ob ein Schaf einer dornigen Rose gefährlich werden könnte?", vergewisserte sich anderntags die Klassenlehrerin mit gerunzelter Stirn, da sie offenbar bezweifelte, Elisa richtig verstanden zu haben. „Wie kommst du denn ausgerechnet auf eine dermaßen abwegige Überlegung?"
Elisa begann es ihr zu erklären.

„Ach so, ja“, fuhr die Lehrerin ihr ins Wort, „ich erinnere mich, der kleine Prinz. Eine nette Geschichte. Hast du es schon mal mit Google versucht?“
„Schon mindestens hundert Mal“, seufzte Elisa, „aber da ist nichts Konkretes zu erfahren.“
Plötzlich stampfte die Lehrerin mit dem Fuß auf.
„Ruhe!“, rief sie in die Klasse, weil die Schüler bereits gelangweilt herumraschelten. Sie räusperte sich und meinte: „Das passt jetzt aber wirklich nicht zu unserem Thema über die Seefahrer des Frühmittelalters, die ja vor ganz anderen Herausforderungen standen. Ich denke, das ist wohl eher eine literarische Problematik.“

Es dauerte zwei Stunden, bis Elisa Gelegenheit fand, dem Fachlehrer für Literatur ihre Frage zu stellen. Der Mann dachte scharf nach, zog seine Mundwinkel herab und schüttelte den Kopf.
„Meines Wissens gibt es nirgendwo einen literarischen Beleg dafür, dass Schafe sich von dornigen Rosen ernähren, was jedoch keinesfalls heißen soll … Obwohl im Übrigen … An deiner Stelle würde ich mich an jemanden wenden, der von seinem Fachgebiet her etwas mit Tieren und Pflanzen … wenn du verstehst …“

Bereits in der nächsten Stunde war das Fach Biologie dran.
„Rosen haben überhaupt keine Dornen!“, stellte der Biologielehrer mit energisch erhobenem Zeigefinger klar. „Von daher ist bereits deine Fragestellung gänzlich falsch. Rosen haben nämlich Stacheln. Keine Dornen! Zwischen Dornen und Stacheln besteht ein eminenter Unterschied. Ich könnte mir jedes Mal den Bart ausraufen, wenn ich in Liedern und Texten selbst der berühmtesten Dichter in Bezug auf Rosen immer wieder dem unpassenden Begriff Dornen begegne. Jawohl, den Bart ausraufen!“
Elisa blickte ziemlich erschrocken auf den plötzlich so erregten Pädagogen, der nun ein paar tief schnaufende Atemzüge benötigte, um sich wieder zu beruhigen.

„Aber um auf deine, wenn auch äußerst fehlerhaft gestellte Frage zurückzukommen, die sich problemlos richtigstellen lässt, wenn man den falschen Begriff Dornen gegen den korrekten Begriff Stacheln austauscht; zunächst einmal muss man wissen, um welche Rasse von Schaf es sich hier handelt. Wovon ernährt es sich vorzugsweise? Von Gras oder Blättern, von Kohlköpfen oder Heu? Hat es ein schmales oder eher ein breites Gebiss? Und dann muss natürlich konkretisiert werden, um was für eine Sorte Rosen es hier überhaupt geht. Sind es die kleinen buschigen oder die großen einzelnstehenden? Und vor allem: Wie lang und wie spitz sind eigentlich ihre Dornen … hach! Zum Kuckuck! Ihre Stacheln natürlich! – Du hast mich ganz durcheinandergebracht mit deiner Fragerei! Schluss damit! Wir beschäftigen uns jetzt mit dem Thema ‚Die Nacktschnecke als Gartenschädling.'"

5. Der unglückliche Gärtner

Auf dem Heimweg von der Schule begegnete Elisa ihrem ehemaligen Gartennachbarn, der mit seinem Strohhut in der Hand am Zaun lehnte. Sie stieg vom Fahrrad.
„Hallo!", grüßte sie laut, um den Krach der Autobahn zu übertönen, die nur wenige Meter entfernt vorbeiführte. Der Kleingärtner wandte sich um.
„Ah, du bist es", antwortete er ebenso laut und zog sich die Wattestöpsel aus den Ohren, mit denen er sein Gehör vor dem Fahrzeuglärm schützte.
„Was ist denn mit Ihren schönen Kletterrosen passiert?", wunderte sich Elisa. „Die lassen ja alle die Köpfe hängen."
„Der verdammte Fuchs!", schimpfte der Kleingärtner.
„Das soll der Fuchs gewesen sein?", zweifelte Elisa.

„Ach, wenn du wüsstest, wie ich meine Rosen gehegt und gepflegt habe“, klagte der Kleingärtner. „Ich brauche sie dringend, denn jeden Sonntag lege ich meiner Nachbarin einen Strauß vor die Tür. Ich will sie nämlich heiraten, aber ich traue mich nicht, sie direkt zu fragen, wenn du verstehst was ich meine.“
Elisa nickte verständnisvoll. Sie wartete bis sich ein besonders lauter Lastwagen entfernt hatte und fragte: „Aber seit wann haben es Füchse auf Rosen abgesehen?“

„Die Rosen sind dem Fuchs gleichgültig“, antwortete der Kleingärtner. „Aber der Strauch steht an der Rückwand des Hühnerstalls. Siehst du das Loch in der Erde? Der Fuchs hat einen Tunnel gegraben, um in den Stall zu gelangen, genau unter dem Rosenstrauch hindurch. Und dabei hat er die Wurzeln beschädigt. Ich hab’ den Tunnel erst bemerkt, als ich feststellte, dass die Hühner seit ein paar Tagen immer weniger werden.“
„Oh, das ist schlimm“, meinte Elisa mitfühlend.

„Sieh nur, wie geschickt er das Loch getarnt hat“, grollte der Kleingärtner. „Er hat sogar den Wassertrog darüber geschoben.“
„Ein schlaues Tier“, stimmte Elisa zu.
Der Kleingärtner stülpte sich seinen Strohhut auf den Kopf und erklärte: „Früher hat der Fuchs auf den Wiesen am Baggersee und im Wäldchen Mäuse und Hasen gejagt. Aber die neue Autobahn schneidet ihm den Weg ab. Nun treibt er sich hier in der Ortschaft herum.“
„Und was werden Sie jetzt machen?“, fragte Elisa.
„Zuerst wollte ich das Loch zuschaufeln“, antwortete der Kleingärtner. „Aber das hätte nichts genützt. Der Fuchs würde es in der Nacht wieder aufgraben. Nein, ich sage den Jägern Bescheid. Die stellen eine Falle auf. Wenn der Fuchs in den Tunnel kriecht, schnappt sie zu. Dann ist es aus mit dem Hühnerdieb.“
„Und dann können Sie neue Kletterrosen pflanzen“, setzte Elisa hinzu.
„Ob ich aber je wieder eine so schöne Rosensorte bekomme…“, zweifelte der Kleingärtner. „Den Setzling für diesen Strauch hatte mir noch dein Opa geschenkt.“
„Ich weiß“, nickte Elisa und senkte für den Moment eines kleinen Schweigens ihren Blick.
„Es dauert ziemlich lange, bis ein Rosenstrauch Blüten trägt“, sagte der Kleingärtner bekümmert. „Vielleicht hat meine Nachbarin bis dahin schon jemand anderen geheiratet? Oh, dieser verdammte Fuchs!“

Als Elisa nach Hause radelte, musste sie daran denken, dass Rosen trotz ihrer Dornen im Grunde doch ziemlich wehrlos sind.

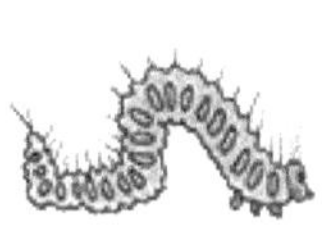

6. Ein hastiges Telefonat

„Betty Rose“, klang es aus dem Phon.
„Hallo Mama, ich bin’s“, sagte Elisa.
„Oh, du bist es, meine Kleine!“, hörte sie ihre Mutter überrascht ausrufen. „Du, ich bin ziemlich in Eile. Ich werde nämlich gleich von jemandem abgeholt … Tut mir leid, dass ich dich immer noch nicht zurückgerufen habe, aber ich hatte einfach viel zu wenig Zeit.“
„Ich muss dich dringend was fragen“, kam Elisa direkt auf ihr Anliegen zu sprechen. „Kannst du dir vorstellen, dass ein Schaf eine Rose frisst, die Dornen hat?“
„Über was für Sachen du dir Gedanken machst!“, lachte die Mutter, doch sie besann sich und bemerkte: „Sag mal, ist was passiert? Ist jemand krank? Ist in der Schule alles in Ordnung?“
„Ja“, beruhigte sie Elisa und beharrte sogleich weiter auf ihrer Frage: „Es muss dem Schaf doch aber ziemlich weh tun, wenn es die Rose mit dem Maul ausreißt.“
„Ich habe leider gleich eine wichtige Verabredung“, kündigte die Mutter an.
„Und wenn das Schaf die Rose runterschlucken würde“, setzte Elisa fort, „dann würde es doch fürchterlich kratzen im Hals. So dumm kann doch nicht einmal ein Schaf sein.“
Im Hörer war das Hupen eines Autos zu vernehmen.
„Ah, meine Verabredung“, bemerkte die Mutter eilig. „Ich muss jetzt leider Schluss machen. Grüß die Oma und sag ihr, dass ich das Geld ganz bestimmt nächsten Monat schicke.“
„Ja, aber das Schaf …“, stammelte Elisa. Doch sie hörte ihre Mutter nur noch hastig sagen: „Es tut dem Schaf überhaupt nicht weh. Es wird der Rose nur den Kopf und die Blätter abreißen. Den Stiel mit den Dornen lässt es stehen. Mach’s gut, meine Kleine.“
Es knackte im Phon. Dann war die Verbindung erloschen.

7. Der Rat des Schäfers

„Hallo“, grüßte Elisa den Schäfer und stieg vom Fahrrad. „Verzeihung, ich hätte eine Frage.“
„Hektor, lauf!“, befahl der Schäfer seinem Hund, damit er die Herde enger zusammentrieb. Er zündete sich eine Zigarette an und erklärte: „Ich hab viel zu tun. Schafe müssen intensiv gehalten werden. Sonst bringen sie nämlich nichts ein.“
„Sagen Sie bitte, fressen Schafe auch solche Rosen, die Dornen haben?“, kam Elisa sogleich zur Sache.

„Rosen?“, vergewisserte sich der Schäfer ungläubig. Elisa nickte.
„Aber es lohnt sich nicht, wenn Schafe Rosen fressen“, antwortete er und sog hastig an der Zigarette. „So eine Rose kostet im Geschäft ungefähr einen Euro. Damit ein Schaf satt wird, brauchst du davon mindestens hundert Stück.“
Der Schäfer holte einen Taschenrechner hervor und gab die Zahlen ein.
„Das macht genau hundert Euro für eine Mahlzeit. Drei Mahlzeiten am Tag, das macht summa summarum dreihundert Euro pro Stück Vieh. Das ist absolut unrentabel.“
Elisa fragte weiter: „Wenn man aber nicht will, dass ein Schaf eine Rose frisst …?“
„…füttert man es mit Heu“, ergänzte der Schäfer fachkundig.
„Aber“, wandte Elisa ein, „man könnte dem Schaf doch auch einen Maulkorb umbinden, oder?“,
Der Schäfer rieb sich die Nase.
„Ich habe vierhundertachtunddreißig Stück Vieh in meiner Herde“, erklärte er. „Und so ein Maulkorb kostet im Geschäft – na sagen wir mal – ungefähr fünf Euro. Das wären ja …“
Schnell tippte er die Zahlen in den Rechner.
„Das wären ja zweitausendeinhundertneunzig Euro. Das ist viel zu teuer.“
Elisa versuchte zu erklären: „Es ist aber nur ein einziges Schaf auf einem kleinen Planeten, der nicht viel größer ist, als ein Haus.“
Der Schäfer schüttelte lächelnd den Kopf.
„Es lohnt sich überhaupt nicht, ein einzelnes Schaf zu halten“, meinte er. „Da wäre ja ein ausgebildeter Hütehund teurer als die ganze Herde, wenn sie nur aus einem einzigen Schaf besteht.“
Elisa ließ nicht locker: „So ist es aber. Weit und breit gibt es nur *ein* Schaf und *eine* Rose.“
„Ja, wenn das so ist“, überlegte der Schäfer, „lass mich nachrechnen: Wenn also eine Rose einen Euro kostet …“

„Es ist eine ganz besondere Rose“, bemerkte Elisa nachdrücklich. „Dann kostet sie meinetwegen *zwei* Euro“, korrigierte sich der Schäfer. „Und wenn ich für einen Maulkorb fünf Euro ausgeben müsste, dann habe ich …“
Wieder wurde der Taschenrechner zu Hilfe genommen.
„…dann habe ich summa summarum immerhin drei Euro gespart, wenn ich den Maulkorb *nicht* kaufe und das Schaf die Rose einfach fressen lasse. Der finanzielle Verlust lässt sich verschmerzen.“
Der Schäfer trat seine Zigarette aus und zündete sich gleich eine neue an. Dabei erklärte er: „Schafe müssen intensiv gehalten werden. Man muss genau kalkulieren, damit sich das Geschäft lohnt. Die Arbeit nimmt mich stark in Anspruch. Ich muss ständig aufpassen, dass mir die Tiere nicht über die Autobahn laufen. Hektor, bei Fuß!“

Ziemlich enttäuscht stieg Elisa wieder aufs Fahrrad.

8. Das geheimnisvolle Laboratorium

Anderntags saß Elisa auf den Treppenstufen vor der Haustür und strickte an einem Schal aus gelber Wolle. Aristoteles, Professor Heuretes' schwarzer Kater, schmiegte sich schnurrend an ihre Beine, nachdem er das Milchschälchen ausgeschleckt hatte, das sie ihm täglich vor die Tür stellte.

Aristoteles war ein sehr stattliches Tier. Er hatte einen weißen Kragen, der ihm eine geradezu vornehme Erscheinung verlieh, und bräunliche Augen, die außerordentlich klug blickten. Wenn Elisa mit ihm sprach oder ihm aus ihren Büchern vorlas, hatte sie den Eindruck, als würde er jedes Wort verstehen. Der Kater war aber gelegentlich ein wenig undankbar und frech. Weil Elisa nicht gleich auf ihn reagierte, schnappte er sich das Wollknäuel aus dem Strickkörbchen und lief davon.

„Aristoteles! Gib das her!“, rief Elisa und rannte ihm nach.

Der Kater huschte in das kratzige Gebüsch, das an der Ziegelwand von Professor Heuretes' Laboratorium wucherte.

Elisa bog die Zweige auseinander, doch der Kater war nicht mehr zu sehen. An der Mauer lag ein Haufen lehmiger Erde, der mit Pfotenabdrücken übersät war. Vermutlich benutzte Aristoteles ihn als Katzenklo. Da bemerkte Elisa eine kleine Holzluke, die sich dicht über dem Boden in der Mauer befand. Tief geduckt kroch sie in das Gestrüpp hinein, wobei sie aufpassen musste, sich keine Löcher in die Kleidung zu reißen. Vorsichtig öffnete sie die Luke und schaute hindurch. Sie konnte den Fußboden des Innenraumes sehen.

Auf den welligen Dielenbrettern lag Staub. Drinnen war das Brummen, Tackern und Pfeifen von irgendwelchen elektronischen Geräten zu hören. Hinter einem Tischbein lag das Wollknäuel. Daneben erblickte Elisa ein Paar ausgetretener Halbschuhe aus brüchigem Leder. Die Schuhe tappten auf der Stelle hin und her, so als wäre ihr Träger oberhalb des Tisches emsig mit etwas beschäftigt. Leise schloss sie die Luke wieder.

Das verwahrlost anmutende Grundstück des Professors lag genau neben dem von Elisas Großmutter. Es wurde hinten durch die hohe Mauer der Tütensuppenfabrik und auf der anderen Seite durch das lang gestreckte Stallgebäude der Geflügelfarm begrenzt. Was diese Farm betraf, so munkelte man, dass darin Tausende von Hühnern ihr ganzes Leben in engen Käfigen verbringen mussten. Keiner der Anwohner hatte je einen Blick hineinwerfen dürfen. Die Anlage wurde von finster dreinblickenden Sicherheitsleuten bewacht. Es gab keine Fenster, sondern nur Lüftungsöffnungen. Gelegentlich sah man LKWs hinein- und hinausfahren. An ihren Aufschriften erkannte man, dass die einen Tierfutter und die anderen Eier transportierten. Manchmal kamen auch Lastwagen heraus, unter deren Planen das laute Spektakeln von Hühnern zu hören war. Die verschwanden dann direkt durch das Tor der Tütensuppenfabrik.

Schon vor etlichen Jahren hatte sich Professor Heuretes ein Forschungslaboratorium im Anbau seines alten Hauses eingerichtet, der in früheren Zeiten einmal als Pferdestall gedient hatte. An der Außenwand zum Hof hing noch immer ein von Schwalben bekleckertes Zaumzeug, und weiter hinten wurden die verrottenden Überreste eines Kutschwagens von Unkraut und Sträuchern überwuchert. Der Professor hatte die Fenster vergittern lassen und die Tür und das große Tor mit schweren Eisenbeschlägen und Schlössern versehen wie man es mit Gebäuden tut, in denen sich besonders wertvolle oder geheime Dinge befinden. Die Gitter und Beschläge waren inzwischen arg verrostet, das bemooste Dach war an mehreren Stellen undicht und von den rissigen Mauerwänden bröckelte der Putz.

„Was mag der Professor dort nur treiben?“, tuschelten die Leute in der Siedlung. „Ob er wohl mit gefährlichen Sachen experimentiert?“
Einige prophezeiten hinter vorgehaltener Hand: „Möglicherweise gibt es da irgendwann früher oder später bald ganz bestimmt vielleicht eine große Explosion!“

Zunächst zaghaft, dann mit einem kräftigen Ruck schob Elisa die klemmende Eingangstür, die nur angelehnt war, ein Stück weiter auf. Und obwohl die rostigen Scharniere laut quietschten, schien der Professor sie zu überhören. Hoch konzentriert drehte er an den Knöpfen eines Gerätes, das ein auf- und abschwellendes Pfeifen ertönen ließ. Auf einem kreisrunden Bildschirm waren wabernde Wellenlinien zu sehen. Mehrere Spulen einer an die Wand projizierten Apparatur drehten sich. Der Professor schob sich eine Schutzbrille mit dunklen Gläsern von der Stirn über die Augen und griff nach einem winzigen Mikrofon, in das er mit seiner verschnupften Stimme sagte: „Versuch sieben-neun-sechs. Stromstärke eintausendeinhundertfünfzig. Spannung dreihundertachtzig. Test läuft.“
Er drückte den roten Knopf eines Schaltpultes. Ein brummendes Geräusch wurde hörbar. Blitze zuckten um einige Drähte, die zwischen dicke Isolatoren gespannt waren. Aristoteles sprang unter einem der Labortische hervor und huschte zwischen Elisas Beinen hindurch ins Freie. Der Kater schien nichts Gutes zu ahnen. Elisa überlegte, ob sie ihm vielleicht besser folgen sollte, doch die Neugier hielt ihre Füße auf der Stelle fest. Das Brummen verstärkte sich immer mehr und wandelte sich zu einem ohrenbetäubenden Heulen. Ein brenzliger Geruch breitete sich aus. Der Professor werkelte hektisch an den Schaltknöpfen. Funken sprühten. Plötzlich gab es einen Knall. Einige Teile der Versuchsanordnung flogen scheppernd durch den Raum. Elisa zog unwillkürlich den

Kopf ein. Das Heulen verebbte. Staub rieselte aus dem Deckengebälk. Dunkler Qualm wogte durch das Laboratorium. Hustend krächzte der Professor ins Mikrofon: „Testverlauf sieben-neun-sechs: negativ."
Sein Gesicht und sein vordem weißer Kittel waren rauchgeschwärzt. Missmutig ließ er sich auf den Drehstuhl vor dem Computerbildschirm sinken und hustete bekümmert in sich hinein. Auch Elisa musste husten. Da erst hob der Professor den Kopf und schob seine Schutzbrille wieder auf die Stirn hinauf.

„Mach die Tür weiter auf, damit der Rauch abziehen kann!", wies er Elisa an. Sein Gesicht war dort, wo die Brille eben noch gesessen hatte, sauber geblieben. Nun hatte er um die Augen herum zwei kreisrunde, helle Flächen. Darum erinnerte sein Anblick stark an den einer Nachteule. Er zog ein Taschentuch hervor und putzte sich laut schnaubend die Nase, die danach einigermaßen gesäubert war, sodass sein Aussehen nun eher dem eines Habichts glich. Elisa trat zögernd ein paar Schritte weiter ins Laboratorium hinein.
„Hau ab", knurrte der Professor. „Hier ist kein Kinderspielplatz." Missmutig wandte er sich wieder dem Computer zu.
„Verzeihung", entschuldigte sich Elisa. „Ich wollte nicht stören. Aber Aristoteles hat meine Wolle …"
Schnell holte sie das Wollknäuel hinter dem Tischbein hervor.

„Was?“, fragte der Professor ohne hinzusehen.
„Ich hab sie schon“, sagte Elisa. „Ich stricke nämlich einen Schal. Meine Oma hat mir gezeigt, wie man das macht. Einen Schal zu stricken ist einfacher als zum Beispiel Socken oder Pullover. Und ich dachte mir, da fange ich doch lieber mit etwas Einfachem an.“
Elisa merkte, dass ihr der Professor gar nicht zuhörte. Er starrte mit gefalteter Stirn auf den Bildschirm, auf dem viele Zahlen in komplizierten Formeln standen. Dabei schniefte er hin und wieder die Nase.
„Sie scheinen ja einen gehörigen Schnupfen zu haben“, bemerkte Elisa. „Und ich überlege schon die ganze Zeit, wem ich den Schal schenke, wenn er fertig ist.“
Da drehte sich der Professor zu ihr um und sah sie mit seinen geröteten Augen an.
„Alle Berechnungen stimmen“, sagte er betrübt. „Aber mein psychokinetischer Antrieb will einfach nicht funktionieren.“
Elisa hatte diese Bezeichnung nur einmal an jenem bewussten Abend gehört. Weil sie keine Ahnung hatte, was das bedeutete, fragte sie: „*Was* für ein Trieb?“
„Mein psychokinetischer …“, setzte der Professor zu erklären an, doch er unterbrach sich und meinte herablassend: „Ach, das verstehst du sowieso nicht.“

Er sah zu der großen, silberglänzenden Kugel hinüber, die in einer hinteren Ecke des Raumes stand. Diese Kugel war etwa so hoch wie ein erwachsener Mensch. Sie stützte sich auf drei Teleskopbeine und bestand zu etwa einem Drittel aus einem gewölbten Schiebefenster aus sehr dickem Glas. Darüber war ein Scheinwerfer in die glatte Oberfläche eingelassen. Das Innere der Kugel sah so ähnlich aus wie eine Pilotenkanzel mit gepolsterten Wänden. Vor einem bequemen Schalensitz befand sich ein Schaltpult, aus dem etwas herausragte, das aussah wie das Steuerhorn eines Flugzeuges.

Mit schweren Schritten ging der Professor über den holprigen Dielenboden vor den Apparaturen hin und her und raufte sich seine spärlichen Haare. Dabei redete er erregt vor sich hin: „Wenn das so weitergeht, mache ich mich vor der gesamten Wissenschaft zum Gespött. Man wird über mich sagen, dass ich ein jämmerlicher Stümper bin."

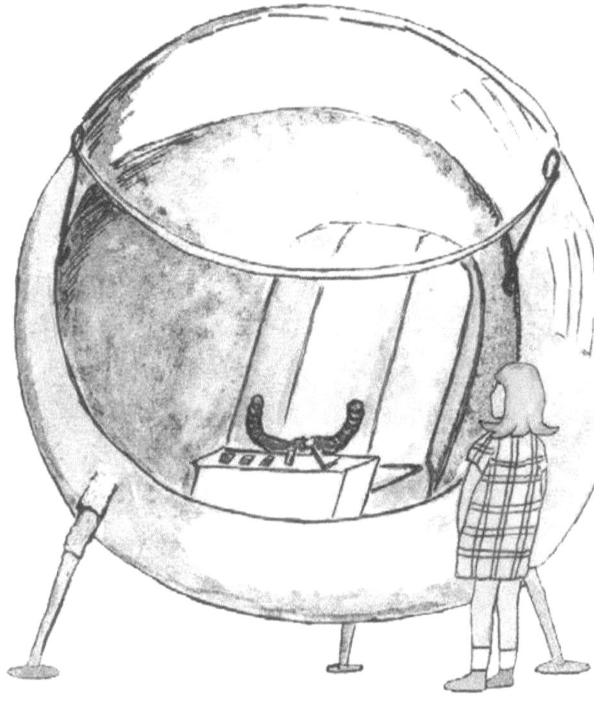

Der Professor sah sehr unglücklich aus.
„Sie sollten die Hoffnung nicht aufgeben", versuchte Elisa ihn zu ermuntern. Aufhorchend blieb er stehen.
„Natürlich gebe ich die Hoffnung nicht auf!", erwiderte er heftig. „Ich werde es allen beweisen! Wenn mein neuartiger Antrieb endlich funktioniert, werde ich weltberühmt. Dann wird mein Name in allen Zeitungen stehen. Das Fernsehen wird Sondersendungen über mich bringen. In den Radionachrichten wird es zu hören sein.

Vor dem Haus werden sich zwanzig, dreißig – ach was! – mindestens hundert Reporter drängen. Und ich werde sagen: ‚Aber meine Herren …'"

In den Augen des Professors zeigte sich auf einmal ein lebhaftes Funkeln. Er zupfte seine schiefsitzende Kragenfliege zurecht und erklärte: „Man wird mir den Nobelpreis verleihen. Ich werde die Ehrendoktorwürde von drei, vier oder sogar fünf Universitäten erhalten. Die Industrie wird mir einen Haufen Geld für meine Erfindung zahlen. Und ich kann meiner Frau ein elegantes Auto, einen Nerzmantel und ganze Schränke voller Kleider kaufen."

„Wozu braucht sie denn so viele Kleider?", erkundigte sich Elisa.

Der Professor stockte kurz in seinem Redefluss: „Das musst du sie schon selber fragen. – Jedenfalls müssen wir dann nicht mehr in dieser verfallenen Bruchbude wohnen. Wir werden in eine prächtige Villa ziehen, mit vierundzwanzig Zimmern, acht Bädern, sechs Autogaragen und einem gläsernen Swimmingpool oben auf dem Dach. Mindestens einmal pro Monat werde ich ein großes Fest veranstalten mit illustren Gästen, einem reichhaltigen Buffet mit Spanferkel, Kaviar und Champagner und mit einem Feuerwerk. Und jedes Mal werde ich diesen klumpfüßigen Konsul Karnifeks einladen, nur damit ich sehen kann, wie sein Gesicht ganz lang und gelb wird vor Neid. Wenn mein Psychokinetor erst funktioniert …"

Der Professor unterbrach sich und hielt lauschend inne.

„Hör auf, mit den Füßen zu scharren!", fuhr er Elisa an. „Das macht einen ja ganz nervös!"

„Aber ich scharre doch gar nicht", beteuerte Elisa.

„Hm", machte der Professor, während er sich vergewisserte, dass das Mädchen unbeweglich vor ihm stand. In diesem Moment steckte Frau Heuretes ihren Kopf zur Tür herein.

„Das Essen ist fertig", sagte sie mürrisch.

„Was gibt's denn heute?", fragte der Professor interessiert.

„Hühnersuppe“, lautete die knappe Antwort.
„Etwa schon wieder die aus der Tüte?“, mäkelte der Professor.
„Komm jetzt, sonst wird sie kalt!“, befahl die Frau übellaunig. „Und wasch dir das Gesicht. Du siehst zum Fürchten aus. Und schick' dieses Mädchen weg. Sie hält dich nur von der Arbeit ab.“
Der Professor zog seinen rauchgeschwärzten Arbeitskittel aus und warf ihn über die Stuhllehne.
„Hühnersuppe aus der Tüte!“, murrte er. „Immer nur Tütensuppe!“

9. Schwierige Reparatur

Inzwischen war ich ins Auto gestiegen und hatte versucht, den Motor zu starten. – Vergeblich.
„Du hast den Fehler also nicht gefunden“, bemerkte Elisa.
Ich betrachtete missmutig meine schmutzigen Hände und den dunklen Ölfleck auf meiner guten Hose.
„Nein. Es sind nicht die Zündkerzen.“
„Hauptsache, die Bremsen sind in Ordnung“, meinte Elisa.
„Die Bremsen?“, fragte ich verdrossen. „Wieso denn die Bremsen? Wenn ein Auto nicht fährt, braucht es keine Bremsen.“
„Aber *wenn* es fährt, sind die Bremsen das Wichtigste“, beharrte das Mädchen.
„Ja“, seufzte ich nachgebend. „*Wenn* es fährt. Es fährt aber nicht.“
„Mein Papa“, berichtete Elisa, „der ist nämlich mit einem Auto gefahren, das kaputte Bremsen hatte. Das war genau an dem Tag, an dem ich geboren wurde.“
„Ziemlich leichtsinnig, dein Herr Papa“, urteilte ich leichthin, während ich mich wieder unter die Motorhaube beugte.

„Deswegen bin ich ihm immer noch böse“, sagte Elisa. „Denn das ist der Grund, weshalb ich ihn niemals kennengelernt habe.“
Ich blickte auf. Die Frage, die ich stellen wollte, blieb mir im Halse stecken, als ich die Wehmut in Elisas Augen sah.
„Oh …“, sagte ich leise. „Da hast du wohl doch Recht. Ja, die Bremsen sind wirklich sehr wichtig.“

Nach einer kleinen Weile sprach Elisa weiter: „Wenn der Motor angesprungen wäre, dann hättest du es bestimmt genauso eilig gehabt wie die meisten anderen Erwachsenen. Dann wärst du jetzt weitergefahren und hättest meine Geschichte nicht zu Ende gehört.“
„Aber nein“, versicherte ich. „Wenn ich wüsste, dass ich losfahren könnte, wenn ich es wollte, würde ich dir sogar noch viel aufmerksamer zuhören. Denn dann bräuchte ich ja nicht an dem Motor herumzumurksen.“

Elisas Blick verriet, dass sie mir nicht so recht glauben konnte.
„Ich habe einen wichtigen Termin“, gestand ich endlich. „Wenn ich zu spät komme, geht mir ein bedeutendes Geschäft verloren.“

„Was ist das für ein Geschäft?“, wollte Elisa wissen.
„Ach, das ist eine berufliche Angelegenheit“, gab ich ihr ausweichend zu verstehen und überlegte: „Vielleicht ist es ja der Vergaser?“

Und während ich mich daranmachte, ihn auszubauen, setzte sich Elisa auf einen Baumstumpf am Straßenrand und erzählte.
„Professor Heuretes war meistens ziemlich mürrisch. Aber es gab auch Gelegenheiten, bei denen man eigentlich ganz gut mit ihm reden konnte …“

10. Das Schaf, die Rose und der Maschendraht

Einmal hatte Elisa ihr Schulbrot nicht gegessen und es dem Professor mitgebracht.
„Das Brot ist noch ganz frisch“, sagte sie, als sie es ihm reichte. „Und die Wurst ist sehr lecker.“
„Oh“, freute sich der Professor und griff zu. Während er die Schnitte mit Appetit verzehrte, nahm sich Elisa ein Herz und schilderte ihm das Problem mit dem Schaf und der Rose, das ihr einfach nicht aus dem Kopf gehen wollte. Ein so kluger Mann wie er wüsste ja vielleicht einen Rat?

Nachdem der Professor aufgegessen hatte, putzte er sich erst einmal gründlich die Nase. Dann rieb er sich die Stirn und schritt wie immer, wenn er scharf nachdachte, auf den knarrenden Dielen des Laboratoriums auf und ab. Elisa wartete gespannt.
„Ich konstatiere“, begann er endlich, „der kleine Prinz wohnt auf einem Kleinplaneten, einem sogenannten Asteroiden. Er will nicht, dass die gefährlichen Affenbrotbäume seinen Planeten

überwuchern. Um das zu verhindern hat er sich ein Schaf besorgt, das die jungen Triebe dieser Bäume frisst, sobald sie aus dem Boden hervorsprießen. So weit, so gut. Aber da ist auch die Blume. Sie ist das Kostbarste, was er besitzt. Wenn sie dem Schaf vors Maul kommt – happs! – ist sie weg."
Elisa nickte mit sorgenvoller Miene. Der Professor hüstelte und sprach dann konzentriert weiter: „Der kleine Prinz wollte einen Maulkorb für das Schaf? Was für ein fataler Denkfehler! Überleg mal: Wenn der Prinz seinen Planeten verlässt, kann das Schaf mit dem Maulkorb zwar die Rose nicht fressen, es kann aber gleichermaßen auch den jungen Affenbrotbäumen nichts anhaben. Die würden dann ungehindert wachsen und größer und immer größer werden. Schlussendlich würden sie den ganzen Asteroiden mit ihren kräftigen Wurzeln durchbohren und durchdringen und ihn aussaugen, bis sie ihm das gesamte Grundwasser entzogen hätten. Die Rose würde unweigerlich vertrocknen. Ja, und das Schaf wäre doch inzwischen sowieso schon qualvoll verhungert."

„Eine furchtbare Katastrophe", meinte Elisa.
„So ist es", bekräftigte der Professor. „Gewissermaßen eine Katastrophe kosmischen Ausmaßes!"
Elisa überlegte: „Da sollte man vielleicht besser einen Pflock einschlagen und das Schaf anbinden, damit es die Rose nicht erreichen kann?"

„Nicht doch!“, ereiferte sich der Professor. „Dann erreicht es ja auch nicht die Affenbrotbaumsprösslinge, die *hinter* der Rose stehen! Das ist absolut keine wirksame Methode.“
„Aber was dann?“
Der Professor rückte seine Kragenfliege zurecht und verkündete im Brustton der Überzeugung: „Die einzige Möglichkeit ist, die Rose zu umzäunen. Am besten mit Stacheldraht. Das Sicherste wäre elektrischer Stacheldraht mit einer Alarmanlage.“
Elisa machte ein bedenkliches Gesicht. „Aber dann wäre die Rose ja immer hinter dem hässlichen Stacheldraht zu sehen.“
„Das ist nun einmal so“, meinte der Professor schulterzuckend. „Die schönsten und begehrenswertesten Dinge dieser Welt sind oft hinter Stacheldraht oder Mauern verborgen.“
„Dann würde ich dem Schaf doch lieber den Maulkorb umschnallen“, entschied sich Elisa. „Und den Stacheldraht würde ich nur aufstellen, wenn ich mich vom Planeten entferne.“
Der Professor machte eine zustimmende Geste. Elisa wandte fragend ein: „Vielleicht tut es ja auch ein einfacher Zaun aus Maschendraht?“
Aristoteles, der die ganze Zeit ruhig auf dem Computertisch gelegen hatte, sprang zum Boden herab. Mit gespitzten Ohren starrte er unter sich auf die Dielen.
„Still!“, flüsterte der Professor. „Hörst du das auch?“
Elisa lauschte. Sie hörte das gedämpfte Rasseln und Stampfen der Tütensuppenfabrik, das Zwitschern der Schwalben, die über das schadhafte Dach huschten, das leise Brummen des Computers, sie hörte das entfernte Geräusch der vorüberrauschenden Fahrzeuge auf der Autobahn, das Tropfen des Wasserhahns im Waschbecken, das Rascheln der Zitterpappeln vor dem Haus und dann … ein kaum wahrnehmbares Scharren, Schleifen und Kratzen! Es waren Geräusche, die eigentlich nicht hierher gehörten.
„Was kann das sein?“, fragte Elisa tonlos.

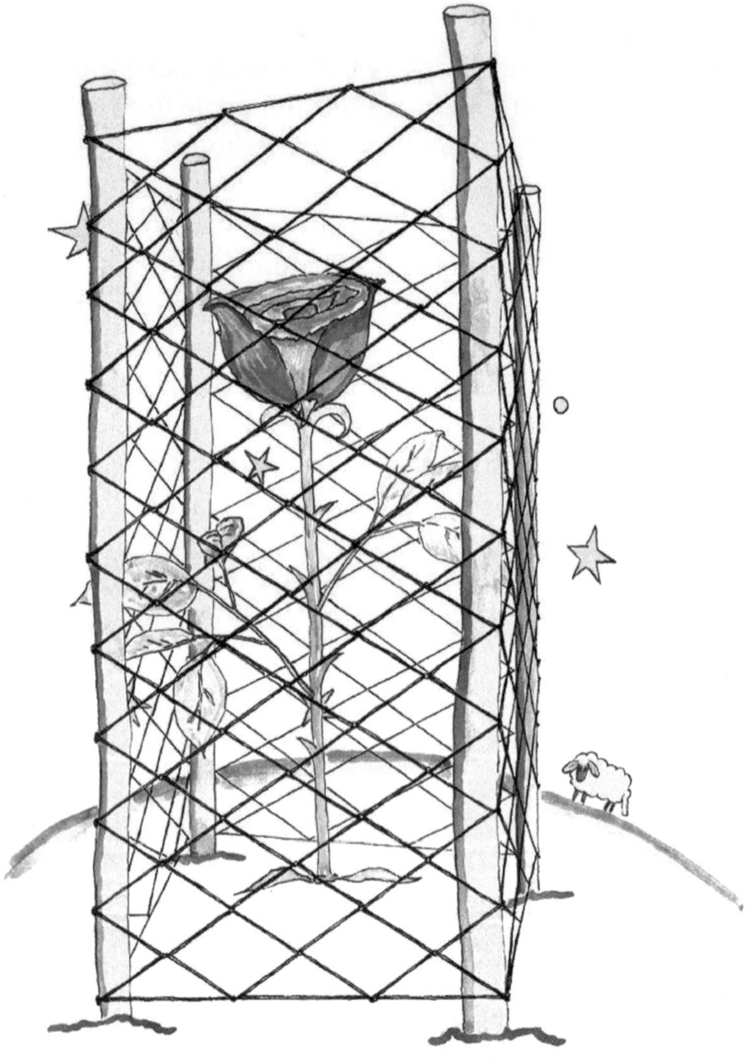

„Ich höre es manchmal noch viel deutlicher“, wisperte der Professor. „Zuerst habe ich geglaubt, es wäre der Kater. Aber der ist es nicht. Manchmal scheint es, als käme es aus der Wand. Dann wieder denke ich, es ist unter den Dielen.“
„Vielleicht sind es Ratten?“, fiel Elisa ein. Dem Professor schien diese Vorstellung unangenehm zu sein.

„Lass mich jetzt in Ruhe“, sagte er wieder in normaler Lautstärke, wobei er sich entschlossen dem Computerbildschirm zuwandte. Seine Stimme klang plötzlich verärgert.
„Ich darf meine Zeit nicht damit vertun, mich mit irgendwelchen dummen Schafen zu befassen. Ich muss herausfinden, wo der Fehler bei meiner Erfindung liegt.“

Bevor Elisa ging, wollte sie sich noch einmal vergewissern: „Ein hüfthoher Maschendraht müsste doch eigentlich genügen, nicht wahr? Man nimmt einfach vier angespitzte Holzlatten. Die rammt man um die Rose herum in den Boden. Und daran wird dann der Maschendraht mit Krampen befestigt, die man mit dem Hammer einschlägt. Mein Opa hat das immer so gemacht.“
Der Professor nickte kaum merklich, ohne den Blick vom Bildschirm zu lösen. Er hatte vermutlich gar nicht mehr richtig zugehört, weil er bereits wieder mit seinen wissenschaftlichen Problemen beschäftigt war.

Als Elisa das Laboratorium verlassen hatte und eben um die Hausecke bog, hörte sie neben sich ein heftiges Rascheln. Sie sah, wie sich etwas in einem Busch bewegte.
„Aristoteles?“, fragte sie. Doch es blieb still.

11. Die Berührung

In der darauffolgenden Nacht hatte Elisa einen Traum.
Sie befindet sich auf einem kleinen Planeten. Sie deutet auf einen Maschendrahtzaun.
„Das ist die einzige Möglichkeit.“
Da sagt der kleine Prinz zu ihr: „Es wird sein, als wäre die Blume meine Gefangene. Das wird ihre Schönheit zerstören.“

„Wenn ich *sie* wäre“, erwidert Elisa, „würde ich auf die Schönheit verzichten. Denn dafür könnte ich immer bei dir sein.“
Der kleine Prinz legt seine Hände ganz behutsam um Elisas Gesicht wie um einen Blütenkelch.
„Wie gut du doch bist, meine Blume.“

Auf einmal steht Elisa hinter dem Maschendraht, der sie von allen Seiten umgibt. Sie hört das Schaf blöken. Aber sie fühlt sich sicher. Die Sonne strahlt warm und hell auf sie herab.
„Du hast einen karierten Schatten auf der Haut. Wie komisch!“, lacht der kleine Prinz. „Du bist kariert wie ein Rechenheft.“
Die Augen des kleinen Prinzen haben auf einmal ihren samtwarmen Schimmer verloren.
„Jetzt brauchst du dich nicht mehr um mich zu sorgen“, sagt Elisa.
„Ja“, nickt der kleine Prinz und wendet sich ab.
„Jetzt bin ich immer für dich da“, strahlt Elisa glücklich.
„Das ist gut“, erwidert er und hält sich gähnend die Hand vor den Mund.
„Wohin gehst du?“, fragt sie.
„Ich weiß nicht“, antwortet er abwesend und ist schon weit entfernt. „Ich brauche mich ja nicht mehr um dich zu sorgen.“

Bald ist er nicht mehr zu sehen. Das Schaf steht jetzt ganz nah am Maschendraht und starrt Elisa hungrig an. Plötzlich bleckt es sein Gebiss. Sie erschrickt furchtbar. Sie will zurückweichen. Aber sie kann ihre Beine nicht heben. Erschauernd bemerkt sie, dass sie keine Füße, sondern Wurzeln hat, die sie am Boden festhalten.

„Kleiner Prinz!“, schreit sie mit aller Kraft. Ihr Schrei hallt durch das Universum. Dann ist da etwas, wie das knarksende Geräusch einer herabgedrückten Türklinke, die schon lange nicht mehr geölt worden war.
„Elisa!“, hört sie die Stimme ihrer Großmutter rufen, …

…die in diesem Moment die Tür öffnete. „Aufstehen, kleine Langschläferin! Du kannst Opa im Garten helfen. Er ist schon vorausgegangen. Ich gebe dir ein Körbchen mit für die Himbeeren.“

In diesem Traum hatte Elisa über ihren großen Schrecken hinaus etwas Seltsames empfunden; ein wunderbares Gefühl, das noch viel stärker war als all ihre Angst, ein Gefühl, für das sie einfach keine Worte und keine Erklärung fand und das sie den ganzen Tag still und nachdenklich umhergehen ließ.

Es war, als hätte sie der kleine Prinz mit seinen samtenen Händen verzaubert, als hätte die Wärme seiner Hände einen unauslöschlichen Abdruck von Zärtlichkeit auf ihren Wangen hinterlassen. Die Berührung hatte eine geheimnisvolle Sehnsucht in ihr Herz gepflanzt, die sich fortan immer wieder mit leisem Pochen in Erinnerung brachte.

12. Die springende Erfindung

Bei ihrem nächsten Besuch im Laboratorium erlebte Elisa etwas höchst Erstaunliches. Aus dem hinteren Teil des Raumes war ein lautes Knistern, Knacken und Rumoren zu vernehmen. Ein bläuliches Licht flackerte. Blitze zuckten. Die große Silberkugel drehte sich ruckartig hin und her und vollführte die tollsten Sprünge. Die Dielenbretter krachten bedenklich, wenn sie wieder und wieder auf sie herabpolterte.

Zuerst glaubte Elisa, der Professor sei gar nicht da, doch dann entdeckte sie ihn durch die Panzerglasscheibe in der Kugel sitzend. Wegen der tanzenden Lichtreflexe auf dem gewölbten Glas konnte sie ihn nur schemenhaft erkennen.

‚Das muss ja einen ungeheuren Spaß machen', dachte Elisa.

Sie klatschte erfreut in die Hände und rief: „Bravo!"

Die Kugel krachte ein letztes Mal herab und blieb nachfedernd auf ihren drei Teleskopbeinen stehen. Das Blitzen und Rumoren hörte auf. Surrend öffnete sich die Scheibe. Nun erst wurde der Professor deutlich sichtbar. Er trug einen silbernen Stirnreif auf dem Kopf, was bei ihm ziemlich albern wirkte. Sein Gesicht sah aber alles andere als fröhlich aus.

„Herzlichen Glückwunsch!", rief Elisa ihm begeistert zu.

„Was?!“, grollte er und starrte das Mädchen finster an.
Elisa wunderte sich über seine schlechte Laune. Die Kugel funktionierte doch. Oder sprang sie ihm etwa noch nicht hoch genug?
„Schön, dass es endlich funktioniert“, versuchte sie ihn aufzumuntern. „Das Ding wird auf dem Rummelplatz eine große Attraktion sein. Wirklich toll, wie es hopst und blitzt.“
Die Miene des Professors verdüsterte sich noch mehr. Er riss sich den Stirnreif herunter und raufte sich die Haare, die nun wirr vom Kopf abstanden.
„Das darf nicht wahr sein!“, brüllte er so laut, dass Elisa erschrocken zusammenzuckte. Mit einem gewaltigen Satz sprang er aus der Kugel.

„Zwölf Jahre hab ich an meiner sensationellen Erfindung gearbeitet!“, schrie er. „Und da kommt ein kleines Pipimädchen daher und nennt sie eine Rummelplatzattraktion!“

Danach folgte noch eine üble Schimpfkanonade voller unanständiger Ausdrücke, die der Würde dieses hochgebildeten Wissenschaftlers leider überhaupt nicht entsprachen, und die ich an dieser

Stelle aus Hochachtung vor seiner ansonsten sehr verdienstvollen Persönlichkeit nicht wiedergeben werde. Dafür bitte ich die Leser um Verständnis.

Als Elisa nach Hause ging, war sie beinahe entschlossen, den Professor überhaupt nicht mehr zu besuchen. Manchmal machte er es ihr wirklich schwer, Verständnis für ihn aufzubringen. Doch weil sie ihn inzwischen recht gut kannte, wusste sie, dass er sich bald wieder beruhigen würde.

Aber das „Pipimädchen" wollte sie ihm nicht so schnell vergessen.

13. Ein gemeines Diebsgesindel

Es kam eine Zeit, in der merkwürdige Dinge passierten.
Als Elisa einmal über ihren Hausaufgaben saß, sah sie durch das Fenster, wie Aristoteles quer durch das Vorgärtchen gelaufen kam, um seine Milch zu trinken. Doch dann hörte sie vor der Haustür ein jämmerliches Maunzen. Sie ging hinaus und sah verwundert, dass das Schälchen leer war, obwohl sie es vor kurzem erst gefüllt hatte. So schnell konnte es Aristoteles gar nicht ausgeschleckt haben. Außerdem strich er miauend um ihre Beine; ein sicheres Zeichen dafür, dass er durstig war.
Wer mochte die Milch getrunken haben? Schlich hier etwa noch eine andere Katze herum? Elisa füllte das Schälchen also wieder auf.

Das Ganze wäre nicht so fragwürdig gewesen, wenn es sich nicht an den Folgetagen wiederholt hätte. Irgendwer stahl immer wieder die Milch. Das war ärgerlich. Elisa nahm sich vor, dem Rätsel auf den Grund zu gehen. Sie stellte das gefüllte Schälchen auf die Vortreppe und setzte sich in der Diele auf einen Hocker, sodass sie es durch die Türscheibe im Blick hatte. Griffbereit stellte sie den Teppichklopfer neben sich an die Wand. Um sich die Zeit zu vertreiben, wollte sie weiter an dem Schal stricken. Es dauerte gar nicht lange bis sie bemerkte, wie sich draußen etwas regte. Gespannt hielt sie den Atem an. Durch das geriffelte Scheibenglas konnte sie das Geschehen nur verschwommen wahrnehmen.

Aristoteles war das jedenfalls nicht. Elisa erkannte, dass es sich um *zwei* Wesen handelte, die sich dem Milchschälchen näherten. Das eine schien etwas größer als der Kater zu sein, das andere war viel kleiner. Beide hatten ein rötliches Fell. Kein Laut war zu hören. Elisas Herz begann vor Aufregung spürbar zu klopfen. Ganz behutsam, um nur kein Geräusch zu machen, legte sie das Strickzeug nieder, griff nach dem Teppichklopfer und schlich auf die Tür zu. Dabei hielt sie sich dicht bei der Wand, weil die Dielen dort nicht so knarrten. Schritt für Schritt bewegte sie sich vorwärts. Schon hatte sie die Hand an der Klinke, um sie blitzschnell zu öffnen und …

„Elisa!“, rief die Großmutter plötzlich hinter ihr, während sich die laut quietschende Küchentür öffnete. „Sag mal, hast du meine Wärmflasche irgendwo hingetan? Mir tut der Rücken so weh.“

„Ach, Oma", seufzte Elisa und richtete sich resigniert auf. „Die Wärmflasche hängt doch immer am Wandhaken neben dem Küchenfenster."
„Da ist sie aber nicht", behauptete die Großmutter.
„Ich komme gleich", versprach Elisa.
Als sie die Haustür öffnete, stand das Schälchen unberührt an seinem Platz. Die Milchdiebe waren natürlich entwischt. Elisa schaute rasch unter der Treppe, hinter der Hausecke und sogar im Fliederbusch nach, ob sie sich eventuell dort versteckt hatten, aber es war nichts zu entdecken.

Enttäuscht kehrte sie ins Haus zurück, um die Wärmflasche zu suchen. Zuerst dachte sie ja, die Großmutter hätte bloß wieder vergessen, wohin sie sie gelegt hatte. Doch obwohl sie sämtliche Räume durchkramte, war und blieb die Flasche verschwunden.

Elisas Gedanken kreisten ständig um die gestohlene Milch. Eines stand fest: Die Diebe waren außerordentlich vorsichtig und schlau. Und Elisa hatte einen Verdacht. Dieser Verdacht verstärkte sich, als sie am Abend einen Stapel Zeitungen zum Papiermüllbehälter bringen wollte. Zufällig fiel ihr Blick auf die Überschrift eines Artikels.
„Warnung vor tollwütigem Fuchs!"
Dort war zu lesen:
„Ein sprachloser Schreck durchfuhr eine junge, blonde Mutter (28) mit Lockenwicklern auf dem Kopf, als sie einen Fuchs sah, der in den Kinderwagen ihres Babys (Franziska-Charlotte, 4 Monate) zu klettern versuchte, welchen sie zum Schlafen auf ihre Gartenterrasse gerollt hatte. Sie bekämpfte den unverschämten Vierbeiner mit rötlich-braunem Fell anhand eines Blumentopfes, wobei es sich um dunkelrote Geranien handelte, durch einen gezielten Wurf derselben. Besagter Pflanzenbehälter nebst einem getroffenen Gartenzwerg sowie die Doppelscheibe der 85 mal 193

Zentimeter großen Terrassentür gingen hierbei auf tragische Weise zu Bruch. Der Sachschaden beträgt circa 167 Euro. Der am selbigen Abend heimkehrende Ehemann der Frau erlitt daraufhin einen Schock. Der Kinderwagen sowie das Baby überstanden dies unbeschädigt.“

Und weiter stand da geschrieben, dass dieser Fuchs bereits bei weiteren Versuchen beobachtet worden war, sich Kleinkindern zu nähern. Alle Mütter wurden aufgerufen, diese keinen Moment unbeaufsichtigt zu lassen. Hunde, Katzen und sonstige Haustiere sollten nicht frei umherlaufen, da der „dringende Verdacht auf Tollwut“ bestehe. Der Fuchs sei vornehmlich in der Nähe des Friedhofes gesichtet worden. Ein besonderes Erkennungsmerkmal dieses „zweifellos tollwütigen Tieres“ sei ein Loch von der Größe einer Zwanzig-Cent-Münze in seinem linken Ohr. Der ortsansässige Jagdverein sei bereits informiert.

Elisa entschloss sich, ihren Unmut wegen des „Pipi-Mädchens“ zu überwinden und mit dem Professor über die Angelegenheit zu reden. Also strickte sie erst einmal den Schal zu Ende und packte ihn in ein hübsches Geschenkpapier ein.

14. Ein bedrohlicher Besuch

Als Elisa am frühen Nachmittag des folgenden Tages zum Laboratorium hinüberging, wunderte sie sich, dass zwei große, schwarze Limousinen mit getönten Scheiben davor parkten. Und vor der Tür zum Laboratorium stand ein breitschultriger Mann in dunklem Anzug, der eine Sonnenbrille trug, obwohl der Himmel ziemlich wolkenverhangen war.

„Hallo“, grüßte Elisa höflich. Als sie an ihm vorbei wollte, verstellte er ihr den Weg. Fragend blickte sie zu ihm auf.
„Kein Zutritt!“, sagte er. Mit undurchdringlicher Miene sah er auf sie herab.
„Ja, aber ich …“, wollte Elisa erklären, doch der Mann bedeutete ihr mit einer knappen Kopfbewegung, sich zu entfernen. Elisa ahnte, dass es sinnlos wäre, sich ihm zu widersetzen. Dieser Kerl sah irgendwie unheimlich aus. Vorsichtshalber wich sie zurück.
‚Hier stimmt was nicht‘, vermutete Elisa. Sie bog um die Hausecke und schlich zu dem vergitterten Fenster. Aus dem Laboratorium waren erregte Stimmen zu hören. Elisa wagte nicht, hineinzuschauen. Von drinnen hätte man sie dabei leicht entdecken können. Es schien ihr jedoch ratsam, das zu vermeiden. Auf Händen und Knien kroch sie durchs Dornengesträuch zu der kleinen Holzluke. Dort bemerkte sie, dass sich dieser merkwürdige Erdhaufen auffällig vergrößert hatte. Er verdeckte jetzt die halbe Luke. Wer mochte ihn wohl hier im dichtesten Gestrüpp aufgeschüttet haben, und wozu? Für ein normales Katzenklo war der Haufen unnötig groß. Außerdem roch er dafür viel zu frisch. Aber Elisa hatte keine Zeit, weiter darüber nachzudenken. Sie musste zunächst einige Erde beiseite räumen, bevor sie die Luke öffnen konnte.

Als Erstes erkannte sie die Füße des Professors in seinen abgetragenen Schuhen, die unruhig auf der Stelle herumtraten. Ihnen gegenüber stand ein Paar blankpolierter, schwarzer Schuhe mit roten Streifen auf dem Spann. Obwohl diese Schuhe zu einer einzigen Person gehörten, waren sie doch verschieden. Der eine Schuh war viel plumper geformt und dicker besohlt als der andere. Dann entdeckte Elisa einen eleganten Frauenschuh mit einem bleistiftdünnen Absatz, in dem ein zarter Fuß in feinem Netzstrumpf steckte. Offenbar saß die Frau mit übergeschlagenem Bein auf einem Stuhl, weshalb sich ihr anderer Fuß oberhalb von Elisas Sichtfeld befand. Nahe der Tür waren zwischen den Tischbeinen hindurch noch zwei ungewöhnlich große Herrenschuhe zu sehen. Ihr Träger stand breitbeinig da, so als wollte er den Ausgang versperren. Neben ihm lag ein riesenhafter Hund flach auf dem Boden, eine pechschwarze Dogge. Hechelnd ließ sie ihre schlabbrige Zunge aus dem Maul hängen.

„Nun regen Sie sich doch nicht so auf, mein lieber, verehrter Professor“, sagte ein Mann mit einer hohen Fistelstimme: „Sie kennen meine Meinung. Ihre Erfindung ist wahrhaft großartig. Ganz unbestritten. Die Sache hat nur einen einzigen kleinen Mangel: Sie funktioniert nicht.“

„Aber sie wird bald funktionieren!“, erwiderte der verschnupfte Professor gereizt.

„Sicher, aber ganz sicher doch“, beschwichtigte der andere. „Davon bin ich genau so fest überzeugt wie Sie, mein lieber Heuretes. Weshalb sonst wäre ich all die Jahre so überaus geduldig mit Ihnen gewesen?“

Der Professor schnaubte heftig in sein Taschentuch und grollte: „Ich soll Ihnen wohl noch dankbar dafür sein? Sie haben mir das Geld doch nur geliehen, weil Sie genau wissen, dass Sie eines Tages die doppelte Summe zurückbekommen!“

„Ah, eines Tages!“, erwiderte der Mann mit den schwarz-roten Schuhen. „Dürfte ich Sie wohl bitten, diesen Termin zu präzisieren? Wann soll das sein, eines Tages?“

Auf einmal zuckte Elisa zusammen, weil es hinter dem Erdaufwurf kurz und heftig raschelte, so als wäre ein umgebogener Zweig zurückgeschnellt. Doch es war niemand zu sehen. Ob Aristoteles dort umherschlich? Gespannt lauschte sie wieder dem Gespräch im Laboratorium.

„Ich bin ein genialer Wissenschaftler“, erregte sich der Professor, „ein Erfinder ersten Ranges! Ich stehe kurz vor dem Abschluss meiner Arbeiten! Dann werden Sie Ihr verdammtes Geld kriegen! Meinetwegen sogar die dreifache Summe!“

„Hören Sie, Professor“, sagte der Mann mit der hohen Stimme nun in einem kühleren Tonfall, „ich bin kein Unmensch. Aber ich habe keine Lust, ewig und drei Tage zu warten. Meine Geduld ist groß, aber nicht unendlich.“

Elisa konnte sehen, wie sich die schwarzen Schuhe mit den roten Streifen umwandten und hinkend zu einem Schreibtischstuhl schritten, wobei der eine Schuh quietschte und der andere knarrte. Dort drehten sich ihre Spitzen in die Richtung des Professors.

„Also?“, fragte der Professor. „Was wollen Sie von mir?“

Der andere räusperte sich. Die Stellung seiner Schuhe ließ vermuten, dass er sich gesetzt hatte. Der eine Schuh, der schlankere, verschwand nach oben. Nur der plumpe Schuh mit der dicken Sohle blieb am Boden.

„Ich mache Ihnen ein Angebot“, sagte die Fistelstimme, „ein Angebot, das ich ausschließlich solchen Wissenschaftlern unterbreite, von deren Fähigkeiten ich tatsächlich überzeugt bin. Also hören Sie gut zu, mein bester Heuretes. Ich biete Ihnen die Möglichkeit, in meinen supermodernen Laboratorien zu arbeiten. Dabei werden Sie von einem Team hochqualifizierter Mitarbeiter unterstützt. Alles was Sie an Geräten und Materialien benötigen, bekommen Sie zur Verfügung gestellt. Und ich zahle Ihnen das fünffache Gehalt, das Sie als Professor an der Universität bekommen würden. Na, was sagen Sie dazu?“

„Und wo ist der Haken an der Sache?“, fragte der Professor, der angesichts von so viel Großzügigkeit anscheinend misstrauisch geworden war.

„Ich bitte Sie!“, rief der andere aus. „Was denn für ein Haken?“

„Was geschieht mit meinem psychokinetischen Antrieb, wenn er dann funktioniert?“, wollte der Professor wissen.

„Nun, die Erfindung“, erklärte der andere betont harmlos, „die würde dann selbstverständlich mir gehören. Eine Verwendung dafür wird sich sicherlich finden lassen.“

„Sie wollen mich wohl für dumm verkaufen!“, brauste der Professor auf. „Ich werde mit meiner Erfindung viel mehr Geld verdienen, wenn ich sie selber vermarkte. Die gesamte Großindustrie wird sich darum reißen, sobald ich damit an die Öffentlichkeit gegangen bin. Sämtliche Energieerzeugungsunternehmen dieser Welt werden sie anwenden wollen.“

Die Stimme des Professors hatte einen spöttischen Klang, als er hinzufügte: „Die werden mir ein Mehrfaches von dem zahlen, was Sie überhaupt auf Ihrem Konto haben, verehrter Herr Konsul.“
„Wenn Sie sich da nur nicht irren, Professor“, erwiderte der Konsul. „Die Wahrheit ist, dass kein einziger Energiekonzern ein Interesse an Ihrem Psychokinetor haben kann.“
„Blödsinn!“, lachte der Professor.
„Denken Sie nur mal nach!“, fuhr der Konsul jetzt etwas energischer fort. „Womit wird auf dieser Welt das meiste Geld verdient? Mit Erdöl. Und warum? Weil man es so teuer verkaufen kann, wie man will. Und das ist deshalb so, weil die ganze Weltwirtschaft davon abhängt: die Autoindustrie, die Eisenbahn, die Schifffahrt,

die Chemieindustrie, das Militär, einfach alles. Und wenn einmal ein arabisches Land nicht bereit ist, genügend Öl zu verkaufen, dann beschuldigt man es kurzerhand, irgendwelche verbotenen Massenvernichtungsmittel zu besitzen, und man hat endlich wieder einen Grund, Krieg zu führen. Denn durch Kriege lässt sich *noch* mehr Geld verdienen. Jeder abgestürzte Düsenjäger, jedes versenkte Kriegsschiff, jede explodierte Granate, jeder ausgebrannte Panzer, jede verschossene Gewehrpatrone muss schließlich ersetzt und neu gekauft werden. Das beschert der Waffenindustrie Milliardengewinne. All das verdankt man einzig und allein dem Erdöl."

„Aber es geht doch dabei nicht einzig nur ums Geld", wandte der Professor ein. „Schon allein die verheerenden Umweltschäden, die durch das Öl …"

„Ach Professor, was sind Sie nur für ein naiver Träumer!", rief der Konsul aus. „Die großen Ölmagnaten kümmern sich einen Dreck um die Umweltverschmutzung, solange nur ihr Profit gesichert ist. Und noch eins: Glauben Sie ja nicht, dass Sie der Einzige sind, der einen Ersatz für das Erdöl erfunden hat. Da gab es mal einen Kernphysiker, der hatte einen Reaktor entwickelt, der nur einmal mit Wasserstoff und Helium bestückt zu werden braucht, und der ähnlich wie die Sonne tausend Jahre und länger Energie hätte liefern können. Ein Biologe hatte eine Pflanze gezüchtet, die sogar in der Wüste wachsen und energiereiches Öl liefern kann. Ein Mechaniker konstruierte einen Generator, der ohne jeden Treibstoff Strom erzeugt, indem er die Schwankungen des Erd-Magnetfeldes nutzt. Der Beispiele gibt es genug."

„Aber das sind doch alles bloß Phantasiegeschichten", meinte der Professor herablassend.

„Mitnichten", erwiderte der Konsul. „Ich weiß es aus glaubwürdiger Quelle. Natürlich wurde keine dieser Methoden jemals angewandt. Und warum nicht? Ich will es Ihnen sagen, Professor:

Weil sich damit nicht annähernd so viel Geld verdienen lässt wie mit dem verfluchten Erdöl. Die breite Öffentlichkeit hat von keiner dieser Erfindungen jemals etwas erfahren, weil es ihren Schöpfern gar nicht erst gelang, sie bekannt zu machen. Der eine wurde zufällig von gleich zwei Lastwagen überfahren, als er seine Morgenzeitung holen wollte. Ein anderer ertrank unglücklicherweise beim Zähneputzen in einem Handwaschbecken, stellen Sie sich vor! Der Dritte allerdings zeigte sich einsichtig, denn er wusste von den anderen. Er ist zwar nicht reich geworden, aber er erfreut sich wenigstens bester Gesundheit, weil er eine Verpflichtung unterschrieb, zeitlebens über seine Erfindung zu schweigen, denn andernfalls …“

Der Konsul ließ eine kleine Gedankenpause verstreichen und sagte dann mit gedämpfter Stimme: „Denken Sie über mein Angebot nach, Heuretes.“

Dieser Satz klang wie eine furchtbare Drohung in Elisas Ohren.

„Ich lehne dankend ab“, hörte sie daraufhin die entschlossene Antwort des Professors.

Urplötzlich sprang die Dogge bellend vorwärts. Elisa hätte vor Schreck beinahe die Luke zufallen lassen, weil sie im ersten Moment annahm, der Hund hätte sie entdeckt. Doch dann sah sie, wie seine Vorderpfoten wie wild an den Dielenbrettern kratzten.

„Satan!“, brüllte jemand. Der Mann mit den großen Schuhen, der am Eingang gestanden hatte, zerrte den Hund zurück.

„Ruhig, Satan!“, kommandierte er. Ein klatschender Schlag war zu hören. Das dröhnende Bellen endete in einem schmerzlichen Jaulen.

„Was ist denn schon wieder mit dem verdammten Köter?“, erkundigte sich der Konsul unwillig.

„Verzeihung, Chef. Er muss irgendwas unter dem Fußboden gewittert haben“, antwortete der Mann mit den großen Schuhen. „Vielleicht eine Ratte oder sowas.“

„Iiih! Ratten!“, kreischte eine Frauenstimme, die offenbar der Trägerin der eleganten Damenschuhe gehörte.

Nachdem sich die Situation wieder beruhigt hatte, sprach der Konsul erneut auf den Professor ein: „Überlegen Sie doch mal! Sie kommen endlich aus diesem elenden Stallgebäude heraus, wo es Ratten und Ungeziefer gibt, und in dem es ganz erbärmlich zieht. In meinen Laboratorien können Sie Ihre chronische Erkältung auskurieren. Sie brauchen sich dann auch nicht mehr von Tütensuppen zu ernähren. In unserer Kantine bereitet ein französischer Fünf-Sterne-Koch für Sie kostenlos die nahrhaftesten und leckersten Speisen. Und sonntags sind Sie mit Ihrer charmanten Frau Gemahlin bei uns zu Hause zum Essen eingeladen. Nicht war, mein Schatz?“
„Selbstverständlich“, ließ sich die Frauenstimme hören und bat: „Komm jetzt, Liebling, wir sollten besser gehen, bevor uns hier noch die Ratten beißen.“
Die Frau erhob sich von ihrem Stuhl.

„Misch dich gefälligst nicht in meine geschäftlichen Angelegenheiten!“, wies der Konsul grob seine Frau zurecht. „Ob wir gehen oder ob wir nicht gehen, entscheide immer noch ich!“
Widerspruchslos setzte sich die Frau wieder. Sie hob diesmal aber ihre beiden Füße vom Boden ab. Der Konsul räusperte sich kurz und redete eindringlich weiter auf den Professor ein: „Mein lieber Heuretes, Sie werden in meinen Laboratorien konzentriert und zügig arbeiten können. Dort gibt es auch keine Kinder, die Sie mit überflüssigen Fragereien über Schafe oder Rosen von Ihrer eigentlichen Aufgabe ablenken.“
An dieser Stelle schien der Professor zu stutzen. Es war, als würden alle Anwesenden für einen Moment den Atem anhalten.
„Sagen Sie mal, woher wissen Sie das?“, fragte der Professor nun mit aufkommender Empörung.
„Ich weiß viel mehr über Sie, als Sie ahnen“, gab der Konsul mit ungenierter Heiterkeit zu. „Ich weiß genau, was Sie den Tag über machen, ich weiß, mit wem sich Ihre zauberhafte Frau Gemahlin trifft, wenn sie in die Stadt fährt, und ich kenne auch Ihre katastrophale finanzielle Situation. Sie sollten sich mein Angebot gründlich durch den Kopf gehen lassen.“
„Verlassen Sie auf der Stelle mein Laboratorium!“, brüllte der Professor unbeherrscht. „Verschwinden Sie von hier, Sie elender Ganove!“
Die Dogge hob knurrend ihren Kopf. Der schlankere der schwarzroten Schuhe stellte sich wieder neben den klobigeren. Knarrend und quietschend bewegten sie sich auf den Professor zu und blieben so dicht vor ihm stehen, dass sie fast dessen Schuhspitzen berührten.
„Ich gebe Ihnen genau sieben Tage Bedenkzeit“, sagte der Konsul leise. Seine hohe Stimme wurde dabei so scharf wie eine Rasierklinge. „Entweder Sie zahlen Ihre Schulden oder Sie nehmen mein Angebot an. – Komm Schatz, wir gehen. Guten Tag, Professor.“

Die schwarz-roten Schuhe quietschten und knarrten dem Ausgang zu. Die Damenschuhe stöckelten klackend hinterher. Die Tür öffnete sich. Dann tappten auch die Doggenpfoten und die großen schwarzen Schuhe hinaus. Elisa schloss die Luke. Sie hörte, wie an der Straße Autotüren schlugen. Als sie um die Hausecke blickte, summten die elektrischen Limousinen in einer wirbelnden Staubwolke davon.

Der Professor hockte zusammengesunken auf einem Schemel. Er bemerkte Elisa erst, als sie dicht vor ihm stand. Erschöpft hob er seinen Blick. Sie konnte an seinen Augen sehen, wie niedergeschlagen und traurig er war, und er tat ihr sehr leid. Wortlos wickelte sie den Schal aus dem Geschenkpapier und legte ihn dem Professor über die Schultern. Doch anstatt sich zu bedanken, sprang er plötzlich auf und rief laut in Richtung Tür: „Ich lasse mich nicht kleinkriegen! Elender Schurke!“
Wild entschlossen setzte er sich wieder an seinen Computer und vertiefte sich in die komplizierten Formeln auf dem Bildschirm.
„Ich werde es beweisen!“, sagte er laut vor sich hin, wobei er sich den Schal fest um den Hals zog.
Elisa verließ auf Zehenspitzen das Laboratorium. Sie durfte den Professor jetzt auf keinen Fall von der Forschungsarbeit ablenken. Angesichts seiner Probleme erschien ihr nun das Ärgernis mit den Milchräubern ziemlich klein und unwichtig.

Aristoteles bekam seine Milch seitdem immer in der Diele eingeschenkt.

15. Hoffnung

„Ich hab dir eine neue Wärmflasche mitgebracht“, sagte Elisa, als sie am Abend die Wohnstube betrat.
„Das ist lieb, mein Kind“, antwortete die Großmutter. „Meinem Rücken geht es inzwischen besser. Nur das Herz tut weh. Aber da hilft leider keine Wärmflasche.“
„Mama hat vorhin angerufen“, berichtete Elisa. „Sie hatte aber wenig Zeit, weil sie einen dringenden Termin beim Frisör hatte. Ich soll dich herzlich grüßen und dir sagen, dass sie das Geld noch nicht schicken konnte, weil sie im Moment so viele Ausgaben hat. Ein Bekannter hat sie zum Essen in ein teures Restaurant eingeladen und nun braucht sie unbedingt neue Schuhe, weil die alten überhaupt nicht zu ihrer neuen Haarfarbe passen.“
Die Großmutter nickte stumm.
„Oma, mein Kleid kratzt so auf der Haut. Außerdem wird es mir unter den Achseln zu eng. Und eigentlich mochte ich karierte Sachen noch nie besonders gut leiden.“
„Jetzt werden die Kirschen reif“, murmelte die Großmutter leise vor sich hin. „Opa hat Windmühlen in den Bäumen befestigt, um die hungrigen Stare zu vertreiben.“
Elisa trat an den Lehnstuhl heran und legte ihre Wange an Großmutters Schulter.
„Neulich kam ich an einem Laden vorbei“, sagte sie. „Da liegt ein Kleid im Schaufenster, gar nicht teuer. Es ist orangerot wie ein Sonnenuntergang.“
Da schien der Großmutter etwas einzufallen, denn sie versprach: „Am Samstag backe ich uns einen Kuchen mit viel saftigen Kirschen oben drauf. Den mag Opa doch so gern. Dazu gibt es Schlagsahne.“
Elisa griff nach Großmutters warmer Hand.
„Man darf die Hoffnung niemals aufgeben. Nicht wahr, Oma?“

Die alte Frau wandte dem Mädchen das Gesicht zu und lächelte. „Ja“, bestätigte sie, „solange wir einen Schatten werfen, bleibt uns die Hoffnung.“

Dann sah sie wieder aus dem Fenster.

16. Ungebremste Rücksichtslosigkeit

„Meine Großmutter war in letzter Zeit furchtbar vergesslich geworden“, vertraute mir Elisa an. „Sie konnte den versprochenen Kuchen gar nicht backen. Sie hatte schon wieder vergessen, dass

es die Kirschbäume nicht mehr gab. Den großen, alten Nussbaum gab es auch nicht mehr und die Tulpenbeete und die Himbeersträucher. Denn genau dort, wo einmal der Garten war, verlief jetzt die Autobahn. Aber ich mochte sie nicht ständig daran erinnern. Es hätte sie zu sehr geschmerzt. Und jemandem, den man lieb hat, will man doch nicht wehtun."
„Das kann ich gut verstehen", sagte ich. Elisa fuhr fort: „Die Autobahn hätte ja auch einfach einen Bogen um den Garten machen können. Dann hätten die Autos in dieser Kurve eben ein bisschen langsamer fahren müssen. Aber die Bauleute meinten, dass eine gerade Autobahn viel wichtiger wäre als die Kirschbäume, die Erdbeerpflanzen und die Rosenstöcke und wichtiger als die kleine Laube mit der weißen Bank unter den Weinranken, wo Oma und Opa immer so gern beieinandergesessen haben."

Es war still um uns her. Nur die reifen Halme des Kornfeldes flüsterten im sanften Windhauch miteinander, und das Werkzeug, mit dem ich hantierte, klapperte leise. Auf einmal war aus der Ferne etwas zu vernehmen, das meine schweifenden Gedanken in die Wirklichkeit zurückholte.
„Hörst du das auch?", fragte ich und legte den ausgebauten Vergaser aus den Händen. Wir lauschten. Ein Motorengeräusch! Es kam rasch näher. Da tauchte auch schon ein großer Geländewagen über dem Hügel auf.
„Na endlich!", rief ich. „Der kann mir bestimmt helfen."
Schnell griff ich das Abschleppseil aus dem Kofferraum und stellte mich auf die Straße. Der Wagen brauste mit hoher Geschwindigkeit heran. Ich konnte den Fahrer durch die staubbedeckte Windschutzscheibe sehen. Hoffnungsvoll reckte ich den Arm empor und schwenkte das Seil. Doch der Mann am Steuer schien einfach über mich hinwegzublicken. Nur noch wenige Meter trennten mich von ihm. Wollte er nicht endlich abbremsen?

Schlief er etwa?! Ich erstarrte. Der klobige Kühler des Geländewagens kam auf mich zu! Jetzt schreckte der Fahrer auf wie jemand, der tief in Gedanken versunken war. Ich sprang zur Seite. Im selben Moment riss er das Steuer herum. Der Wagen schleuderte bis über den Straßenrand hinweg, wo er eine Staubwolke aufwirbelte. Fast wären mir die breiten Geländereifen über den Fuß gerollt. Der Mann schien nur mit Mühe die Gewalt über das Fahrzeug wiederzugewinnen. Ohne die Bremsen betätigt zu haben, gab er Gas und raste auf der Straßenmitte davon. Mit aufsteigender Empörung starrte ich ihm nach.
„Hat man so was schon gesehen!“, schimpfte ich, während die Staubwolke über mich hinwegwehte. „Der hätte mich beinah mit Vollgas über den Haufen gefahren!“
Elisa war erschrocken von ihrem Baumstumpf aufgesprungen. Es dauerte eine Weile, bis wir uns beruhigt hatten und sie mit ihrer Erzählung fortfahren konnte.

17. Bittere Erkenntnis

„Was willst du schon wieder hier?“, knurrte der Professor übelgelaunt an einem seiner schlechten Tage. Im Laboratorium waberte ein brenzlig riechender Dunst umher, der darauf schließen ließ, dass dem Erfinder wieder einmal eine seiner Apparaturen um die Ohren geflogen war. Nicht nur sein Arbeitskittel, sondern auch der neue gelbe Schal waren vom Rauch ganz grau geworden.
„Mir ist da was eingefallen“, begann Elisa zu erklären. „Man müsste eine Möglichkeit finden, den kleinen Prinzen vor der Katastrophe zu warnen.“
Der Professor verdrehte unwillig die Augen. „Du glaubst doch nicht im Ernst, dass du ihm noch irgendwie helfen kannst? Hast du das Buch etwa nicht zu Ende gelesen?“

„Ich weiß ja, die Giftschlange“, räumte Elisa ein. „Aber wenn der Flieger den kleinen Prinzen danach nicht mehr gefunden hat, dann ist das noch lange kein Beweis dafür, dass er gestorben und im Wüstensand versunken ist. Wenn er es nun doch irgendwie auf seinen Planeten geschafft hat?“

Der Professor lachte laut auf und sagte: „Angenommen du hättest Recht und er wäre tatsächlich nicht an dem Schlangenbiss gestorben – es gäbe ihn doch heute sowieso nicht mehr!“

„Aber warum denn nicht?“, stammelte Elisa erschrocken. Der Professor beugte sich zu ihr hinunter.

„Was meinst du wohl, *wann* ich das Buch gelesen habe, hm? Ich hab es gelesen, als ich selber noch ein Junge war!“

Elisa stockte der Atem.

„Ja, da guckst du!“, triumphierte der Professor, wobei er sich wieder hoch aufrichtete. „Das Buch gab es schon lange bevor es mich gab. Und außerdem hat der Flieger die Geschichte erst aufgeschrieben, nachdem mehrere Jahre vergangen waren.“

Elisa starrte dem Professor betroffen ins Gesicht.

„Meine Großmutter sagt, man darf die Hoffnung niemals…“, wollte sie erwidern, doch der Professor fiel ihr heftig ins Wort: „Falls es ihn überhaupt noch gibt, dann hat dein Prinz inzwischen ein faltiges Gesicht, schütteres Grauhaar, knorrige Zitterhände und einen krummen Rücken! So ist das!“

Und um Elisa diese bittere Tatsache zu verdeutlichen, schlurfte der Professor gebeugt mit eingeknickten Knien auf sie zu, wobei er seine Kinnlade und die ausgestreckten Hände zittern ließ und seine Augen nach oben verdrehte.

Elisa wandte sich wortlos ab und verließ mit schnellen Schritten das Laboratorium. Der Professor sollte nicht sehen, was ihr da plötzlich unaufhaltsam aus den Augen rann.

„Er ist ein alter Mann, dein Prinz!“, rief er ihr böse lachend nach. „Ein alter Mann!“

18. Das Problem mit der Wahrheit

Den Vergaser meines Autos auseinanderzubauen und zu reinigen war für mich eine komplizierte Sache. An jenem Tag empfand ich es als unangenehm, diese schmutzige Arbeit zu verrichten, zumal ich mir noch nicht einmal sicher war, ob ich den Defekt dadurch beheben würde. Heute sehe ich das anders. Denn immer wenn ich in Zukunft einen Vergaser reinige, werde ich an Elisa denken müssen. Wenn ich kurz die Augen schließe, werde ich sie in ihrem orangeroten Kleid auf dem Baumstumpf sitzen sehen. Ich werde den sanften Klang ihrer Stimme wiederfinden und mein Herz wird sich bei der Erinnerung an ihr bezauberndes Lächeln erwärmen. Und darum wird das Reinigen eines Vergasers eine der schönsten Betätigungen sein, die es für mich gibt.

„Dieser Professor war ziemlich gemein zu dir“, urteilte ich.
„Aber er sagte die Wahrheit“, nahm sie ihn in Schutz. „Das rechne ich ihm eigentlich hoch an, auch wenn es im ersten Moment ziemlich wehtat.“
Unvermittelt fragte sie: „Sagst du eigentlich immer die Wahrheit?“
Ich hob ein wenig den Blick.

„Ja …“, antwortete ich leichthin, wobei ich mir nicht erklären konnte, wieso meine Schultern dabei zuckten.
„Ich denke schon“, setzte ich hinzu. Ein kleines, nachdenkliches Schweigen schlich auf leisen Sohlen an uns vorbei. Da wurde mir bewusst, dass ich gerade im Begriff war, eine dicke, fette Lüge in die Welt zu setzen. Und so fühlte ich mich veranlasst, zu verkünden: „Meistens jedenfalls. Meistens sag' ich schon die Wahrheit.“ Doch es gelang meiner Stimme dabei einfach nicht, einen überzeugenden Tonfall anzunehmen. Ich spürte, wie Elisa mich von der Seite ansah. Ihre Frage hatte sich wie ein angespitzter Pflock in mein Gewissen gebohrt. Und es war, als würde ihr Blick meine Hände festhalten, die sich eben mit einer festsitzenden Schraube abmühten. Ich hielt inne.

„Na ja, weißt du“, begann ich recht kleinlaut einzugestehen, „manchmal gibt es Situationen … In meinem Beruf zum Beispiel ist das auch so eine Sache.“
„Was bist du eigentlich von Beruf?“, wollte sie wissen.
„Schiffsglockenverkäufer“, antwortete ich mit einem gewissen Ernst, denn ich lege ziemlichen Wert darauf, dass mein Broterwerb ernst genommen wird.
„Oh, Schiffsglocken“, staunte Elisa, wobei sie überrascht ihre Augenbrauen hob. Dann fragte sie: „Und welches Problem gibt es dabei mit der Wahrheit?“
„Als ein Problem will ich es eigentlich nicht bezeichnen“, meinte ich. „Es ist so: Bis vor ungefähr hundert Jahren sind Taschenuhren noch unerschwinglich teuer gewesen. Da mussten sich die meisten Leute ausschließlich nach den Turmuhren richten, wenn sie nicht zu spät kommen wollten. Aber auf hoher See gibt es ja keine Türme, nicht wahr? Deshalb erfand ein kluger Seemann eines Tages die Schiffsglocke. Die wurde jede halbe Stunde angeschlagen,

damit die Matrosen wussten, wie spät es ist. Heutzutage allerdings, wo fast jeder Mensch eine Armbanduhr trägt, werden Schiffsglocken eigentlich gar nicht mehr benötigt."
„Und du verkaufst sie trotzdem?"
Ich nickte stolz und erklärte: „Genau das zeichnet einen guten Verkäufer aus. Es ist keine große Leistung, wenn einer zum Beispiel mit Feuerzeugen, Glühbirnen, Hosenträgern oder Klopapier handelt. Das sind alles Dinge, die jeder irgendwann einmal dringend benötigt. Die eigentliche Kunst des Verkaufens aber besteht darin, den Leuten etwas schmackhaft zu machen, das sie absolut überhaupt nicht gebrauchen können."
„Und wie macht man das?"
„Zu allem, was man verkauft, muss man etwas erzählen können. Und wenn die Wahrheit dazu nicht ganz ausreicht, denkt man sich eben eine Geschichte aus. Je spannender diese Geschichte ist, umso besser verkauft sich die Ware. Darum ist ein Schiffsglockenverkäufer gewissermaßen auch eine Art Erfinder."

19. Die größte Erfindung aller Zeiten

Es regnete schon seit Tagen. Durch die vielen Löcher im Dach des Laboratoriums strömten regelrechte Sturzbäche herab. Mit Elisas Hilfe hatte der Professor Eimer und Schüsseln aufgestellt, um das Wasser aufzufangen. Die teuren Apparaturen mussten mit allen verfügbaren Regenplanen und Plastikfolien bedeckt werden, damit sie durch die Feuchtigkeit keinen Schaden nahmen. Die Forschungsarbeiten waren bis auf weiteres unterbrochen. Der Professor hatte nichts Besseres zu tun, als trübsinnig auf seinem Drehstuhl zu hocken und dem Plätschern des Regens zu lauschen.

„An solchen Tagen bin ich manchmal drauf und dran, auf das Angebot von diesem Karnifeks einzugehen“, sagte er bekümmert vor sich hin.

„Tun Sie das bloß nicht!“, warnte ihn Elisa nachdrücklich. „Er ist ein klumpfüßiger Ganove und obendrein ein Schurke.“
Der Professor horchte auf. „Woher weißt du denn das?“
„Ach, das … hab ich zufällig gehört“, wich Elisa aus und wechselte das Thema: „Was ich Sie schon immer fragen wollte: Wie soll die Kugel denn überhaupt funktionieren? Was soll sie cigentlich tun?“
„Das verstehst du sowieso nicht“, knurrte der Professor abweisend. Doch als Elisa Luft holte, um die nächste Frage zu stellen, brauste er auf: „Na, fliegen soll es, das verdammte Dreckding!“
„Fliegen?“, wiederholte Elisa überrascht.
„Ja, fliegen! Nicht hopsen, sondern fliegen!“, rief er und schleuderte in einem Anfall von Unbeherrschtheit seinen Radiergummi nach der Silberkugel. „Ich werde es schon noch beweisen!“
„Ohne Flügel und Propeller?“, fragte Elisa. „Ohne Düsen?“

„Das ist es ja eben!“, ereiferte sich der Professor. „Es ist ein völlig neuartiger Antrieb. Damit kann man sogar schneller und weiter fliegen, als du es dir überhaupt vorstellen kannst!“

Elisa blickte skeptisch auf die eigentlich recht einfach aussehende Konstruktion.

„Jawohl!“, beharrte der Erfinder auf seiner kühnen Behauptung. „Es ist die Kraft der Gedanken, die das Aggregat antreibt!“

So plötzlich, wie er sich erregt hatte, so schnell beruhigte sich der Professor auch wieder. Er trat an die Kugel heran und streifte mit der Hand beinahe zärtlich einige Regenperlen von ihrer spiegelnden Oberfläche.

„In einem sehr alten Buch“, sagte er, „da steht geschrieben, dass der Glaube Berge versetzen kann. Als ich das vor vielen Jahren las, ging es mir nicht mehr aus dem Sinn. Fast alle Wissenschaftler bezweifeln diese Behauptung. Aber ich habe viel darüber nachgedacht und kam zu dem Schluss: Es ist wahr. Die menschlichen Gedanken sind eine Kraft, die wesentlich größer ist, als bislang vermutet. Die Menschen haben durch die Kraft ihrer Gedanken schon viel Großes vollbracht. Sie haben riesige Türme, Brücken, Staudämme und Pyramiden gebaut. Sie haben Autos, Flugzeuge, Schiffe, Unterseeboote und Weltraumraketen konstruiert, sie haben Telefone, Radios, Roboter, Fernseher und Computer erfunden. Schon allein daran erkennt man, was für eine ungeheure Macht im menschlichen Geist verborgen liegt.“

Elisa hörte gespannt zu. Mit bedeutungsvoll gedämpfter Stimme sprach der Professor weiter: „Aber den Menschen ist ihre allergewaltigste Kraft noch gar nicht bekannt – nämlich die Fähigkeit, Gedanken direkt in Energie umzuwandeln.“

Der Professor deutete mit großer Geste auf die Apparatur im Inneren der Silberkugel und fuhr in nahezu feierlichem Tonfall fort: „Hier drin befindet sich die bedeutendste Erfindung der Welt: Der Heuretes-Psychokinetor.“

Im Stillen fand Elisa, dass das eine ziemlich schwer zu merkende Bezeichnung sei. Aber wahrscheinlich brauchen so bedeutende Dinge eben auch bedeutungsvolle Namen. Aufmerksam folgte sie dem weiteren Vortrag des Professors.

„Aus Kostengründen habe ich zunächst nur einen kleinen Prototyp bauen lassen, der in diese gepanzerte Kugel passt. Der Psychokinetor wird die Kugel ohne einen sichtbaren Antrieb zum Fliegen bringen. Das wird, wie man sich wohl vorstellen kann, ein höchst beeindruckender Beweis seines Funktionierens sein. Später wird man größere Psychokinetoren zu verschiedenen Zwecken herstellen, um beispielsweise Strom in beliebigen Mengen zu produzieren. Dazu werden dann keinerlei Rohstoffe mehr benötigt. Man kann künftig völlig auf Kohle, Erdöl und Uran und sogar auf diese fürchterlichen Windräder verzichten, die unsere Landschaften verschandeln. Schiffe, Eisenbahnen, Autos und alle sonstigen Maschinen benötigen keine chemischen Treibstoffe mehr. Es wird in der Atmosphäre unseres Planeten bald keine schädlichen Abgase mehr geben. Meine Erfindung wird die ganze Welt verändern."

Der Professor holte aus einer Schublade den silbernen Stirnreif hervor, den Elisa schon einmal gesehen hatte, und erklärte: „Dieser Reif ist so etwas Ähnliches wie eine Antenne. Er fängt die Gedanken desjenigen auf, der ihn trägt und sendet sie zum Psychokinetor, den man eigentlich auch Gedankenverstärker nennen könnte. Und der wandelt diese Impulse in jede gewünschte Art von Energie um, in Wärme, in Elektrizität oder auch in Bewegungsenergie. So ist es beispielsweise eine Kleinigkeit, sich in diese Kugel hier zu setzen und mit ihr zu fliegen."

„Und wie weit und wie hoch?", fragte Elisa.

„So weit und hoch du nur willst", antwortete der Professor. „Nach New York, Tokio, Moskau, auf die Osterinseln oder auch zum Mond, zur Venus, auf die fernsten Sterne der Milchstraße oder noch viel weiter, wohin auch immer dich deine Gedanken tragen."

Der Professor klopfte stolz mit der flachen Hand auf seine Erfindung und meinte: „Außerdem sind alle herkömmlichen Düsenflugzeuge oder Raketen gegen meine Kugel vergleichsweise so langsam wie eine Schnecke gegen ein Rennauto. Sie fliegt schließlich mit Gedankenschnelle. Und diese Tatsache wird für die gesamte Menschheit tiefgreifende Konsequenzen haben."
Elisa stand vor lauter Staunen der Mund offen. Befriedigt über die starke Wirkung seiner Worte fuhr der Erfinder fort: „Ein leider bereits verstorbener Berufskollege von mir, ein gewisser Albert Einstein – der war übrigens *auch* ein hochbegnadeter Wissenschaftler", – hier räusperte sich der Professor und rückte seine Kragenfliege zurecht – „dieser Einstein also machte eine erstaunliche Entdeckung. Nämlich: Wenn man mit einer Rakete von der Erde wegfliegt und wieder zurückkehrt, ist die Zeit auf der Erde schneller vergangen als in der Rakete. Begreifst du, was das bedeutet?"
„Man könnte sozusagen in die Zukunft fliegen", antwortete Elisa nach kurzem Überlegen.
„Exakt", bestätigte der Professor. „Und ich habe etwas herausgefunden, worauf selbst dieser gewitzte Einstein nicht gekommen ist: Mit meiner Silberkugel könnte man unter gewissen Bedingungen nicht nur in die Zukunft, sondern auch in die Vergangenheit reisen. Man müsste dazu auf einer riesigen Kreisbahn so schnell durch den Weltraum fliegen, dass man sich selbst überholt."
„Wie kann so was möglich sein?", wollte Elisa wissen.
„Darüber sind meine Forschungen noch nicht ganz abgeschlossen", antwortete der Professor, wobei er seine Stirn runzelte. „Das Selbst-Überholmanöver lässt sich zwar eindeutig berechnen, aber wenn ich den Realitätsfaktor mit einbeziehe, geht das Ergebnis stets gegen die Zahl Null. An diesem Punkt scheint sich die Wirklichkeit aufzulösen. Jenseits dieses Punktes beginnt ... das Große NICHTS."

„Das Große NICHTS?“, wiederholte Elisa. „Wie kann etwas nichts und trotzdem groß sein?“
Der Professor ließ sich wieder auf seinem Drehstuhl nieder und rieb sich die Stirn.
„Das ist schwer zu verstehen und noch schwerer zu erklären. Jenseits der vierten Dimension verschmelzen Raum und Zeit miteinander und bilden ein Universum, das noch viel größer ist als das, in dem *wir* leben. Aber von dem, was dort vorgeht, erfahren wir … nichts.“
Der Professor versank minutenlang in ein tiefes Grübeln. Nur das Plätschern des Regenwassers war noch zu hören.
‚Man könnte in die Vergangenheit reisen!‘ musste Elisa denken. Und plötzlich überkam sie dieses Herzpochen wieder, das gleiche Herzpochen, das sie in ihrem Traum vom kleinen Prinzen gespürt hatte. Schließlich hielt sie es für angebracht, sich für diesmal zu verabschieden.
„Ich glaube, Sie haben wirklich die größte Erfindung aller Zeiten gemacht, Herr Professor“, sagte sie, noch immer tief beeindruckt, und erhob sich von ihrem Platz. „Wenn sie nur erst funktionieren würde!“
„Ja“, seufzte der Professor.

Da flog die Tür auf und seine Frau humpelte mit schmerzverzerrtem Gesicht herein. Ihre elegante Kleidung war über und über mit Schlamm bedeckt.
„Hilf mir!“, rief sie weinerlich. „Ich bin auf dem Hof in einem Loch versunken und hab’ mich verletzt!“
Der Professor sprang besorgt auf.
„Ein Loch auf dem Hof?“, fragte er. „Was für ein Loch?“
„Schnell! Du musst mich zu einem Arzt fahren!“
„Aber, Liebling“, druckste er, „es ist schon lange kein Benzin mehr im Wagen.“

„Soll ich deswegen eine schlimme Infektion kriegen?“, jammerte die Frau und deutete auf die Abschürfung an ihrem Knie.
„Ich könnte ja vielleicht …“, meldete sich Elisa zu Wort, „…vielleicht ein Taxi rufen?“
„Besser einen Krankenwagen!“, verlangte die Frau und drängte: „Nun mach schon, beeil dich!“

20. Die alte Schiffsglocke

Zu allem Überfluss begann es nun auch an der Landstraße zu regnen, und ich war mit dem Vergaser immer noch nicht fertig. Eilig klaubte ich das Werkzeug zusammen. Elisa ließ die kühlen Tropfen auf ihre ausgestreckten Hände fallen.
„Das ist schön“, freute sie sich. „Alles was lebt, braucht Wasser: die Schwalben, das Gras, die Schmetterlinge, die Blumen, die Fische, die Bäume, die Menschen. Wasser ist sogar viel wertvoller als Gold. Denn Gold braucht man nicht zum Leben.“
„Steig ein“, rief ich, „bevor du nass wirst und dich erkältest!“
Sie setzte sich zu mir ins Auto. Missmutig blickte ich durch die betropften Scheiben zu der dunklen Wolke empor, die gemächlich über uns hinweg zog.
„Von den vielen Millionen Planeten im Weltall gibt es nur ganz wenige, auf denen so etwas Wertvolles einfach vom Himmel fällt“, sagte Elisa. „Die Planeten auf denen es regnet, sind wie Diamanten in einem Haufen grauer Steine.“

Ich hielt den Vergaser in meinen ölverschmierten Händen. Mir wäre es viel lieber gewesen, wenn ich die Arbeit draußen hätte fortsetzen können. In dem engen Auto waren das Hantieren mit dem Werkzeug und das Ablegen der schmutzigen Einzelteile nur

eingeschränkt möglich. Elisa sah von der Seite in mein betrübtes Gesicht und vermutete: „Dir ist anscheinend gar nicht bewusst, wie schön unsere Erde eigentlich ist.“
„Kann schon sein“, erwiderte ich. „Mir fehlt dazu einfach der Vergleich.“

Wir saßen eine Weile da, ohne uns zu rühren und lauschten dem Prasseln des Regens auf das Autodach. Elisa schien meine Gedanken zu erraten.
„Du denkst wohl an deinen geschäftlichen Termin?“
„Allerdings“, bestätigte ich. „Die verabredete Zeit kann ich jetzt sowieso nicht mehr einhalten. Ich könnte nur noch auf gut Glück versuchen, meinen Kunden am ausgemachten Ort zu treffen, falls er dort auf mich wartet.“
„Machst du deine Arbeit eigentlich gern?“, fragte Elisa.
„Na ja“, antwortete ich nach kurzem Zögern. „Eigentlich mache ich sie ganz gern.“
„Und was gefällt dir daran, Schiffsglocken zu verkaufen, die keiner braucht?“
Ich zuckte mit den Schultern.
„Wie soll ich es dir erklären? Es gibt Leute, die sammeln Schiffsglocken wie andere es mit Briefmarken oder Münzen tun. Das sind meine besten Kunden. Manche von denen sind ja auch ein bisschen verrückt. Einer erzählte mir einmal, dass sein Großvater im Zweiten Weltkrieg Steuermann auf einem Unterseeboot gewesen war. Deswegen fragte er mich, ob ich ihm eine echte Schiffsglocke von einem dieser U-Boote besorgen könnte.“
„Und? Hast du sie ihm besorgt?“
„Ja, das hab ich.“
„Da hat er sich sicher sehr gefreut.“
„Er hat jedenfalls ganz gut dafür bezahlt“, erwiderte ich. „Eine echte U-Bootglocke ist schließlich nicht so leicht zu beschaffen. Die meisten Unterseeboote aus dem Zweiten Weltkrieg sind ja

versenkt worden, wie man weiß. Und diejenigen, die nicht versunken sind, hat man inzwischen längst verschrottet."
„Ich verstehe", sagte Elisa.
„Jede Schiffsglocke hat ihre eigene Geschichte", erklärte ich. „Zum Beispiel habe ich hier die Glocke eines Schiffes, das in der Nacht des 14. April 1912 im Atlantik mit einem Eisberg zusammengestoßen ist. Es hieß TITANIC."

Ich griff nach einem Karton auf dem Rücksitz und öffnete ihn. „Siehst du, das ist mein wertvollstes Stück. Es hat eine sehr bewegte Geschichte."
Elisa wog die schwere Glocke bewundernd in den Händen während ich weitersprach: „Als die TITANIC in voller Fahrt gegen den Eisberg donnerte, flog die Glocke durch die Wucht des Aufpralls über den Bug des Schiffes in die Dunkelheit. Weg war sie.

Aber einundzwanzig Jahre später hat sie ein marokkanischer Fischer vor der Westküste Afrikas zufällig auf einer kleinen Eisscholle wiederentdeckt, zu der dieser riesige Eisberg inzwischen zusammengeschmolzen war. In dem Augenblick, als der Fischer die Glocke an sich nahm, wurde er von einem sechseinhalb Meter langen Haifisch attackiert. Der Hai hätte ihm beinahe die Hand abgebissen. Aber das Tier kriegte sein Maul nicht zu, weil sich die Glocke darin verkeilt hatte. So ist der Fischer mit dem Schrecken davongekommen. Siehst du hier diese Kratzspuren? Die stammen von den Haifischzähnen."
Elisa staunte.
„Der Fischer verkaufte die Glocke auf dem Basar in Caracas an einen englischen Weltumsegler", fuhr ich fort. „Dem wurde sie im Hafen von Sydney in Australien von einem südchinesischen Opiumschmuggler gestohlen. So gelangte sie nach China, wo man sie jahrelang in der Seefahrtsakademie in Shanghai immer zu den Mahlzeiten läutete, die stets nur entweder aus Reis mit Fisch oder Reis mit Hühnchen oder Reis mit Hundefleisch bestanden. Im Krieg mit Japan wurde sie dann von japanischen Marinesoldaten erbeutet. Die Delle, die du hier siehst, stammt übrigens von einer Maschinengewehrkugel. Als die Japaner mit einem Kriegsdampfer nach Hause fahren wollten, ging ihnen unterwegs die Kohle aus. Sie hatten nämlich nicht genügend davon gebunkert, um mehr Platz für ihre Beute zu haben. Und so trieben sie manövrierunfähig durch den Indischen Ozean. Um auf sich aufmerksam zu machen, schossen sie mit ihren Kanonen in die Luft. Aber sie erreichten damit nur, dass sich die anderen Schiffe vor ihnen aus dem Staub machten, weil die natürlich glaubten, sie würden angegriffen. Als die Japaner ihre gesamte Munition verschossen hatten, läuteten sie in ihrer Not dreiunddreißig Tage und Nächte ununterbrochen die Glocke. Das hörte ein burmesisches Piratenboot und überfiel das Kriegsschiff, das sich ja nicht mehr wehren konnte.

Als die Piraten die Beute aus dem großen Dampfer auf ihr kleines Segelschiffchen verluden, wurde es zu schwer und kenterte. Daraufhin lag die Glocke neunundzwanzig Jahre lang im Meer, vierundfünfzig Seemeilen vor der ostindischen Küste. Am unteren Rand kannst du an diesen Kalkablagerungen erkennen, dass sie bereits von Korallen überwuchert gewesen war. In den siebziger Jahren wurde sie dann endlich von einem indischen Perlentaucher gefunden. Der verkaufte sie im Hafen von Bombay an den Kapitän eines österreichischen Öltankers. Als der im gesegneten Alter von achtundneunzig Jahren starb, warfen seine Erben das kostbare Stück einfach auf den Sperrmüll, weil sie nichts damit anzufangen wussten. Irgendwie tauchte die Glocke dann auf einem Trödelmarkt in Amsterdam wieder auf. Da habe ich sie zu einem äußerst günstigen Preis erworben, denn der Trödler war zum Glück ziemlich ungebildet. Der hatte überhaupt keine Ahnung von ihrer großartigen Vergangenheit."

Elisa meinte beeindruckt: „Man sieht diese Schiffsglocke mit all ihren Kratzern und Beulen mit ganz anderen Augen an, wenn man weiß, was sie schon alles durchgemacht hat."

„So ist es", bestätigte ich und hielt mit triumphierender Geste das dazugehörige Büchlein in die Höhe. „Hier drin ist noch einmal alles ganz genau und ausführlich aufgeschrieben."

Ich reichte es Elisa, die sogleich darin zu blättern begann.

„Oh, das ist aber eine schöne Zeichnung", meinte sie bewundernd. „Hast du die etwa selber gemacht?"

Ich lächelte bescheiden: „Ja. Das ist sie, die TITANIC. Aber da sind noch mehr Bilder. Hier zum Beispiel – der sechseinhalb Meter lange Hai; wie sich die Glocke in seinem Maul verkeilt hat."

„Der hat ja ein fürchterliches Gebiss", staunte Elisa.

„Und hier", ich schlug die entsprechende Seite auf, „da siehst du das japanische Kriegsschiff mit all seinen Kanonen. Sieht mächtig gefährlich aus, nicht?"

Elisa nickte zustimmend.
„Dieses Buch habe ich extra zu dieser Glocke drucken lassen“, erklärte ich. „Und die Geschichte habe ich mir … die habe ich nämlich … Na ja. Eine tolle Geschichte, nicht wahr?“, lobte ich mich selbst. Sorgfältig verpackte ich die Glocke wieder in dem Karton, wobei mir einfiel: „Weil wir gerade von Erfindungen reden – Wie ging es eigentlich mit diesem Professor weiter? Hat er den Fehler an seiner Erfindung denn überhaupt jemals entdeckt?“
„Der Fehler“, begann Elisa weiterzuerzählen, „der steckte gar nicht in der Erfindung, sondern ganz woanders.“

21. Die schwebende Kugel

„Ich kann mir denken, woran es liegen könnte“, sagte Elisa, indem sie auf die Silberkugel wies. Der Professor lächelte geringschätzig.
„Stör mich jetzt nicht! Spiel lieber mit deinen Puppen oder mach deine Schulaufgaben!“
Doch Elisa fuhr beharrlich fort: „Sie haben mir neulich erklärt, dass dieses Ding da durch Gedanken …“
„Das ist kein Dingda, sondern ein Psychokinetor!“, verbesserte der Erfinder mit aufkommendem Unmut.
„Entschuldigung“, sagte Elisa. „Also, es funktioniert durch die Kraft der Gedanken?“
„Mhm.“
„Auch durch die Wünsche, die man hat?“
„Ja doch. Das heißt …“, druckste der Professor unsicher, „das… das kann schon sein. Durch Wünsche werden ja schließlich Gedanken erzeugt. Na und?“

Elisa fuhr fort: „Sie, Herr Professor, Sie wünschen sich doch aber immerzu nur, dass Sie berühmt werden und viel Geld kriegen, und darum denken Sie ständig an die Schränke voller Kleider und an die vielen Reporter und an die große Villa, die Sie kaufen wollen, damit dieser Konsul Karnifeks sich ärgert."
Der Professor ließ ein unbestimmtes Brummen hören.
„Da können Sie sich doch gar nicht richtig auf das Fliegen konzentrieren", schlussfolgerte Elisa. „Sie sind mit Ihren Wünschen so fest an die Erde gebunden, dass Sie mit der Silberkugel eben nur kleine Hopser zustande bringen."
„Hm, äh pff…", machte der Professor und kratzte nervös an seinem Stoppelbart. Elisa legte ihm sacht ihre Hand auf den Arm.
„Aber wenn zum Beispiel *ich* es probieren würde?"
„Unsinn!", fuhr der Professor auf und stampfte verärgert mit dem Fuß. „Halt jetzt den Mund und bring mich mit deinem Gefasel nicht aus dem Konzept! Das ist doch alles nur dummes Zeug!",
Doch Elisas Worte schienen ihm keine Ruhe zu lassen. Erregt lief er auf und ab, wobei er vor sich hin knurrte: „Alles Unsinn! Albernes Kindergeschwätz! Dummes Gerede!"
Anscheinend widerwillig holte er den silbernen Stirnreif hervor und setzte ihn Elisa auf den Kopf.
„Na los, steig schon ein!", forderte er Elisa auf. Im Nu war sie in der Kugel. Der Professor schnallte ihr den Sicherheitsgurt des Pilotensitzes um, prüfte seine Festigkeit und befahl: „Drück diesen roten Knopf da!"
Die Lämpchen des Schaltpultes flimmerten eins nach dem anderen auf. Und plötzlich war die ganze Apparatur von einem lebendigen Knistern erfüllt.
„Halt das Steuerhorn mit beiden Händen fest. Aber beweg es nur ganz vorsichtig!", wies der Professor sie an. Das gewölbte Fenster schob sich summend zu und rastete mit einem puffenden Geräusch ein. Jetzt ertönte ein leises Sirren, und auf einmal wurde

die Silberkugel von einem bläulichen Lichtschein umstrahlt, der wie ein Herzschlag pulsierte.
„Das ist ja … das ist doch … unglaublich!“, stammelte der Professor völlig verdutzt und wich zurück. Nie im Leben wird Elisa den erstaunten Blick des genialen Wissenschaftlers vergessen, als sich die Kugel mit ihr scheinbar federleicht und in herrlichstem Glanz bis unter das Gebälk des Daches erhob. Genau so hell glitzerte es in den Augen des Professors, als er mit emporgereckten Armen ausrief: „Heureka! Ich hab es geschafft!“

22. Ungerechte Gerechtigkeit

An den folgenden Tagen ging Elisa immer gleich nach der Schule zum Professor hinüber. Sie führte nach seinen Anweisungen im Laboratorium alle erdenklichen Flugmanöver aus. Schnell hatte sie gelernt, die Kugel senkrecht zu starten, zu drehen, geradeaus und im Kreis zu fliegen. Sie übte auch, unbeweglich auf der Stelle zu schweben und genau auf dem vorgeschriebenen Punkt zu landen. Dabei musste sie äußerst behutsam sein. Anfangs passierte es manchmal noch, dass sie eine der Apparaturen umwarf oder gegen die Wand stieß, sodass große Stücke des rissigen Putzes abfielen, die den Professor in dichte Staubwolken hüllten, aus denen er dann hustend und wedelnd wieder zum Vorschein kam. Deshalb trug er bei diesen Versuchen immer einen Schutzhelm. Die Steuerung der Silberkugel war mit einiger Übung tatsächlich kinderleicht zu bedienen. Elisa spürte die ungeheure Kraft, die der Psychokinetor aus ihren Gedanken erzeugte. Die Kugel schwebte sirrend umher, als wäre sie leicht wie ein Gasballon. Dabei bestand sie aus Stahl, Titan und dickem Panzerglas. Bei der Landung knackten die Dielenbretter unter ihrem enormen Gewicht und die tellerförmigen Standfüße drückten tiefe Dellen in das Holz, das manchmal bereits bedenklich knackte.

Der Professor lief emsig hin und her. Bis in den späten Abend hinein führte er mit Hilfe seiner jungen Assistentin Experimente zur Manövrierfähigkeit und Messungen zur Tragkraft des Flugapparates durch. Und selbst nachts, wenn Elisa längst schlief, nahm er noch seine geheimnisvollen, hochkomplizierten Berechnungen vor. Er war sehr aufgeregt und ruhelos und ließ sich durch nichts von der Arbeit ablenken. Die kleinste Störung konnte seinen größten Unwillen hervorrufen.

Einmal riss seine Frau die Tür auf und keifte: „Wie oft habe ich dir schon gesagt, dass du endlich das Loch im Hof zuschaufeln sollst! Eben wäre ich beinahe schon wieder reingetreten! Aber dir ist ja völlig egal, ob ich …!“
Da holte der Professor tief Luft und brüllte laut dröhnend: „Lass mich jetzt gefälligst in Ruhe mit deinem blöden Loch!“
Erschrocken schloss die Frau die Tür wieder.

Der Professor plante, in Kürze das große Tor zu öffnen, um Versuche unter freiem Himmel zu beginnen. Immer wieder malte er sich aus, wie er in seinem besten Anzug vor Hunderten von Reportern in wohlgesetzten Worten die Vorzüge seiner Erfindung erläutern würde, wobei Elisa hoch über den Köpfen der staunenden Menschenmenge Kreise und Schleifen fliegen sollte. Und dieser Konsul Karnifeks würde mit dummem Gesicht dabeistehen.

Doch bevor es soweit wäre, wollte Elisa mit dem Professor unbedingt noch über eine äußerst wichtige Sache reden, die ihr sehr am Herzen lag. Es hatte sich nur noch keine Gelegenheit dazu gefunden. Jedenfalls hatte sie sich bereits auf alle Eventualitäten vorbereitet und eine Rolle Maschendraht nebst Zaunlatten zurechtgelegt. Auch hatte sie auf dem Trödelmarkt recht preiswert einen gut erhaltenen Maulkorb erstanden.

Als sie bei ihrem letzten Testflug innerhalb des Laboratoriums die Silberkugel durch das Dachgebälk manövrierte, entdeckte sie etwas und stoppte.
„He, warum hältst du an?“, hörte sie über Funk den Professor.
„Hier oben ist was am Balken befestigt“, antwortete sie. „Irgend so ein kleines Gerät.“
„Unsinn!“, polterte er. „Da oben gibt’s keine Geräte!“
„Von unten ist es wahrscheinlich kaum zu sehen“, erklärte Elisa. „Das Ding ist nur so groß wie ein halber Kugelschreiber. Und es bewegt sich. Es kommt mir beinahe so vor, als würde es mich angucken.“
„Verdammt!“, fluchte der Professor. „Reiß es ab, wenn du kannst!“
„Abreißen?“, vergewisserte sich Elisa.
„Ja doch!“, antwortete der Professor ungehalten.
„Und wenn es kaputtgeht?“, fragte Elisa noch einmal zurück.
„Nun mach schon!“, rief der Professor so laut, dass es in den Kopfhörern krachte. Elisa öffnete mit einem Knopfdruck die Panzerglasscheibe und zog das rätselhafte Ding mit einem Ruck aus dem wurmstichigen Dachbalken.
„Was ist das?“, wollte sie wissen, als sie es dem Professor übergab, der es sofort in Augenschein nahm.
„Das ist eine Mini-Kamera mit einem Sender!“, erklärte er und rief plötzlich aufgebracht. „Karnifeks, dieser verfluchte Ganove!“
Der Professor bekam einen regelrechten Tobsuchtsanfall.
„Er hat mich die ganze Zeit ausspioniert!“, brüllte er außer sich. „Ich werde ihn vor Gericht bringen, diesen abgefeimten Halunken!“
Wütend schleuderte er das kleine Gerät zu Boden und stampfte darauf herum.

In diesem Moment öffnete sich die Tür, und ein Mann mit einer Aktentasche unter dem Arm trat ein.

„Ich drehe ihm den Hals um!“, tobte der Professor wie wild mit den Füßen stampfend. „Ich werde ihn in der Luft zerreißen! Ich mache Hackfleisch aus ihm!“
„Guten Tag, ich bin der Gerichtsvollzieher“, sagte der Eingetretene und klebte ein rundes Papierplättchen auf den Bildschirm des PCs. Der Professor hielt im Toben inne.

„Was erlauben Sie sich!“, fuhr er den Mann an.
„Lassen Sie sich durch mich nicht stören“, sagte der Gerichtsvollzieher und klebte ein weiteres Papierplättchen auf den Oszillographen. „Ich tue nur meine Pflicht.“
„Zum Teufel mit Ihnen! Was soll das?!“, grollte der Professor.
„Entschuldigen Sie“, sagte der Gerichtsvollzieher und beklebte eine Laborlampe, „ich muss leider Ihr gesamtes Eigentum pfänden, weil Sie Ihre Schulden nicht bezahlen.“
„Aber in wenigen Tagen kann ich zahlen!“, rief der Professor. „Und im nächsten Jahr kriege ich sogar den Nobelpreis!“

„Tut mir aufrichtig leid“, sagte der Gerichtsvollzieher und fuhr unbeeindruckt in seiner Tätigkeit fort. Elisa verfolgte sprachlos, wie alle möglichen Gegenstände mit diesen Plättchen beklebt wurden.
„Hören Sie!“, donnerte der Professor außer sich. „Ich habe den Heuretes-Psychokinetor erfunden!“
Mit ausgestrecktem Arm wies er auf die Silberkugel, die leise summend in einem Meter Höhe unbeweglich über dem Boden schwebte.
„Oho“, sagte der Gerichtsvollzieher und klebte ein Papierplättchen darauf.
„Halt!“, rief der Professor. „Wissen Sie überhaupt, was ich alles in meine Erfindung hineingesteckt habe? Mein gesamtes Vermögen!“
„Aha“, sagte der Gerichtsvollzieher und klatschte, ohne richtig hinzusehen, der in der Kugel sitzenden Elisa ein Plättchen an die Stirn.
„Aua!“, rief sie.
„Verzeihung“, sagte der Gerichtsvollzieher und fragte den Professor: „Ihre Tochter?“
„Nein“, antwortete der.
„Oh“, sagte der Gerichtsvollzieher, zog das Plättchen von Elisas Stirn ab und klebte es auf die Teekanne.
„Wollen Sie mich ruinieren?!“, rief der Erfinder.
„Sie gestatten?“, fragte der Gerichtsvollzieher, bückte sich und klebte – klatsch! klatsch! – zwei Plättchen auf die Schuhspitzen des Professors. Dann begab er sich wieder zur Tür und lüpfte er seinen Hut.
„Morgen früh werden die Sachen abgeholt. Auf Wiedersehen.“
Schon war der Mann wieder draußen. Elisa landete die Silberkugel und kletterte heraus.
„Was hat das zu bedeuten, Herr Professor?“

Der Erfinder ließ sich kraftlos auf einen Schemel sinken und bedeckte sein Gesicht mit den Händen. Lange saß er vollkommen unbeweglich da. Elisa fühlte, dass etwas Furchtbares passiert sein musste. Hilflos stand sie bei ihm. Als sein Schweigen allmählich unerträglich für sie wurde, legte sie ihm die Hand auf die Schulter und rüttelte ihn sacht.
„Herr Professor? Was ist mit Ihnen?“
Da hob er endlich seinen Kopf aus den Händen. Elisa erschrak, als er ihr sein Gesicht zuwandte. Es war kaum wiederzuerkennen, so alt und verfallen wie es plötzlich aussah. Sie blickte in die Augen eines völlig gebrochenen Mannes.
„Es ist aus“, sprach er mit einer Stimme, die so klang wie die eines Toten aus einer finsteren Gruft. „Sie nehmen mir alles weg. Alles, wofür ich all die Jahre gearbeitet habe. Karnifeks hat seine Drohung wahrgemacht. Weil ich meine Schulden nicht sofort bezahlen kann, gehört meine Erfindung jetzt ihm.“
„Die Silberkugel soll ausgerechnet diesem Karnifeks gehören?“, empörte sich Elisa. „Jetzt, wo sie endlich funktioniert?“
„So ist es“, antwortete der Professor. „Es führt kein Weg daran vorbei. Mein Lebenswerk ist zerstört.“

Er richtete seinen Blick auf das vergitterte Fenster, durch dessen verstaubte Scheiben der Himmel stets trübe aussah. Mit bebender Stimme sprach er weiter: „Aber das Schlimmste ist, dass Karnifeks die Silberkugel für seine Zwecke missbrauchen wird. Du musst wissen, dass er sein vieles Geld auch durch Waffengeschäfte verdient. Er pflegt weitreichende Handelsbeziehungen bis in die Regierungsspitzen verschiedener Länder. Er hat auch Verbindungen zu den militärischen Führern solcher Staaten, die Atomwaffen besitzen. Die würden ihm viele Millionen Euro für die Silberkugel bezahlen.“
„Die Silberkugel ist doch eine vollkommen friedliche Erfindung“, wandte Elisa verständnislos ein.

„Aber sie würde einen Atomkrieg möglich machen“, erwiderte der Professor.
„Wie denn das?“, fragte Elisa bestürzt.
„Einen Atomkrieg hat es nur deshalb noch nicht gegeben“, erklärte der Professor, „weil man die Atombomben mit Raketen ins Feindesland schießen muss. Wenn ein Staat seine Atomraketen abfeuern würde, könnte es der verfeindete Staat auf seinen Radarschirmen sehen und er würde sofort seine eigenen Raketen starten. So würde man sich nur gegenseitig vernichten. Aber wenn *eine* Seite über ein Transportmittel verfügt, das mit Gedankenschnelle fliegt …“

„Das wäre ja schrecklich!“, rief Elisa entsetzt aus. Der Professor trat an die Silberkugel heran und legte seine Hand an das spiegelnde Metall. Dann wandte er sich um und sprach zu Elisa wie zu einer Erwachsenen: „Schon manche großartige Erfindung hat schweres Unheil angerichtet, weil sie in die falschen Hände geriet.“
Er beugte sich zu Elisa herab, nahm sie bei den Schultern und sah ihr fest in die Augen.
„Wenn Karnifeks glaubt, dass ich ihm meine Erfindung einfach so überlasse, dann hat er sich gründlich verrechnet. Ich werde die Konstruktionspläne auf den Bordcomputer der Silberkugel übertragen und sie von meinen anderen Rechnern löschen. Und dann

muss die Kugel an einen Ort gebracht werden, an dem sie dieser Verbrecher niemals finden kann. Sie soll von der Bildfläche verschwinden, so als hätte es sie nie gegeben. Verstehst du? Niemand außer dir kann das bewerkstelligen. Wirst du mir dabei helfen?"

Plötzlich war von draußen das laute Quietschen heftig bremsender Fahrzeuge zu hören.

„Oh Gott! Da sind sie schon!", rief der Professor. Er rannte zur Tür und schob den großen Riegel vor. In Windeseile setzte er sich an den Computer. Von außen rüttelte jemand an der Türklinke.

„Er hat sich eingeschlossen!", rief eine Männerstimme.

„Los, aufbrechen! Beeilung!", kreischte ein Anderer im Befehlston. Etwas schlug mit ohrenbetäubendem Krachen gegen die Tür, dass sie fast aus den Angeln sprang. Mit jedem weiteren Schlag löste sich die Halterung des Riegels ein Stück weiter aus der Wand.

Elisa bemerkte, wie die Hände des Professors zitterten, als er in fliegender Hast die Tastatur bediente. Auf dem Bildschirm erschienen lange Reihen mathematischer Formeln. Jetzt wurden Darstellungen der Silberkugel sichtbar.

Und da flog polternd die Tür auf. Mehrere Männer in dunklen Anzügen drängten herein. Dem Professor gelang es gerade noch, die Löschtaste zu drücken, bevor er von mehreren Fäusten gepackt und grob zurückgerissen wurde. Eine hohe Männerstimme krächzte: „Na, Professor? Wer von uns beiden hat sich denn nun verrechnet?"

Konsul Karnifeks stand auf der Schwelle. Quietschend und knarrend hinkte er ins Laboratorium. Hinter ihm zerrte die hechelnde Dogge an der Leine, die ihr Führer nur mit Mühe festhalten konnte. Der Professor versuchte, sich aus den Griffen der Männer zu befreien.

„Lassen Sie mich gefälligst los!", rief er. „Dazu haben Sie kein Recht!"

Karnifeks trat ganz nah an den Professor heran, dessen Gesicht vor Anstrengung und Empörung stark gerötet war.
„Auch wenn Sie ein genialer Wissenschaftler sind, Heuretes, so sind Sie in mancher Beziehung naiv wie ein Maulesel. Meine Leute haben Sie Tag und Nacht beobachtet. Ihr Laboratorium, ihre Wohnung, ja selbst ihr Schlafzimmer sind gespickt mit Kameras und Mikrofonen. Glauben Sie mir, Professor, Sie hätten nicht den leisesten Furz lassen können, ohne dass ich davon erfahren hätte."
Karnifeks tippte dem Professor grob mit dem Zeigefinger gegen die Brust. Seine Stimme klang wie das Zischen einer tückischen Schlange: „Als der Psychokinetor mit Hilfe dieser kleinen Prinzessin hier zu funktionieren begann, habe ich beim Amtsgericht die Pfändung Ihres gesamten Eigentums erwirkt. Der Gerichtspräsident ist ein guter Freund von mir. Er pflegt des Öfteren bei mir zu speisen. Es sieht momentan so aus, als hätten *Sie* sich gründlich verrechnet. Nicht wahr, mein Verehrtester?"
Karnifeks breitete triumphierend seine Arme aus und rief: „Jetzt, Professor, haben Sie nichts mehr! Gar nichts! Alles gehört mir: Ihre Erfindung, Ihr ganzes Laboratorium, Ihr Wohnhaus, Ihre schwarze Katze und sogar Ihre Hosenträger!",
Der Konsul schnipste lachend mit dem Hosenträger des Professors.
„Vielleicht gehört mir ja auch bald Ihre wunderhübsche Frau. Ich bin nämlich der meinigen seit einiger Zeit überdrüssig und wollte mich ohnehin nach einer neuen …"
Da wand sich der Professor mit einer unbändigen Kraftanstrengung los. Blitzartig packte er mit beiden Händen zu und drückte dem Konsul die Luft ab. Elisa hatte den Professor schon manches Mal wütend gesehen, aber das war nichts im Vergleich zu dem, was sie jetzt erlebte. Wie ein reißender Tiger verkrallte er sich in Karnifeks' Hals und stieß ihn so heftig nieder, dass die morschen Dielen krachten.

Ein Tumult brach los. Die dunklen Männer liefen herzu, um ihrem Chef zu helfen. Elisa wurde fast umgerannt. In dem Menschengewühl konnte sie den breiten Rücken des Professors sehen, der den ächzenden Konsul würgte. Und plötzlich gaben die morschen Dielenbretter nach und die Männer brachen mit einem gewaltigen Krachen im Fußboden ein, unter dem sich ein Hohlraum befand. Es staubte fürchterlich. Arme und Beine reckten sich wedelnd und strampelnd empor. Ein schweres Wandregal voller Gerätschaften und loser Papiere wankte und stürzte und begrub die schreiende Menschentraube unter sich. Diejenigen, die dem Loch jetzt zu nah kamen, brachen ebenfalls ein und versanken bis zur Brust zwischen den zersplitterten Bodenbrettern. Aus dem Loch drang Karnifeks' ersticktes Röcheln. Die Dogge zerrte bellend an ihrer Leine. Mit schreckweiten Augen schaute Elisa auf das lärmende Spektakel.

In diesem Moment tauchte völlig überraschend ein Wesen auf, das man hier nun überhaupt nicht erwartet hätte. Elisa traute ihren Augen kaum. Ein Fuchs! Wie der Blitz war er aus dem Loch im Fußboden gesprungen und flitzte unter den Tischen davon. Nun war der große Hund nicht mehr zu halten. Er riss sich los, ohne sich um die gellenden Kommandorufe seines Herrn zu kümmern. Es begann eine wilde Jagd. Als der Fuchs merkte, dass er verfolgt wurde, rannte er schnurstracks auf Aristoteles zu. Der flüchtete ebenfalls. Polternd sausten die drei Tiere im Zickzack durchs Laboratorium. In ihrem Jagdeifer rammte die Dogge Stühle und Tischbeine. Die Hundeleine verfing sich am Kabel des großen Computerbildschirms. Er krachte zu Boden. Funken sprühten aus seiner Anschlußbuchse. Es qualmte. Ein brenzliger Geruch breitete sich aus. Der Kater schlug einen Haken nach links. Augenblicklich bog der Fuchs rechts herum. Der Hund stürzte jetzt dem Kater hinterher, der ihm wegen seiner Leibesfülle wohl leichter zu erschnappen schien als der blitzflinke Fuchs. Doch Aristoteles erklomm behände einen hohen Werkzeugschrank. Wütend drehte sich der Hund um sich selbst. Wo war jetzt der Fuchs geblieben? Die Dogge sprang mit grollendem Gebell vor dem Schrank herum, bis sie von starken Fäusten am Halsband ergriffen und zurückgezerrt wurde.

Inzwischen hatte man den sich heftig wehrenden Professor aus dem Loch gezogen. Sein weißer Kittel war über und über beschmutzt. Auch Karnifeks wurde wieder sichtbar. Er taumelte und rang erbärmlich nach Luft. Sein Gesicht war blaurot angelaufen. Sein feiner Anzug war zerrissen. Fürsorglich setzte man ihn auf einen Stuhl.

In dem allgemeinen Durcheinander achtete niemand darauf, wie Elisa sich in Richtung Tür bewegte. Sie blickte zur Silberkugel hinüber, auf deren Oberfläche sich die turbulenten Vorgänge verzerrt widerspiegelten.

‚Hätte ich vorhin doch nur die Panzerglasscheibe geschlossen', dachte sie, ‚dann würden diese Kerle die Kugel nicht aufkriegen und nichts mit ihr anfangen können.'

Aber kaum hatte sie es zu Ende gedacht, schob sich die Scheibe zu. Da erst wurde ihr bewusst, dass sie immer noch den Stirnreif auf dem Kopf hatte. Sie nahm ihn ab, verbarg ihn hinter ihrem Rücken und huschte hinaus.

23. Das Traumschiff

Der Regenschauer hatte inzwischen nachgelassen. Allmählich hellte es sich wieder auf. Eigentlich hätte ich nun mit dem Vergaser weitermachen müssen, doch mir war im Moment nicht danach zumute. Elisas Schilderungen hatten mich ziemlich beeindruckt.

Ich war zugegebenermaßen sogar richtig aufgeregt. Darum fragte ich: „…?“

Doch an dieser Stelle muss ich dem geneigten Leser zunächst ein kleines Geständnis machen: Ich habe eine angeborene Schwäche. Wenn mich etwas besonders aufregt, dann verspüre ich immer das Bedürfnis zu essen. Ob nun bei einem spannenden Kriminalfilm, nach misslungenen Geschäften oder auch einem enttäuschenden Blick in meine Geldbörse, stets bekomme ich eine gewaltige Esslust. Menschen können bei Aufregungen völlig unterschiedlich reagieren. Die einen knabbern an ihren Fingernägeln, andere gelüstet es nach einem Schnaps, einem Kaffee oder einer Zigarette, wieder andere wetzen eilig aufs Klo. Ich jedenfalls muss in solchen Situationen essen. An meinem Bauchumfang ließ sich damals noch leicht erkennen, dass ich ziemlich oft von derartigen Gefühlswallungen überrollt wurde.

Darum also fragte ich Elisa: „Sag mal, kriegst du nicht auch allmählich Hunger?“

Sie blickte verwundert auf, denn wie Ihr Euch sicher vorstellen könnt, traf sie meine Frage völlig unvermittelt. Sie muss wohl geglaubt haben, dass ich ausgerechnet an einer so dramatischen Stelle ihrer Erzählung nichts Besseres zu tun hätte, als ans Essen zu denken, so als wäre mir das Ganze völlig gleichgültig. Natürlich konnte Elisa nichts von meiner erwähnten Schwäche wissen. Jedenfalls griff ich mir den Verpflegungskoffer vom Rücksitz. Und als ich ihn öffnete, schien der Anblick der darin enthaltenen Köstlichkeiten auch Elisa für einen Moment auf andere Gedanken zu bringen. Der appetitliche Duft von Räucherwurst und frischem Brot breitete sich im Auto aus. Ich hatte auch gekochte Eier, Schinken, Hähnchenfleisch und Käse dabei. Außerdem kamen Pfannkuchen und einiges Obst zum Vorschein. Dazu standen warmer Kaffee aus der Thermoskanne und eine Flasche Orangensaft zur Auswahl. Elisa suchte sich aber nur einen Apfel aus.

„Ich kann mir denken“, meinte ich mit vollen Backen kauend, „dass du bestimmt seit Längerem nichts Vernünftiges in den Magen gekriegt hast. Stimmt's?“
Um ehrlich zu sein, sagte ich das nur, weil ich von meinem eigenen Heißhunger ablenken wollte. Allmählich wurde ich etwas ruhiger.
„Bei Kindern kommt es vor“, redete ich weiter, „dass sie das Essen ganz und gar vergessen, besonders wenn sie in ein Spiel oder ins Malen vertieft sind. Mein kleiner Sohn zum Beispiel …“
Ich verstummte, denn darüber hatte ich eigentlich gar nicht reden wollen. Elisa blickte auf.
„Oh, du hast einen Sohn?“
Für einen Moment hörte ich mit dem Kauen auf und seufzte: „ Ja.“
„Wie heißt er?“
„Er heißt Paul.“
„Und wie alt ist er?“
„Drei. Nein, vier. Ich meine, jetzt ist er vier Jahre alt, aber als ich ihn zuletzt gesehen habe, da war er noch drei.“
Nun war es also heraus, mein Problem, das mich damals furchtbar bedrückte und mich vor Kummer oft nicht einschlafen ließ. Alleinigen Trost in durchgrübelten Nächten fand ich seinerzeit oft nur durch einen Griff in meinen Kühlschrank.
„Du redest wohl nicht gern darüber?“, vermutete Elisa sehr richtig. Ich machte eine unbestimmte Geste. Nach einer Weile sagte ich: „Wir haben uns getrennt, seine Mutter und ich.“
„Hast du dich etwa auch von deinem Sohn getrennt?“, fragte Elisa.
„Nein, natürlich nicht, aber …“, druckste ich und gestand schließlich: „Weißt du, ich könnte ihn ja besuchen. Nur habe ich erstens kaum Zeit dafür, weil mich meine Arbeit zu sehr in Anspruch nimmt, und zweitens tut es mir jedes Mal sehr weh, wenn ich ihn sehe und dabei ständig daran denke, dass ich mich in ein paar Stunden wieder von ihm verabschieden muss.“

„Und darum besuchst du ihn lieber gar nicht mehr?“, wunderte sich Elisa.
„Wenn ich nur nicht so viele berufliche Probleme hätte“, seufzte ich, „dann würde ich schon.“
„Aber er wird bestimmt große Sehnsucht haben nach seinem Papa“, wandte Elisa ein.
Nun begann ich doch zu sprechen, denn die Sache lag mir schwer auf der Seele.
„Vor ein paar Jahren, weißt du, als ich noch glücklich verheiratet war, da hatte ich vor, ein großes Schiffsglocken-Unternehmen aufzubauen. Ich wollte viele alte Schiffsglocken erwerben, um in einer eigenen Fabrik naturgetreue Nachbildungen davon zu produzieren. Und in der Verpackung jeder Glocke sollte ein Büchlein mit der abenteuerlichen Geschichte ihres Originals liegen. Ich dachte daran, ein großes Schiffsglocken-Ladengeschäft zu eröffnen, vor dem die Kunden sicherlich bald Schlange stehen würden, denn ich wollte auf allen Fernsehkanälen Werbespots laufen lassen. Nach und nach sollte es in fast jeder Stadt ein solches Spezialgeschäft für Schiffsglocken geben. Damit hätte ich eine ordentliche Menge Geld verdient, wie du dir wohl vorstellen kannst.“
„Und was hättest du dann mit dem vielen Geld gemacht?“, wollte Elisa wissen.
„Damit wollte ich mir einen lange gehegten Wunschtraum erfüllen“, antwortete ich. „Nach fünf oder höchstens sechs Jahren wollte ich die Schiffsglocken-Fabrik und alle Schiffsglocken-Läden verkaufen und ein wunderschönes Segelschiff bauen lassen, mit zwei Masten, nicht zu groß und nicht zu klein – ein richtiges Traumschiff. Es sollte Marlene heißen, wie meine Frau. Und damit wären wir dann um die ganze Welt gesegelt, sooft und solange wir wollten, nur wir beide: Marlene und ich. – Quer durch die Südsee mit ihren Palmenstränden und den springenden Delphinen, um die Osterinsel herum, an der Küste Neuseelands entlang,

durch die antarktischen Gewässer mit ihren glitzernden Eisbergen, wo die Wale mit ihren riesigen Schwanzflossen auf das Wasser schlagen, dass es hoch aufspritzt. Und in der Karibik hätten wir uns die schönsten Ankerplätze gesucht und wären nach Muscheln und Korallen getaucht. Ja, das wäre schön gewesen."

„Kann ich mir gut vorstellen", meinte Elisa.
„Aber leider", seufzte ich, „leider wollte mir keine einzige Bank den nötigen Kredit für den Bau der Fabrik geben. Die hatten absolut kein Interesse an Schiffsglocken. Da blieb mir nichts weiter übrig, als erst einmal klein anzufangen, bis ich genügend Geld für den Aufbau meines Unternehmens zusammengespart hätte. Aber dann …"
Ich winkte resigniert ab.
„Was war dann?", fragte Elisa.
„Es ist alles schiefgelaufen", gestand ich. „Das heißt, anfangs ging es noch einigermaßen gut. Ich konnte unsere Wohnungsmiete bezahlen und genügend zu essen kaufen. Aber dann kam unser kleiner Paul auf die Welt. Da war an Sparen nicht mehr zu denken.

Der brauchte einen Kinderwagen und ein Bettchen und Spielzeug und Sachen zum Anziehen. Und dann ging der Ärger mit meinen Kunden los. Einem hatte ich mal eine Schiffsglocke von einem Unterseeboot verkauft, weil sein Großvater im Zweiten Weltkrieg … Aber das hatte ich ja schon erwähnt. Als dieser Kunde später dahinterkam, dass U-Boote überhaupt gar keine Schiffsglocken an Bord hatten, warf er mir das schwere Ding so heftig an den Kopf, dass ich eine ganze Woche lang wegen einer Gehirnerschütterung nicht arbeiten konnte. Außerdem forderte er sein Geld zurück. Auch andere Kunden wollten ihre Ankäufe rückgängig machen. Die große TITANIC-Schiffsglocke zum Beispiel habe ich bestimmt schon an die zwanzig Mal verkauft und wieder zurücknehmen müssen. Jedenfalls lief das Geschäft nicht besonders. Die Bank sperrte mein überzogenes Konto, das Finanzamt schickte Mahnungen wegen der fälligen Steuern. Der Hausbesitzer drohte mit Wohnungskündigung, nicht nur wegen der ausbleibenden Miete, sondern auch, weil sich die Nachbarn über mich beschwerten. Es verursachte immer einen ziemlichen Lärm, wenn ich mit Hammer, Meißel und Feile aus neuen Glocken alte Glocken machte. Und es roch auch nicht besonders angenehm wegen der ätzenden Chemikalien, die ich verwendete, um die Dinger echt historisch aussehen zu lassen. Obendrein bestand mein Schiffsglocken-Lieferant unerbittlich darauf, dass ich meinen Abnahme-Vertrag erfülle, obwohl unsere Wohnung schon vor lauter Glocken überquoll, die ich nicht loswurde. Dann stellte uns das Elektrizitätswerk den Strom ab. Unsere Waschmaschine war aber sowieso schon lange kaputt und der Kühlschrank leer, der Benzintank unseres Autos auch. Und der kleine Paul brauchte dringend ein Paar neue Schuhe und einen warmen Mantel. Und dann… Du hast ja selbst erlebt, was es bedeutet, wenn der Gerichtsvollzieher vor der Tür steht. Ja, und als ich eines Tages heimkam, waren der kleine Paul und seine Mama fort."

Ich spürte, dass meine Erzählung bei Elisa eine gedrückte Stimmung hinterlassen hatte. Das war nun gewiss nicht meine Absicht gewesen. Um sie wieder aufzumuntern, öffnete ich meinen Hemdkragen und zeigte ihr das kleine, goldene Glöckchen, das ich stets an einer Halskette bei mir trug.
„Sieh mal“, sagte ich, „dieses Glöckchen ist mein Glücksbringer. Wenn ich es läute, erinnert es mich daran, den Mut niemals sinken zu lassen.“
Elisas Gesicht erhellte sich.
„Wie hübsch es ist“, lächelte sie. „Und wie niedlich es klingt.“
„Ich habe es schon etliche Jahre“, erklärte ich, „und ich hüte es wie meinen Augapfel. Ohne das Glöckchen gehe ich niemals aus dem Haus. Marlene hat es mir geschenkt, bevor ich mich als Schiffsglockenverkäufer selbständig machte. Und sein Klang sagt mir: Eines Tages wird alles wieder gut.“

Die Sonne war hinter der dunklen Wolke hervorgetreten. Ein wunderschöner Regenbogen neigte sich über den hügeligen Horizont. Ich musste unbedingt den Vergaser wieder zusammenbauen.

Wir stiegen aus dem Auto. Elisa breitete eine Plastiktüte über den durchfeuchteten Baumstumpf, damit sie sich daraufsetzen konnte. Ich klappte die Motorhaube hoch und bat: „Aber nun erzähl weiter. Du bist also aus dem Laboratorium gelaufen …“

24. In arger Bedrängnis

Elisa war nach Hause gerannt und überlegte angestrengt, was sie tun sollte. Unruhig lief sie auf und ab. Was würden diese gewalttätigen Schergen wohl mit dem Professor anstellen? Eigentlich müsste man sofort die Polizei verständigen. Aber hatte der Konsul nicht damit geprahlt, dass sogar der Gerichtspräsident ein Freund von ihm wäre? Nein, von dieser Seite war keine Hilfe zu erwarten. Allenfalls würde Elisa dem Professor einen Bärendienst damit erweisen.

Elisa war klar, dass man den Stirnreif irgendwann vermissen würde, spätestens dann, wenn die Silberkugel abtransportiert werden sollte. Es war also nur eine Frage der Zeit, dass die dunklen Männer an die Haustür pochen würden. Womöglich würden sie nicht einmal anpochen, sondern gleich die Tür einschlagen. Ob Elisa den Stirnreif verstecken sollte? Dann würde sie eben sagen, sie wisse nicht, wo er ist. Doch sie verwarf den Gedanken wieder, denn sie bezweifelte, dass man ihr das glauben würde.

Da vibrierte das Phon in ihrer Tasche. Sie holte es hervor und stutzte.

„Herr Professor?“, wunderte sie sich. „Wie kann es sein, dass Sie jetzt …?“

„Mir bleibt nur eine Minute“, keuchte der Professor, der ziemlich außer Atem zu sein schien. „Die Polizei ist hier. Ich bin verhaftet, weil ich Karnifeks angegriffen habe und weil …“

„Aber Sie haben doch gar keine Schuld!“, sprudelte Elisa aufgeregt dazwischen. „Ich kann es bezeugen! Diese Leute sind mit Gewalt bei Ihnen eingedrungen und …!“

„Sei still und hör zu!“, forderte der Professor energisch. „Hör mir *gut* zu!“

Er betonte das Wort „gut“ so eindringlich, dass Elisa aufmerkte. Sie begriff, dass der Professor wirklich in arger Zeitnot war.

„Ich höre“, sagte sie. Die Stimme des Professors zitterte vor Erregung, als er fragte: „Hast du den Stirnreif mitgenommen?“
„Ja“, antwortete Elisa. „Ich hab ihn hier.“
„Und hast du den Energieschalter des Psychokinetors ausgeknipst?“
„Tut mir leid“, entschuldigte sich Elisa. „Daran hab ich in dem Durcheinander nicht gedacht.“
„Gott sei Dank!“, hörte sie den Professor aufseufzen. „Dann ist noch nicht alles verloren! Du weißt ja, dass der Stirnreif sozusagen der elektronische Schlüssel der Silberkugel ist. Ohne ihn ist sie so gut wie unbrauchbar.“
„Ich weiß“, bestätigte Elisa.
„Gut“, sagte der Professor. „Pass auf! Du kannst die Silberkugel mit dem Stirnreif auch aus der Ferne steuern. Das geht nicht so gut und so sicher, als wenn du drin sitzt, aber es muss funktionieren. Versuch es!“
„Ja aber was soll ich denn …?“, wollte Elisa fragen, doch da knackte und kratzte es im Phon. Elisa vernahm eine befehlende Stimme im Hintergrund, konnte aber nicht verstehen, was sie sagte.
„Einen kleinen Moment noch“, bat der Professor jemanden, der vermutlich bei ihm stand, doch es hatte den Anschein, als gäbe es ein Gerangel um das Phon des Professors.
„Hallo? Hallo!“, rief Elisa. Sie vernahm ein Poltern und Rasseln. Dann war da wieder die gehetzte Stimme des Professors: „Karnifeks’ Leute werden sich denken können, wo der Stirnreif ist! Beeil dich! Du bist in großer Ge…!“
An dieser Stelle riss die Verbindung ab.

25. Schwerer Entschluss

Ich war von Elisas Erzählung so gebannt, dass ich mit dem Vergaser in den Händen dastand, ohne mich zu rühren. Es war ihr anzumerken, mit welcher inneren Anspannung sie diese dramatischen Augenblicke erneut durchlebte.

„Ich überlegte hin und her“, sprach sie weiter. „Durfte ich denn einfach abhauen und meine Großmutter allein lassen? Sie war doch so furchtbar vergesslich! Das Schlimmste war, dass ich nicht mit ihr darüber reden konnte. Sie hätte es nicht begriffen und sich nur wahnsinnige Sorgen gemacht. Außerdem würde ich unentschuldigt in der Schule fehlen, aber … Andererseits durfte ich die Silberkugel nie und nimmer diesem Karnifeks überlassen. Aber der Professor hatte einmal gesagt, man könnte mit der Silberkugel auch in die Vergangenheit reisen. Und das würde praktisch bedeuten, dass ich wieder zurückkehren könnte, *bevor* ich abreise. So dachte ich jedenfalls. Und das gab den endgültigen Ausschlag für meine Entscheidung. Aber wer konnte wissen, ob es denn auch wirklich funktionieren würde? Bisher hatte das noch kein Mensch jemals ausprobiert.“

26. Flucht in den Himmel

Nachdem Elisa ihren Entschluss gefasst hatte, stand sie mit dem Phon in der Hand noch einen Moment unbeweglich da, weil sie genau überlegte, was zuerst geschehen musste. Dann rannte sie die Treppe hinauf in ihr Zimmer. In fliegender Hast packte sie ihren Rucksack. Neben einigen Notwendigkeiten für die Reise steckte sie auch ihr Tagebuch hinein, außerdem den Hammer aus der Werkzeugkiste und ein Schächtelchen mit Eisenkrampen. Sie vergaß auch den Maulkorb nicht. Dann griff sie sich ihren zusammengerollten Schlafsack vom Kleiderschrank. Zuletzt holte sie noch die kleine Rolle Maschendraht aus der Bodenkammer, in die vier angespitzte Lattenpfosten eingewickelt waren.

Als sie schwer bepackt die Treppe hinuntereilte, trug sie ihr neues orangerotes Kleid. In der Küche suchte sie noch etwas Proviant zusammen, ein halbes Brot, eine Wurst, eine Gurke und etwas Obst. Aus dem Bad holte sie außer ihrem Zahnputzzeug und einem neuen Stück Seife auch ein Verbandspäckchen und Wundpflaster; man konnte ja nie wissen.

Ihr wurde recht weh ums Herz, als sie in der Stube leise an den Lehnstuhl herantrat, in dem die Großmutter eingenickt war. Sacht drückte sie ihr einen hauchzarten Kuss auf die Wange und schlich hinaus.

Sie war überrascht über die plötzliche Betriebsamkeit vor dem Haus des Professors. Außer den dunklen Limousinen des Konsuls parkten dort mehrere Polizeiautos und ein Krankenwagen mit eingeschaltetem Blaulicht. Es hatten sich bereits einige Schaulustige eingefunden. Von der Vortreppe aus erblickte Elisa den Konsul. Er trug ein großes Pflaster auf der Nase. Ein Ärmel seines Jacketts war abgerissen. Bei ihm stand die Frau des Professors mit dem Fuchskragen um den Hals und einem Reisekoffer. Karnifeks sprach gestikulierend auf ein paar Polizisten ein.

Für Elisa war es der richtige Moment, um zu handeln. Niemand beachtete sie. Also setzte sie sich den Stirnreif auf und konzentrierte sich. Zuerst passierte anscheinend nichts. Doch dann sah Elisa in den verstaubten Fenstern des Laboratoriums das bläuliche Licht aufglimmen. Von drinnen war leise das bekannte Sirren zu hören. Sie spürte vor Aufregung ihr Herz klopfen. Nun wünschte sie sich, dass die Silberkugel startete. Das Sirren im Laboratorium verstärkte sich immer mehr. Es schwoll zu einem durchdringenden Grollen an. Das ganze Gebäude schien zu vibrieren. Die Leute vor dem Haus wurden aufmerksam. Beunruhigt spähten sie nach der Ursache des für sie undefinierbaren Geräusches.

Und dann geschah es: Mit einem gewaltigen Krachen schoss die Silberkugel von unten durch das Dach des Laboratoriums und stieg leuchtend in die Höhe. Elisa erschrak über die ungeheure Kraft, mit der sich die Kugel ihren Weg in den freien Himmel bahnte. Trümmerteile des Daches wurden hoch empor geschleudert. Eine Staubwolke breitete sich aus. Ein erschrecktes Raunen ging durch die Menschenmenge.

„Alles in Deckung!“, rief jemand. Zersplitterte Dachsparren und zerbrochene Ziegel fielen in weitem Umkreis herab, polterten auf die Autos und schlugen Blätter und Zweige von den Bäumen. Schreiend stoben die Leute auseinander. Einige Trümmerbrocken regneten auch in Elisas Nähe nieder, sodass sie sich unter dem Vordach in Sicherheit brachte.

Die Silberkugel beschrieb nun einen weiten Bogen am Himmel und kam mit einem pfeifenden Geräusch wieder herab. Elisa ließ sie keinen Moment aus den Augen. Sie musste sich sehr konzentrieren, damit die Kugel ihren Gedankenbefehlen gehorchte. Langsamer werdend schwebte sie etwas wacklig und schwankend über die großen Zitterpappeln zur Landung herab. Kurz über dem Boden fuhr sie automatisch ihre drei Teleskopbeine aus. Ziemlich unsanft setzte sie auf dem Rasen des kleinen Vorgärtchens auf. Die Panzerglasscheibe öffnete sich. Die Menschenmenge lief erneut zusammen. Mit offenen Mündern starrten die Leute zu der Kugel herüber. Elisa verlor keine Sekunde Zeit. Sie warf ihr Reisegepäck in die Kanzel, sie würde es bei späterer Gelegenheit ordentlicher verpacken. Schnell stieg sie ein.

„Was steht ihr hier herum!“, hörte sie die kreischende Stimme des Konsuls. „Los, haltet sie auf!“

Karnifeks' Männer kamen herbeigelaufen. Schon sprang der erste über den Gartenzaun, wobei er rücksichtslos mehrere Tulpen niedertrat. Mit zwei, drei Schritten stand er vor der Silberkugel. Die schwere Panzerglasscheibe benötigte ein paar Sekunden, um herunterzufahren. Der Mann fasste mit beiden Händen unter den Rand der Scheibe, um sie offen zu halten, doch seine Kraft reichte dazu nicht aus.
„Mach die Scheibe auf!", schrie er Elisa an. „Mach sie auf!"
Ein weiterer Mann kam ihm zu Hilfe und griff zu. Dann noch einer. Alle drei mühten sich nun, die Scheibe am Schließen zu hindern, doch sie schob sich Zentimeter für Zentimeter herab. Von drinnen konnte Elisa sehen, wie die Kerle vor Anstrengung die Gesichter verzerrten, wie sie rot anliefen, wie ihnen die Halsadern schwollen und die Augen aus den Höhlen traten. Sie hörte, wie sie dabei ächzten. Erst im letzten Moment zogen sie ihre Hände zurück, weil sie sich sonst die Finger gequetscht hätten.

Auf einmal war es still um Elisa. Sie nahm sich diesen Moment, um einmal tief durchzuatmen. Durch das geschlossene Panzerglas drang kein Laut mehr von draußen zu ihr herein. Sie sah, wie die Männer etwas riefen, wobei sie mit den Fäusten gegen die Scheibe schlugen. Inzwischen waren noch mehr von ihnen herbeigeeilt, die vergeblich an der Kugel zu rütteln versuchten. Lautlos bellend sprang die Dogge daran empor.

Unbeirrt klickte Elisa den Sicherheitsgurt zusammen und nahm das Steuerhorn in die Hände. Draußen wurden die Männer und der Hund von dem blauen Licht angestrahlt, das wieder zu pulsieren begann. Es blitzte mehrmals hell auf. Das elektrische Kraftfeld teilte knackende Stromstöße aus. Der Hund und die Männer sprangen erschrocken zurück. Einige stürzten zu Boden. Da tat Elisa etwas, das Kinder eigentlich unterlassen sollten: Sie streckte den dunklen Männern ihren erhobenen Mittelfinger entgegen. Mit offenen Mündern sahen sie zu, wie sich die Silberkugel vom Boden erhob. Elisa schwebte sanft ansteigend über die Zitterpappeln hinweg bis über das Dach des Laboratoriums. Sie sah das Loch, das die Silberkugel geschlagen hatte. Und sie sah unter sich die Menschen, ein paar Kinder, Polizisten, Sanitäter, Karnifeks' Leute und den Konsul, die alle ganz unbeweglich vor Staunen zu ihr heraufschauten. Da entdeckte sie auch den Professor, der eben von zwei Polizisten aus dem Haus geführt wurde. Winkend hob er ihr seine mit Handschellen gefesselten Hände entgegen. Er lächelte dabei. Das gab Elisa die beruhigende Gewissheit, dass sie nun das Richtige tat. Sie winkte zurück, doch sie war sich nicht sicher, ob sie durch das spiegelnde Glas überhaupt zu erkennen war. Sie warf einen letzten Blick auf das kleine Haus, in dem die Großmutter friedlich schlummerte und von all dem nichts mitbekam. Aus der Höhe erhielt Elisa einen Eindruck davon, wie winzig sich das Häuschen gegen die riesige Tütensuppenfabrik ausnahm, deren Mauer es fast zu erdrücken schien.

Und nun ging es los: Wie eine Luftblase in einem Wasserglas, so sauste die Kugel empor. Die ganze Siedlung versank in rasendem Tempo. Auch die Fabrik mit ihren gewaltigen Schornsteinen wirkte jetzt klein und unbedeutend. Das Wäldchen dahinter war als grünes Rechteck zu sehen. Der Baggersee lag wie ein ovaler Spiegel daneben. Der Wind trieb Wellen über das riesige Kornfeld, das sich weit bis über die umliegenden Hügel erstreckte. Die Autobahn mit den Fahrzeugen, die wie Spielzeuge aussahen, schrumpfte zu einer dünnen Linie zusammen. Im nächsten Augenblick tauchte Elisa in einen hellgrauen Nebel. Sie durchstieß die Wolken. Gleich darauf fiel gleißendes Sonnenlicht in die Kanzel. Geblendet schloss sie für einen Moment die Augen. Als sie sie wieder öffnete, hatten sich die Wolken schon weit unter ihr in einen Teppich aus strahlend weißer Watte verwandelt.

Die ungeheure Geschwindigkeit bewirkte, dass es ihr ein wenig schwarz vor Augen wurde. Doch das verging, als sich vor ihr

der Sternenhimmel in einer solchen Klarheit auftat, wie sie ihn noch nie erblickt hatte. Rings um sie her begann sich die erhabene Weite des Weltraums auszubreiten. Unter sich sah sie die mit Wolkenwattetupfen geschmückte Landschaft immer weiter in die Tiefe sinken. Der Horizont krümmte sich mehr und mehr und formte sich von einem Bogen zu einem Kreis. Elisa konnte nun die ganze Erde auf einmal überblicken, die von ihr fortschwamm wie ein blauschimmernder Ball in einem dunklen Fluss. Plötzlich überfiel sie die dunkle Ahnung, diesen Planeten nie mehr wiederzusehen. Sie schüttelte heftig den Kopf, um diesen furchtbaren Gedanken zu verjagen.
„Unsinn!“, sagte sie laut vor sich hin. Doch es blieb ein bedrückendes Gefühl in ihr zurück, das wie ein Stein auf ihrer Seele lag. Tapfer überwand sie sich und richtete ihren Blick voraus. Nein, sie durfte vorläufig nicht zurück. Zunächst einmal galt es, die Erde weit hinter sich zu lassen, um die Silberkugel dem Zugriff des Konsuls Karnifeks zu entreißen.

Und außerdem schwebte irgendwo in den Fernen des Alls ein kleiner Planet, den sie nun finden musste, weil es dort unendlich wichtige Dinge zu erledigen gab. Elisas Herz begann wieder heftiger zu klopfen. In einer eleganten Schleife umflog sie den auf sie zu rollenden Mond, kehrte der Sonne den Rücken und nahm Kurs auf den Asteroidengürtel zwischen Mars und Jupiter, wo sie diesen kleinen Planeten vermutete.

27. Böse Überraschung

Niemand, der das unendliche Weltall nicht selbst aus der Perspektive eines Raumfahrers gesehen hat, kann es sich wirklich vorstellen. Auch der Allerklügste nicht. Elisa kam aus dem Staunen nicht heraus. – Diese grenzenlose Weite! Diese unüberschaubare Anzahl von Sternen! Diese unendliche Einsamkeit und Stille! Ihr wurde bewusst, dass sie bereits viele Tausend Kilometer von jedem menschlichen Wesen entfernt war. Eine unbestimmte Angst beschlich sie, die sich wie ein kalter Schatten hinter ihrem Rücken erhob. Elisa verdrängte dieses ungute Gefühl mit dem Gedanken an die Unumgänglichkeit ihres Vorhabens. Doch ganz ließ es sich nicht abschütteln.

Ein kleiner Gegenstand schwebte an ihrem Gesicht vorbei. Verwundert griff sie danach. Es war der Radiergummi des Professors, den er seit Tagen vermisst hatte. Das Heben ihrer Hand fiel ihr merkwürdig leicht. Da wurde ihr klar, dass hier die Schwerelosigkeit herrschte. Als sie sich über die Haare strich, merkte sie, dass sie unter dem Stirnreif weit von ihrem Kopf abstanden und bei jeder Bewegung umherwaberten, als wäre sie unter Wasser. Weil sie sich ein Zopfband einbinden wollte, griff sie nach ihrem Rucksack. Doch der befand sich nicht mehr dort, wo sie ihn abgelegt hatte. Er war an die obere Wölbung der Kanzel gewandert.

‚Wenn ich den Sicherheitsgurt löse', überlegte Elisa, ‚werde ich zu schweben anfangen. Am besten, ich lande auf dem erstbesten Himmelskörper, der eine Schwerkraft hat, und binde die Sachen ordentlich fest.'

Auch die Rolle Maschendraht hatte sich selbständig gemacht und verursachte von Zeit zu Zeit ein Kratzen an der Wand hinter ihr. In der Stille über dem kaum hörbaren Summen des Psychokinetors nahmen sich diese leisen Geräusche sehr deutlich aus. Einmal kam es ihr sogar vor, als hätte jemand leise geschnauft.

‚Das habe ich mir wohl nur eingebildet', dachte sie. ‚Wie unheimlich ruhig es ist!'

Da aber passierte etwas so Ungeheuerliches und Unvorhersehbares, etwas so Haarsträubendes, dass Elisa im ersten Moment glaubte, sie befände sich in einem furchtbar schlechten Traum.

Sie hörte hinter sich jemanden niesen …!!!

Vor Schreck riss sie das Steuer herum. Die Silberkugel geriet ins Trudeln. Der Sternenhimmel drehte sich. Elisa hatte den Luftzug des Niesens deutlich im Nacken gespürt. Das war keine Einbildung!

Ich bitte den geneigten Leser, sich einmal in Elisas Lage zu versetzen. Man stelle sich vor, sich in einer Silberkugel mitten im Kosmos zu befinden. Und man wüsste ganz genau, dass man die Kugel allein bestiegen hat, dass sich das nächste lebende Wesen, welches zu niesen imstande wäre, eigentlich in einer ungefähren Entfernung von siebenhundertfünfzig- bis achthunderttausend Kilometern auf der Erde befinden müsste. – Und dann passiert so etwas!

Elisa war wie gelähmt. Unbeweglich sah sie mit weit geöffneten Augen geradeaus. In diesem denkwürdigen Moment bereute sie zum ersten Mal, sich auf die riskante Unternehmung eingelassen zu haben. Auf einmal huschte ihr etwas buschig Weiches wie ein Staubwedel über Stirn und Augen. Wer hatte das getan?! In so einer Situation hätte wohl auch der kaltblütigste Draufgänger eine Gänsehaut bekommen. Da war jemand! Sie hörte ihn atmen! Direkt über sich! Sie spürte ihn! Endlich wagte Elisa, nach oben zu schauen… und schrie entsetzt auf. – Ein offenes Maul! Spitze Zähne! Eine rote Zunge! Gesträubtes Fell! Ein Fuchs! Der Fuchs schrie. Als Elisa ihn schreien hörte, stieß sie einen noch lauteren Angstschrei aus, woraufhin der Fuchs ebenfalls lauter schrie.

Als der erste Schrecken vorüber war, bemerkte Elisa, dass das Tier keinen besonders glücklichen Eindruck machte. Während es über ihr schwebte, zappelte es mit den Beinen, drehte sich in der Luft herum und stieß schließlich unsanft gegen die Scheibe. Dann versuchte es, sich am Steuerpult festzuhalten. Seine Vorderpfoten wischten hektisch über die Schaltknöpfe. Auf einmal hörte das Summen des Psychokinetors auf. Die Kontrolllämpchen erloschen. Nun war es fast ganz dunkel in der Kanzel. Nur eine schwache Notbeleuchtung glimmte. Der Fuchs hatte vorn am Steuerpult einen Halt gefunden. Vor dem Hintergrund des rotierenden Himmels erkannte Elisa die Umrisse seines Kopfes mit den aufgestellten Spitzohren. Sie konnte sehen, dass sich in dem einen Ohr ein rundes Loch befand. Die Silberkugel trudelte nun antriebslos durch das Weltall. Elisa und der Fuchs starrten einander an.

„Das kann nicht wahr sein!“, stammelte Elisa.

Da knurrte eine Stimme: „So eine hysterische Trine!“

Elisas Gedanken schlugen Purzelbäume. Sie hatte diese Worte deutlich gehört. Aber wer sollte hier gesprochen haben? War außer dem Fuchs *noch* jemand da? Sie blickte hinter sich, aber da war nichts. Die Stimme sagte: „Mich so anzubrüllen!“

Elisa kniff sich in den Arm. Träumte sie das alles nur? Oder war etwas mit ihrem Verstand nicht in Ordnung? Sie überwand sich und fragte: „Bist du das, der da spricht?“

Der Fuchs zuckte zusammen.

„Was!?“, kam es zurück. „Du kannst mich verstehen?“

Elisa rann ein kalter Schauer über den Rücken.

„Aber wieso …“, stotterte sie, „…wieso kannst du sprechen?“

Der Fuchs legte die Ohren an.

„Weshalb sollte ich nicht?“

„Tiere können nicht sprechen!“, sagte Elisa nachdrücklich.

„Blödsinn!“, lachte der Fuchs.

„Sei still!“, rief Elisa. Sie ballte ihre Fäuste und schrie so laut, dass der Fuchs seinen Kopf einzog: „Das gibt es nicht!“

Das Mädchen war mit den Nerven am Ende. Es verging eine Weile des Schweigens. Vermutlich mussten alle beide erst einmal ihre durcheinandergeratenen Sinne entwirren.

„Ihr Zweibeiner versteht uns doch normalerweise nicht“, ließ sich der Fuchs wieder vernehmen. „Wie kommt es, dass du …?“
Elisa hob ratlos die Schultern.
„Wir reden ganz anders als ihr“, fuhr der Fuchs fort. „Wir tun es mit den Gedanken.“
„Mit den Gedanken“, wiederholte Elisa. Unwillkürlich tastete sie nach dem Stirnreif auf ihrem Kopf. Der Professor hätte sich vermutlich nicht träumen lassen, welch überraschenden Nebeneffekt seine Erfindung hervorbrachte. Elisa atmete tief durch, um sich etwas zu beruhigen.
„Du hast den Strom abgestellt“, sagte sie und streckte ihre Hand nach dem Schaltknopf aus.
„Halt die Pfoten still!“, rief der Fuchs und fletschte die Zähne. Elisa zog ihre Hand wieder zurück.
„Ich tu dir doch nichts“, versicherte sie.
„Glaub ja nicht, ich lass mich von dir austricksen!“, stellte der Fuchs klar.
„So kann ich die Silberkugel nicht steuern“, erklärte Elisa. „Der Psychokinetor kann erst Energie erzeugen, wenn dieser Knopf da gedrückt ist.“
Der Fuchs ließ ein drohendes Knurren hören. Elisa hielt es für besser, das Tier nicht weiter zu reizen. Darum wechselte sie fürs erste das Thema.
„Wie bist du überhaupt hier reingekommen?“, fragte sie.
„Du warst doch dabei“ antwortete er, „wie die Dreckskerle in meinen Tunnel eingebrochen sind und wie mich dieser Köter verfolgt hat. Als er dann hinter dem Kater hergejagt ist, bin ich in die Kugel gesprungen und hab mich unter dem Sitz versteckt. Auf einmal hat sich die Scheibe geschlossen.“
Hinter dem Schattenriss des Fuchses drehte sich der Sternenhimmel mit unverminderter Geschwindigkeit. Elisa musste wegsehen, weil ihr allmählich schwindlig wurde. Ihr fröstelte.

„Spürst du nicht auch, dass es hier drin immer kälter wird?“
„Na und?“, erwiderte der Fuchs gleichgültig.
„Die Heizung braucht Strom“, sagte Elisa, und als der Fuchs nicht reagierte, fügte sie nachdrücklich hinzu: „Ich friere.“
„Mir doch egal“, gab ihr der Fuchs zu verstehen. „*Ich* hab ein dickes Fell.“
Die kosmische Kälte drang ungeahnt rasch durch die stählernen Wände der Kugel.
„Aber wir können doch nicht ewig so durchs Weltall kreiseln!“, versuchte Elisa den Fuchs umzustimmen, doch der knurrte nur. Sie seufzte. In plötzlichem Entschluss streckte sie ihre Hand nach dem Energieknopf aus. Blitzschnell schnappte der Fuchs zu. Seine Zähne schlugen knackend aufeinander. Elisas Hand zuckte zurück. Beinahe hätte er sie erwischt.
„Was soll das!“, schimpfte sie.
„Komm mir ja nicht zu nah mit deiner Pfote!“, drohte der Fuchs. Es sah tatsächlich so aus, als würde er es ernst meinen. Seine gefährliche Schnauze befand sich genau über dem Steuerpult.
„Soll ich etwa erfrieren?“, empörte sich Elisa. „Ohne Heizung haben wir hier drin bald minus zweihundert Grad!“
„Ist das vielleicht mein Problem?“, ließ sich der Fuchs vernehmen. Ihm schien die Kälte noch nichts auszumachen. Elisa wurde ärgerlich. Allmählich verlor sie die Geduld.
„Jetzt hör mal!“, fuhr sie den Fuchs an. „Von euch Füchsen sagt man, ihr wärt besonders schlau. Ich hab nun keine Ahnung, ob da irgendwas Wahres dran ist. Aber auf dich kann das ja wohl ganz bestimmt nicht zutreffen. Überleg doch! Wenn ich erfriere, wirst du dein Zuhause nie wiedersehen.“
„Wie kommst du denn darauf?“, fragte der Fuchs in einem hinterhältigen Tonfall.
„Weil ich dich dann nicht mehr zurückbringen könnte, du oberschlauer Schlaukopf, du!“

„Wer sagt überhaupt, dass ich ausgerechnet dich dazu brauche, um nach Hause zu kommen?“
„Du willst doch nicht etwa behaupten, du könntest die Silberkugel steuern!“
„Wieso denn nicht?“
„Dass ich nicht lache!“
„Lach nur, du eingebildete Trine. Ich habe die Gespräche zwischen dir und dem Professor mit angehört. Ich weiß, wie die Silberkugel funktioniert. Ich kann sehr wohl alleine zurückfliegen.“
Elisa musste einsehen, dass mit diesem Burschen absolut nicht zu spaßen war.
„Glaubst du wirklich, ich lasse es so weit kommen?“, fragte Elisa, indem sie lauernd ihre Augen zusammenkniff. „Du denkst wohl, ich könnte dir überhaupt nicht gefährlich werden.“
„Womit denn?“, lachte der Fuchs. „Dein Maul ist klein, deine Zähne sind nicht der Rede wert. Krallen hast du auch nicht. Ihr Zweibeiner seid nur gefährlich, wenn ihr einen Knüppel oder ein Gewehr habt.“
„Zum letzten Mal“, sagte Elisa mit Nachdruck, „lass mich sofort an den Hauptschalter!“
„Ich beiß dir den Finger ab!“, knurrte der Fuchs. Für Elisa war das Maß voll.
„Na schön!“, sagte sie, wobei sie hinter sich griff und einen der Lattenpfosten aus der Maschendrahtrolle hervorzog.
„Weg mit dem Knüppel!“, rief der Fuchs.
„Versuche nicht noch einmal, mich zu beißen!“, warnte Elisa. Der Fuchs sträubte seine Nackenhaare.
„Also ich drücke jetzt den Knopf“, kündigte Elisa an.
„Wage es nicht!“, drohte der Fuchs und fletschte seine Reißzähne.
Elisa streckte ihre Hand nach dem Steuerpult aus. Ihr Zeigefinger näherte sich dem Schaltknopf. Blitzschnell schnappte der Fuchs zu. Elisa schrie auf. Sie versuchte, die Hand zurückzuziehen.

„Lass los!“, rief sie. Doch die spitzen Zähne hielten schmerzhaft fest. Da schlug sie dem Fuchs mit der Latte auf die Schnauze, dass er laut aufjaulte. Ihre Hand war wieder frei.
„Na warte!“, schrie der Fuchs wütend. „Dich mach ich fertig!“
Wie eine Sprungfeder schnellte er auf Elisa zu. Aber er hatte nicht an die Schwerelosigkeit gedacht. Als Elisa sich zur Seite duckte, stieß er heftig hinter ihr an die Rückenlehne des Pilotensessels, von wo er wie ein Gummiball abprallte und rückwärts gegen die Scheibe rumste. Ein zweiter, sehr kräftiger Schlag der Latte traf ihn an seinem Hinterteil, sodass er wie ein Bumerang durch die Kanzel wirbelte. Es entstand ein wirres Durcheinander, denn auch der Rucksack, der Maschendraht und die Schlafsackrolle kreiselten umher. Und weil sich der Rucksack dabei öffnete, gesellten sich noch mehr Gegenstände zu den herumfliegenden Sachen: die Trinkflasche, die Zahnbürste, der Maulkorb, das Tagebuch, der Hammer, die Brotbüchse … Endlich konnte sich der Fuchs am Haltegriff einer Seitenwand festklammern. Elisa hielt drohend die Latte erhoben.
„Na?“, keuchte sie. „Willst du noch eins?“
Der Fuchs machte keine Anstalten, den Kampf fortzusetzen. Er hechelte mit heraushängender Zunge. Aus seinem Maul und aus Elisas Mund wehten Dampfwolken hervor, ein Zeichen dafür, dass die Temperatur in der Kanzel sich bereits den Frostgraden näherte. Elisa drückte den Hauptschalter. Das Pult erleuchtete sich wieder. Sie ergriff das Steuer mit nur einer Hand, weil sie die Latte nicht aus der anderen legen wollte, und richtete die Silberkugel auf ihrem ursprünglichen Kurs aus. Das lästige Trudeln hörte auf. Allmählich wurde die Kanzel auch wieder von einer angenehmen Wärme durchströmt.

Bei allem, was Elisa im Folgenden tat, behielt sie den Fuchs aufmerksam im Auge. Trotzig wich er ihrem Blick aus. Mit angelegten Ohren hockte er an der Wand.

„Wenn du ein Huhn wärst, hätte ich dich totgebissen!“, knurrte er. „Ich bin aber kein Huhn, du hinterhältiges Raubtier!“, gab Elisa zurück, während sie sich ein Pflaster über die Bisswunde an ihrer Hand klebte. Sie war fest entschlossen, sich auf keinen Fall durch den Fuchs von ihrem Vorhaben abbringen zu lassen. Allzu lange würde sie ihn ja wohl nicht ertragen müssen. Schließlich verfügte sie über ein gedankenschnelles Fluggerät, das sie recht bald an ihr Ziel und wieder nach Hause bringen würde, so dachte sie.

28. Der verborgene Sinn

Nachdem ich den gereinigten Vergaser eingebaut hatte, versuchte ich erneut, den Motor zu starten – abermals vergeblich. Ich muss darüber einen dermaßen betrübten Eindruck gemacht haben, dass Elisa anscheinend das Bedürfnis verspürte, mich zu trösten.
„Weißt du“, sagte sie, „ich glaube, dass in allem, was geschieht, ein Sinn verborgen ist.“
Ich schaute sie an.
„Du meinst also, es hat vielleicht auch seine gute Seite, dass mein Auto nicht funktioniert?“
Sie nickte. Ich lächelte verbittert und gab ihr zu bedenken: „Wenn das wirklich stimmen würde, dann wäre es ja auch sinnvoll gewesen, dass plötzlich dieser bösartige Fuchs in der Silberkugel aufgetaucht war.“
„Oh ja, allerdings“, bestätigte Elisa ernsthaft. Darüber musste ich den Kopf schütteln.
„Jetzt glaub ich beinahe, du willst mir einen Bären aufbinden“, lachte ich. „Dieses Raubtier war doch wohl alles andere als eine nette Reisebegleitung.“

Und weil ich keine Lust verspürte, noch weiter über den Sinn oder Unsinn unangenehmer Zwischenfälle zu diskutieren, fragte ich: „Wie bist du dieses bissige Tier denn eigentlich wieder losgeworden?“
Elisa senkte ihren Blick. Auf ihrem Gesicht schien sich plötzlich eine tiefe Trauer abzuzeichnen, deren Ursache ich nicht begriff. Doch ihr Ausdruck war so deutlich, dass es mich stark berührte und ich nicht anders konnte, als respektvoll zu schweigen. Nach einer kleinen Weile wischte sich Elisa über die Augen und fragte mich: „Was hättest du eigentlich getan, wenn der Motor jetzt angesprungen wäre?“
„Er ist ja nicht angesprungen“, zog ich mich nichtssagend aus der Affäre. Denn mit einer ehrlichen Antwort hätte ich ihr gestehen müssen, dass ich in diesem Fall vermutlich mein Werkzeug zusammengepackt und gesagt hätte: ‚Es war nett mit dir zu plaudern. Leider habe ich keine Zeit mehr für deine Geschichte. Soll ich dich bis zur nächsten Ortschaft mitnehmen?‘

Ja, wahrscheinlich hätte ich das so gesagt, denn da dachte ich noch wie die meisten erwachsenen Leute. Und es wäre mir sogar völlig abwegig erschienen, meine beruflichen Pflichten wegen einer Kindergeschichte zu vernachlässigen. Jetzt aber, da ich dies alles niederschreibe, bin ich unsagbar froh, dass sich das Auto nicht vom Fleck gerührt hatte, selbst wenn mir dadurch das einträgliche Geschäft mit der TITANIC-Schiffsglocke durch die Lappen gegangen ist. Elisa sollte recht behalten: Alles was geschieht, hat einen Sinn.

Ich benetzte meine Hände in einer Regenpfütze und reinigte sie mit einem sauberen Putzlappen.
„Es ist zwecklos, noch weiter am Motor herumzuschrauben“, sagte ich entschieden „Ich werde jetzt das Abschleppseil an der

Stoßstange befestigen. Dann kann ich nur noch hoffen, dass jemand vorbeikommt, der mich bis zur nächsten Werkstatt abschleppt."

29. Die Schwerelosigkeit

Elisa und ihr ungebetener Passagier näherten sich stetig der kosmischen Region der Asteroiden.

Ich bitte den geneigten Leser, sich einmal vorzustellen, wie man sich inmitten Tausender von Kleinplaneten überhaupt zurechtfinden soll. Wenn man auf der Erde die Orientierung verliert, im Wald, in der Wüste, mit einem Boot auf dem Meer oder mit dem Auto in der Großstadt, dann kann man sich im Wesentlichen in vier Richtungen bewegen, um den richtigen Weg zu finden, nämlich nach vorn, nach hinten, nach links oder nach rechts. Selbst das ist nicht immer leicht, wie jeder wohl weiß. Doch mitten im Weltall kann man sich zusätzlich auch noch nach oben und unten verirren. Dies wirft eine ganze Menge ungeahnter Schwierigkeiten auf, mit denen Elisa ständig zu kämpfen hatte.

Nun kann man im Weltall aber oben und unten sehr leicht verwechseln, viel leichter als vorwärts und rückwärts oder links und rechts. Das birgt eine nicht zu unterschätzende Gefahr. Um das einmal verständlich zu machen: Für uns hier auf der Erde ist es kein Problem, oben und unten zu bestimmen. Wir brauchen dazu lediglich eine Murmel zwischen Daumen und Zeigefinger zu nehmen, sie loszulassen und genau aufzupassen, in welche Richtung sie sich bewegt. Dort ist nämlich garantiert unten. Und in genau entgegengesetzter Richtung ist oben. Aber wenn keine Erde da ist, kann die Murmel ja nicht wissen, wohin sie fallen soll, und bleibt daher unschlüssig in der Luft stehen. Das nennt man, wie wir wissen, die Schwerelosigkeit.

Angenommen, man schwebt mit einer Silberkugel oder mit einem anderen Raumfahrzeug durchs Weltall und man macht einen einzigen kleinen Steuerfehler, weil einem ein Fuchs ins Genick niest, oder weil man selber niest und dabei versehentlich mit dem Lenkhebel wackelt, dann dreht man sich während des Naseputzens unbemerkt um und meint, dass oben unten und unten oben ist. Aber wenn so etwas passiert, und man meint, dass unten oben und oben unten ist, denkt man folgerichtig, dass rechts links und links rechts ist. Und das kann eine schwerwiegende Verwechslung sein. Selbst mit vorn und hinten ist das so eine Sache. Wenn man nach vorn fliegt und die Kugel versehentlich um genau hundertachtzig Grad nach links oder rechts dreht, könnte man denken, dass man rückwärts fliegt. Das stimmt aber nur zum Teil, denn in Wirklichkeit fliegt man nur rückwärts vorwärts. Und wenn man in einer solchen Flugposition aufgrund widriger Umstände zusätzlich noch oben und unten oder links und rechts durcheinanderbringt, kann es sogar vorkommen, dass man allen Ernstes vermutet, rechts wäre oben und links unten oder auch, links wäre oben und rechts unten.

Dies sind bloß die simpelsten Beispiele dafür, wie leicht man sich im Weltall verfliegen kann. Ich wollte Euch nur einmal kurz und prägnant vor Augen führen, welch außerordentlich komplizierten Verhältnissen sich Elisa gegenübergestellt sah.

30. In der Region der Asteroiden

Der Fuchs hockte zwischen Kanzelscheibe und Steuerpult und schaute in den Sternenhimmel hinaus. Er pfiff leise vor sich hin.
„Anscheinend tut es dir nicht mehr weh“, sprach Elisa ihn nach längerer Zeit an. Der Fuchs reagierte nicht, so als hätte er nichts gehört.
„Sag mal“, begann Elisa von neuem, „warst du das, der auf unserer Treppe die Milch geklaut hat?“
Das Pfeifen verstummte.
„Das findest du wohl vollkommen in Ordnung, einem anderen einfach das Futter wegzunehmen?“ drang Elisa weiter auf ihn ein.
„Diesen dämlichen Kater hättest du wirklich nicht zu füttern brauchen“, ließ sich der Fuchs endlich vernehmen. „Der hatte jederzeit mehr als genug zu fressen und zu saufen.“
„Beim Professor bekam er doch kaum was“, widersprach Elisa. „Der hatte doch selber nichts zu Beißen.“
„So dachten die anderen zweibeinigen Dummköpfe aus deiner Nachbarschaft auch“, meinte der Fuchs grantig. „Der hinterhältige Mistkerl hat von jedem was gekriegt. Der versteht es hervorragend, sich einzuschmeicheln mit seinem jämmerlichen Miau-Miau, das sich anhört, als wäre er nah am Verhungern. Und du bist genauso auf ihn reingefallen, auf diesen verfetteten Schmierenkomödianten!“
„Ach, na ja“, sagte Elisa, „ich mag ihn halt trotzdem.“
„Wenn unsereins in eure Nähe kommt, ist gleich der Teufel los“, beschwerte sich der Fuchs. „Da prügelt ihr uns mit Geschrei und Gezeter vom Hof. Aber wenn so ein Katzenvieh um eure zwei Beine scharwenzelt, gibt’s sofort was zu fressen.“
„Aristoteles ist jedenfalls noch nie auf die dumme Idee gekommen, mich zu beißen“, erwiderte Elisa mit einem bedeutungsvollen Seitenblick.

„Dieser missgünstige Halunke!“, schimpfte der Fuchs. „Er gibt niemandem was ab, selbst wenn er bis zum Hals vollgestopft ist. Er jagt alle andern Katzenviecher zum Teufel, wenn sie zu seinen Fressplätzen kommen. Sogar seine eigenen Kinder.“
„Was?“, erstaunte Elisa. „Ich wusste nicht, dass er Kinder hat.“
„Ziemlich viele sogar“, verkündete der Fuchs. „Er hat sogar schon Enkel und Urenkel. Allerdings hat er sich nie um sie gekümmert, weil ihm sein eigener Fettwanst viel wichtiger ist, als alles andere.“
„Sieh an“, sagte Elisa beeindruckt, „das ist ja interessant.“
„Füchse würden ihre Kinder niemals so behandeln“, ereiferte sich der Fuchs. „Unsere Kinder sind unser ein und alles. Meine Kinder beispielsweise …“
Plötzlich unterbrach er sich, so als hätte er sich bei etwas ertappt, über das er gar nicht hatte reden wollen.
„Du hast *auch* schon Kinder?“, wunderte sich Elisa. Aber der Fuchs ging nicht darauf ein.
„Also, was war denn nun mit deinen Kindern?“, knüpfte Elisa nach einer Weile erneut an das Thema an. Der Fuchs ließ sich jedoch zu keiner Antwort bewegen. Er legte seinen Kopf auf die Vorderpfoten und schwieg über mehrere lange Stunden.

Aus den zahllosen Gesteinsbrocken, die ihr auf einmal in den Weg schwebten, schloss Elisa, den Asteroidengürtel erreicht zu haben. Es waren zum Teil sehr merkwürdig geformte Himmelskörper. Einige waren nicht größer als die Silberkugel, andere hatten die Ausmaße mehrstöckiger Häuser. Manche sahen aus, wie riesige Kartoffeln, andere wie löcherige Käseklumpen, wieder andere erinnerten an steinerne Gurken oder auch an mächtige, graue Himbeeren. Das Steuern der Silberkugel erforderte Elisas ganze Geschicklichkeit. Sie musste die Geschwindigkeit erheblich drosseln, um sich durch die vielen Hindernisse hindurch zu schlängeln. Die kleineren waren besonders lästig, weil sie erst aus kurzer

Entfernung zu erkennen waren. Darum musste Elisa des Öfteren heftig abbremsen. Es war ein unangenehmes, weil ruckeliges Vorwärtskommen. Die Silberkugel wurde hin und wieder so kräftig durchgerüttelt, dass sich der Fuchs kaum noch an seinem Platz festhalten konnte. Dann ließ er immer ein unwilliges Knurren vernehmen.

Das hinderliche Steinbrockengewirr lichtete sich und es tat sich den beiden Reisenden ein Blick auf, der ihnen nahezu den Atem nahm, so als wären sie in eine andere Welt gelangt. Zwar war der Himmel immer noch schwarz, doch hatte er nun eine wundervoll samtene Schwärze angenommen, die Sterne strahlten noch immer in goldenem Licht, aber ihre Schönheit übertraf auf einmal alles, was die beiden erstaunten Erdenbewohner je zu Gesicht bekommen hatten. Vor sich sahen sie nun lauter Kleinplaneten ihre Bahnen ziehen, die von weitem in den herrlichsten Pastellfarben schimmerten.

Elisa beschleunigte die Silberkugel wieder und machte sich mit unbeugsamer Zuversicht auf die Suche.

31. Ein unangenehmer Reisebegleiter

Auf dem ersten Asteroiden, den Elisa betrat, befand sich ein gemauerter Brunnen, der bis an seinen bröckligen Rand hinauf mit klarem Wasser gefüllt war. Unweit des Brunnens erhob sich ein verwitterter Sockel, auf dem die riesigen Füße einer gewaltigen Statue standen, deren zerbrochene Einzelteile zwischen kahlen Felsen und bemoostem Geröll verstreut umherlagen. Es herrschte eine gespenstische Stille. Und es schien, als sei dieser Planet schon seit Jahrtausenden nicht mehr bewohnt.

Elisa hatte ihre Trinkflasche aufgefüllt, Gesicht und Hände gewaschen und sich ein wenig die Beine vertreten. Sie saß auf einem Stein, schaute in den Sternenhimmel und überlegte. Diese vielen, vielen Kleinplaneten hatten sie sehr nachdenklich werden lassen. Es waren Tausende, nein, Hunderttausende – vielleicht sogar Millionen?

„Es wird wohl doch eine längere Reise werden“, sagte sie schließlich zum Fuchs, der mit verkniffener Schnauze in einiger Entfernung umherschlich. Aufhorchend blieb er stehen.

„Was soll das heißen?“, fragte er unwirsch.

„Wir werden noch eine ganze Weile miteinander zurechtkommen müssen“, erklärte Elisa bestimmt.

„Was heißt hier: eine ganze Weile?“, erregte er sich. „Ich hab absolut keine Lust, etwa noch tagelang mit dir durch dieses totsterbenslangweilige Weltall zu gondeln!“

„Da wirst du wohl nicht drum herum kommen“, erwiderte Elisa.

Der Fuchs trat ein paar Schritte näher.

„Hör mal, du Trine“, sagte er aufgebracht, „du wirst mich ohne weitere Verzögerung zur Erde zurückbringen. Hast du verstanden?! Oder …!“

„Oder was?“, fragte Elisa angespannt.

„Du wirst schon sehen“, drohte er.

Elisa richtete sich auf.

„Du hast wohl schon vergessen, wie die Zaunlatte geschmeckt hat?“

„Und wie willst du jetzt an sie herankommen?“, triumphierte der Fuchs, der genau zwischen Elisa und der Silberkugel stand. Er fletschte seine Zähne. Sein Anblick war wahrhaft zum Fürchten.

„Ehe du bis drei zählen kannst“, fauchte er, „hab ich dir ins Bein gebissen und dich zu Fall gebracht!“

„Das wagst du nicht!“, rief Elisa.
„Und wenn du erst am Boden liegst“, fuhr der Fuchs fort, „ist deine Kehle für meine Zähne erreichbar und dann …!“
Plötzlich verstummte er, denn Elisa hatte blitzschnell einen faustgroßen Stein aufgehoben. Auge in Auge standen sich die beiden gegenüber.
„Glaub ja nicht, ich lass mir von dir Angst machen, du widerwärtiges Raubtier“, sagte Elisa leise, aber mit beeindruckender Entschlossenheit. Eine ganze Weile geschah nichts. Doch endlich wich der Fuchs zurück, zuerst rückwärts, dann drehte er sich um und trabte geduckt aus der Gefahrenzone.

Elisa schaffte ein wenig Ordnung in der Silberkugel. Sie verpackte die verstreuten Sachen wieder im Rucksack und verzurrte ihn mit einem seiner Tragegurte zusammen mit der Schlafsackrolle am Standfuß des Steuerpultes.
„Komm her!“, befahl sie dem Fuchs, der sie in der Zwischenzeit hinter einem Felsbrocken hervor beobachtet hatte. Natürlich verbot ihm sein Stolz, Elisas Anweisung zu folgen. Schließlich war er kein Hund, der sich einfach so herumkommandieren ließ. Elisa zeigte ihm den Maulkorb.
„Du darfst nur einsteigen, wenn du dir das hier aufsetzen lässt“, bestimmte sie. Der Fuchs wandte sich ab und setzte sich widerspenstig auf den Boden.
„Na dann eben nicht“, sagte Elisa und tat so, als wollte sie ohne ihn abfliegen.
„He!“, schrie der Fuchs. „Du bringst es tatsächlich fertig, mich hier zurückzulassen?!“
Elisa hielt dem Fuchs mit unerbittlicher Strenge den Maulkorb entgegen. Griffbereit hinter ihr lehnte die Zaunlatte an der Silberkugel. Es war dem Fuchs deutlich anzusehen, welche Gedanken ihm durch den Kopf gingen. Unschlüssig trat er von einer Pfote

auf die andere. Doch schließlich schien die Vernunft in ihm zu obsiegen und er kam mit gesenkten Ohren näher. Widerstandslos ließ er sich den Maulkorb anlegen und kroch stumm in die Kanzel. Er ließ es auch geschehen, dass Elisa ihn zu seiner eigenen Sicherheit mit dem Tragegurt des Rucksackes am Steuerpult festzurrte.

32. Versuch eines Gespräches

„Warum stellst du eigentlich nie Fragen?“, versuchte Elisa ein Gespräch mit dem Fuchs anzuknüpfen. Der hob missmutig den Kopf.
„Was, in drei Teufels Namen, was sollte ich denn schon von dir wissen wollen?“
„Zum Beispiel, wohin ich will?“
„Aber das weiß ich doch“, antwortete der Fuchs. Elisa blickte überrascht. „So?“
„Du hast ja oft genug mit diesem überdrehten Professor darüber gesprochen“, erklärte der Fuchs. „Dabei hatte ich den Eindruck, dass er dich nie so ganz begriffen hat. Dazu war er viel zu sehr mit seiner Erfindung beschäftigt.“
Hier stimmte Elisa dem Fuchs im Stillen zu. Ganz unvermittelt bekannte er zu Elisas größter Verwunderung: „Ich kenne die Geschichte von diesem verschwundenen kleinen Prinzen, der einen Fuchs zum Freund hatte.“
„Tatsächlich?“, fragte Elisa überrascht nach. „Du kennst sie?“
„Aber es ist ziemlich unsinnig zu glauben, dass sie wirklich genau so passiert ist, wie man sie sich erzählt“, meinte der Fuchs abschätzig. „Das meiste darin ist absolut frei erfunden wie bei einem Märchen.“
Darüber musste Elisa lächeln.

„Wie kannst du nur so etwas denken?“
„Weil unmögliche Dinge eben nur im Märchen geschehen können“, erwiderte der Fuchs. „Weil es zum Beispiel völlig undenkbar ist, dass ein Fuchs einen Zweibeiner zum Freund hat.“
„Aber nein“, sagte Elisa tief überzeugt. „Für eine ausgedachte Geschichte ist in dem Buch alles viel zu genau beschrieben: das glockenhelle Lachen des kleinen Prinzen, seine weizenblonde Haarsträhne, die sich im Wind bewegt, seine Traurigkeit, so tief und schwer, dass einem das Herz weh tut … Nein, so was kann niemand beschreiben, der es nicht selbst erlebt hat.“
„Das Buch habe ich nicht gelesen“, gestand der Fuchs. „Aber mein Vater hat mir die Geschichte erzählt, als ich noch ein kleines Füchschen war. Er kannte sie von seinem Vater und der wiederum von dem seinigen. Mir ist es eigentlich egal, ob darin alles wahr ist oder nicht. Die Geschichte ist trotzdem wunderschön. Auch ich hätte sie meinen Kindern erzählt, wenn …“
Wieder brach der Fuchs seine Rede aus einem unersichtlichen Grund ab.
„Nun sag schon!“, drängte Elisa. „Was ist mit deinen Kindern? Sie werden dich doch sicherlich vermissen.“
Doch der Fuchs sank schweigend in sich zusammen. Elisa wusste bereits aus Erfahrung, dass sie ihre Frage nicht zu wiederholen brauchte. Wenn er nicht reden wollte, dann wollte er eben nicht. So war er nun mal.

33. Der Hutkrempenplanet

Der zweite Planet erregte Elisas Interesse, weil es einer von denen war, die von weitem so ausschauen wie eine Kugel mit einer Hutkrempe. Solche Himmelskörper gibt es gar nicht einmal so selten.

Sie sind buchstäblich in allen Größen vorhanden. Bekanntermaßen hat ja auch der riesige Saturn einen Ring, der wie eine Krempe aussieht.

Von nahem erkannte Elisa, dass die Hutkrempe dieses Kleinplaneten eine hohe Mauer war, die ihn in zwei gleichgroße Hälften teilte. Weil sie sich nicht entschließen konnte, auf welcher Seite sie landen sollte, ging sie einfach oben auf dem Mauersims nieder.
„Nimm mir den Maulkorb ab!", forderte der Fuchs energisch. Elisa zögerte.
„Du kannst nicht von mir verlangen, dass ich ihn ständig trage", beschwerte er sich. „Irgendwann muss ich mir auch mal ohne dieses blöde Dreckding die Beine vertreten dürfen."

Vom Maulkorb befreit tippelte der Fuchs mit der Nase am Boden auf dem Mauersims davon und verschwand bald im dunklen Schatten der Nachtseite des Himmelskörpers.

Elisa stellte überrascht fest, dass der Planet bewohnt war. Auf der einen Hälfte lebte ein Mann mit einer spitzen Kappe auf dem Kopf, auf der anderen eine Frau, die eine runde Haube trug. Auf beiden Seiten türmten sich große Stapel von Eierkisten. Die beiden Planetenbewohner waren gerade damit beschäftigt, gekochte Eier zu essen.
„Hallo!", rief Elisa von der Mauer herab. Aber der Mann und die Frau blickten nur flüchtig und uninteressiert zu ihr herauf.
„Verzeihung, wozu ist diese Mauer?", versuchte Elisa ein Gespräch anzuknüpfen. Als niemand antwortete, meinte sie: „Ohne die Mauer könnten Sie beide doch zusammen frühstücken."
Da rief die Frau ärgerlich: „Er schlägt die Eier an der *spitzen* Seite auf!"
„Sie schlägt die Eier an der *stumpfen* Seite auf!", war die empörte Erwiderung des Mannes.
Elisa wunderte sich. „Ist das ein Grund, eine so hohe Mauer zu bauen?"

„Es ist schließlich grundfalsch, Eier an der stumpfen Seite zu knacken!“, behauptete der Mann.
„Was für ein Unsinn, Eier an der spitzen Seite zu öffnen!“, erregte sich die Frau.

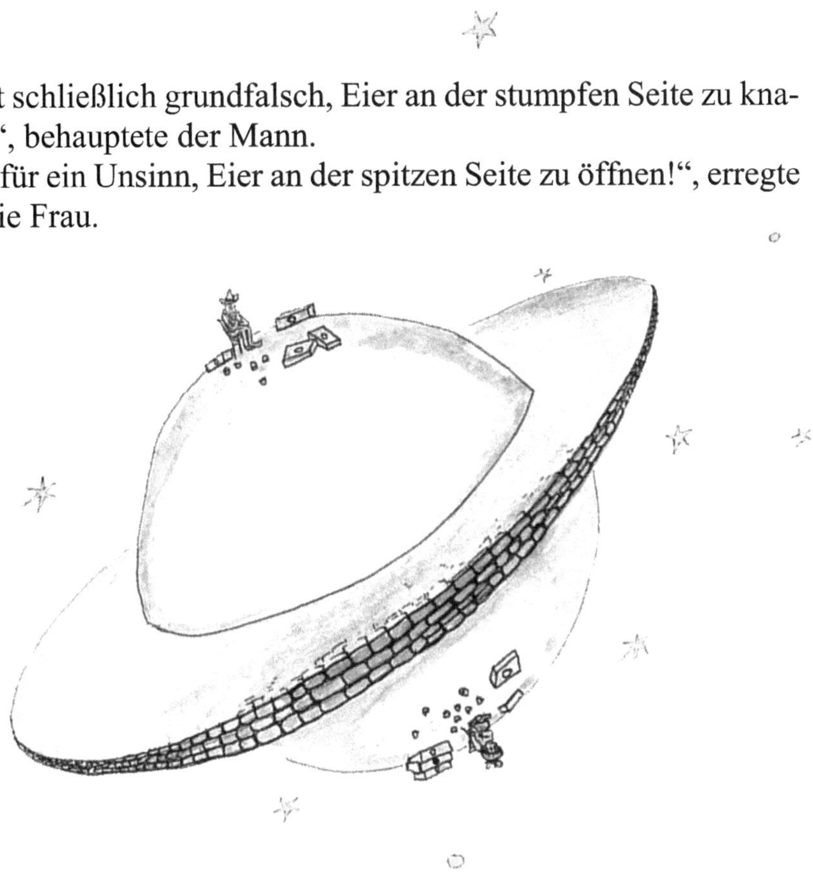

Elisa kam dieses Eierproblem bekannt vor. Sie hatte nämlich das Buch „Gullivers Reisen“ gelesen. Als Gulliver in das Land Liliput kam, führten dessen Bewohner wegen genau dieser Sache einen zermürbenden Krieg mit ihren Nachbarn. Daher war ihr bewusst, dass man die Eierfrage nicht auf die leichte Schulter nehmen durfte.
„Und könnten Sie sich nicht darauf einigen, Rühreier zu essen?“, versuchte sie zu vermitteln. „Die kann man doch in der Mitte aufschlagen.“
Darauf erwiderte der Mann: „Aber nur, wenn die Eier linksherum gerührt werden.“

Aber die Frau schimpfte sogleich: „Unverschämtheit! Rühreier werden immer rechtsherum gerührt!"
„Einverstanden!", rief da der Mann zurück. „Aber rühren musst du!"
„Ich denke ja nicht daran, elender Faulpelz!", brauste die Frau auf. Elisa schätzte allmählich ihre gutgemeinten Vermittlungsversuche in dieser Auseinandersetzung als gescheitert ein. Sie überlegte, wie sie am besten das Thema wechseln sollte, um auf ihre Frage nach dem Planeten des kleinen Prinzen zu kommen. Doch es begann ihr zweifelhaft zu erscheinen, dass Leute, die derartige Mauern errichten, überhaupt einen Gedanken für die Probleme anderer Himmelskörper erübrigen.

Da erscholl auf einmal aus dem Dunkel der Nachtseite ein kurzes, heftiges Poltern, von dem der ganze Planet so stark erzitterte, dass Mörtelstaub aus den Fugen der Mauer rieselte.
„Was war das?", fragte der Mann beunruhigt und ließ seinen Eierlöffel sinken. Elisa ahnte Schlimmes. Beunruhigt spähte sie nach dem Fuchs aus.
„Du diebischer Halunke!", schrie die Frau plötzlich mit wutrotem Gesicht und sprang auf. „Vergreifst du dich etwa schon wieder an meinen Eiervorräten?!"
„Hinterhältige Gaunerin!", konterte der Mann. „Wann hätte ich mich jemals an deinen Vorräten vergriffen!? Das war doch wohl eher umgekehrt der Fall!"
„Was für eine infame Unterstellung!", kreischte die Frau höchst empört. „Deine Eier haben mich noch niemals interessiert!"

Von einem Moment auf den anderen, noch bevor Elisa Luft holen konnte, um die Sache klarzustellen, entbrannte eine unvorstellbar erbitterte Eierschlacht. Urplötzlich flogen rohe Eier in rasender Folge über die Mauer hinweg. Die Frau benutzte dazu eine Art Kanone, aus der die Eier wie die Kugeln eines Maschinengewehrs nur so hervorsprudelten. Der Mann betätigte von seiner

Seite aus eine katapultartige Vorrichtung, welche die Eier gleich Dutzendweise auf das verfeindete Territorium schleuderte. Dabei ließen die beiden nicht nach, einander lauthals zu beschuldigen und unflätig zu beschimpfen. Elisa befand sich genau zwischen den Fronten und musste sich ducken, um keines der von beiden Seiten anfliegenden Geschosse abzubekommen, die knackend zerspritzten, wenn sie aufschlugen.

„Fuchs! Wo steckst du?! Fuchs!", rief sie in die Richtung, in die er gelaufen war. Den heranpfeifenden Eiern ausweichend wollte sie sich in die Silberkugel zurückziehen, die allerdings genau im dichtesten Geschoßhagel stand.

„Hier ist ja ganz schön was im Gange", hörte Elisa den Fuchs hinter sich sagen. Überrascht wandte sie sich um und sah, wie er ihr aus der Kanzel entgegengrinste. Offenbar hatte er den Planeten auf dem Mauersims umrundet. Platsch! – wurde Elisa von einem Ei am Kopf getroffen.

„Aua!"

Der Fuchs grinste noch breiter. Da schlug ein Ei unmittelbar über ihm in der Kanzel ein. Erschrocken zuckte er zurück.

„Was stehst du da herum!", quengelte er. „Nun komm und mach den Eingang zu! Hier wird es allmählich ungemütlich!"

Mit einem Satz war Elisa in der Silberkugel. Während die Panzerglasscheibe herabfuhr, klatschte noch ein Ei ins Innere der Kanzel und tropfte klebrig von der Seitenwand. Endlich war die Scheibe geschlossen.

„Was hast du da bloß angestellt!", fuhr Elisa den Fuchs an.

„Reg dich doch nicht so auf", brummte er. „Aufregung schadet der Verdauung."

Sein Bauch war auffallend gerundet. An seiner Schnauze und am Brustfell klebten kleine Schalensplitter.

„Du hast also Eier geklaut", schlussfolgerte Elisa mit aufkommendem Zorn.

„Geklaut?“, erwiderte er mit Unschuldsmine. „Da standen Kisten voller Eier unbeaufsichtigt in der Gegend herum.“
„Und was ist das für ein Gepolter gewesen?“, stellte Elisa ihn zur Rede.
„Das war ich nicht“, beteuerte der Fuchs. „Das war nur ein ziemlich großer Eierkistenstapel, der plötzlich umfiel, nur weil ich ein Ei aus der untersten Kiste genommen hatte.“
Elisa tastete mit den Fingern über ihre verkleisterten Haare.
„Ääks“, machte sie angewidert und sah den Fuchs böse an. „Und hättest du deine Pfoten nicht davon lassen können? Du hast da draußen einen richtigen Eier-Krieg ausgelöst!“
Der Fuchs putzte sich genüsslich schmatzend die Schnauze. Plötzlich ließ er einen satten Rülpser hören. Elisa verdrehte seufzend die Augen.
„…zeihung“, stöhnte der Fuchs. Er blickte durch das Panzerglas nach draußen, wo immer noch die Eier flogen und meinte kopfschüttelnd: „Was für ein blöder Planet. Überall Eier, aber kein einziges Hühnchen.“
„Nun, guck dir bloß mal an, wie es jetzt hier drin aussieht!“, schimpfte Elisa während sie sich Haare und Finger notdürftig mit einem Handtuch säuberte. „Diese ganze Eierpampe hab ich nur dir zu verdanken!“

Beim Abflug fasste Elisa den Entschluss, künftig einen großen Bogen um solche Hutkrempenplaneten zu machen.

34. Ein unerquicklicher Disput

„Wenn du so vor dich hin pfeifst“, sagte Elisa, „dann muss ich immer denken, du führst irgendwas im Schilde.“
Der Fuchs reagierte nicht. Er spähte die ganze Zeit sehr aufmerksam nach draußen. Jeden vorüberziehenden Asteroiden musterte er mit äußerst wachen Augen.
„Von irgendwo müssen diese beiden Dummköpfe die vielen Eier doch herbekommen haben“, sprach er wie zu sich selbst. „Also muss es hier in der Nähe Hühner geben.“
Elisa schüttelte missbilligend den Kopf. Völlig selbstvergessen begann der Fuchs zu schwärmen: „Es ist ein großartiges Gefühl, wie der Blitz in eine Hühnerschar einzubrechen. Was die dann für ein Spektakel machen, wenn sie mit den Flügeln schlagen und in die Höhe springen, dass die Federn fliegen! Herrlich, sie zu packen und ihnen die Kehle aufzureißen, wenn ihr Fleisch noch lebenswarm ist, wenn sie mit den appetitlichen Schenkeln zappeln, wenn ihr Blut noch ganz frisch duftet und wenn …“
„Pfui, ist das widerlich!“, empörte sich Elisa. „Davon wird einem ja übel!“
Der Fuchs hielt inne und wandte sich Elisa zu.
„Nun tu doch nicht so, als würdest du keine Hühnchen mögen“, stichelte der Fuchs. „Es roch eigentlich recht oft nach gebratenem Hühnerfleisch aus euerm Küchenfenster.“
„Aber doch nicht so!“, versuchte sich Elisa zu rechtfertigen. „Wie kann man so grausam sein, ihnen die Kehle aufzureißen!“
„Ja, du überlässt das Töten lieber anderen“, meinte der Fuchs. „Ihr Zweibeiner lasst eure Futtertiere in eigens dafür eingerichteten Fabriken erstechen und erschlagen, damit euch nicht der Appetit vergeht bei dem jämmerlichen Gezappel und Gestoße, bei dem angstvollen Quieken, Muhen und Blöken, bei dem vielen Blut, das dort an die Wände spritzt und auf den Boden fließt …“

„Sei doch endlich still!“, rief Elisa, doch der Fuchs ließ seinen Redefluss nicht aufhalten.
„…und bei dem Gestank der herausquellenden Eingeweide. Ihr kocht, bratet und räuchert, zerschneidet und zermahlt euer Futter, bis nichts mehr an das Tier erinnert, welches das Gulasch, das Schnitzel und die Wurst einmal waren. Damit ihr ja nur kein schlechtes Gewissen bekommt bei dem Gedanken, dass die Mahlzeit auf euerm sauberen Teller einmal lebendig war und dass sie sehen, hören, riechen, schmecken und fühlen konnte – genau wie ihr!“
Darauf fand Elisa keine Erwiderung.
„Nicht genug damit, dass ihr die Tiere fresst“, legte der Fuchs noch eins drauf, „Ihr macht euch obendrein Jacken und Mützen aus ihren Häuten und lauft damit völlig ungeniert in aller Öffentlichkeit herum! Das ist genau so, als würde ich mich mit Hühnerfedern oder Karnickelfellen behängen.“
Elisa schwieg mit verkniffenen Lippen. Der Fuchs sah sie von unten herauf an. Sie wich seinem Blick aus.
„Ach, was bin ich doch nur für ein widerwärtiges Raubtier. Nicht wahr?“, seufzte der Fuchs und grinste.

35. Die friedliche Stachelkugel

Elisa sichtete einen äußerst imposanten Asteroiden, der wie eine Stachelkugel aussah. Beim Näherkommen erkannte sie, dass es sich bei den vermeintlichen Stacheln um lauter Raketen handelte, die dicht an dicht standen wie Bäume im Wald. Neugierig umkreiste sie den Himmelskörper. Da erblickte sie einen Mann in Generalsuniform aufrecht zwischen den Raketen stehen. Elisa

hielt die Silberkugel über ihm schwebend an und öffnete die Scheibe.
„Hallo“, grüßte sie höflich von oben herab.
„Guten Tag“, antwortete der General zackig, indem er die Fingerspitzen der gestreckten Hand an den Rand seines Stahlhelms legte. Dann fragte er forsch: „Bist du ein Feind?“
„Ich? Nein. Aber was machen Sie denn da. Ist es nicht unbequem?“
„Das ist ein militärisches Geheimnis.“
„Aha. Und wozu haben Sie sich diesen Topf auf den Kopf gesetzt? Meine Oma hat so einen ähnlichen unter ihrem Bett zu stehen, aber der hat einen Henkel an der Seite.“
„Kannst du dich ausweisen?“, fragte der General mit strengem Blick. Elisa schüttelte bedauernd den Kopf.
„Wenn du keine Ausweispapiere vorweisen kannst, sollte ich eigentlich gar nicht mit dir reden.“
„Warum nicht?“, wollte Elisa wissen.
„Weil ich nicht weiß, wer du bist. Womöglich bist du eine Spionin?“
„Oh nein“, beeilte sich Elisa zu versichern. „Eine Spionin bin ich nicht. Ich heiße Elisa.“
„Woher soll ich wissen, ob das dein richtiger Name ist?“, misstraute ihr der General. „Wenn du mich belügst, muss ich dich sofort festnehmen.“
„Mit vollem Namen heiße ich Elisabeth Rose“, gab Elisa ein wenig verunsichert zu. „Aber alle rufen mich nur Elisa. Und mein Großvater hat mich immer Lieschen genannt.“
„Und was ist das für ein Haustier, das du da bei dir hast?“, fragte der General.
Elisa bemerkte, wie der Fuchs genervt die Augen nach oben verdrehte.
„Kein Haustier. Das ist ein Fuchs.“

„Soso“, konstatierte der General. „Und was suchst du hier auf meinem militärischen Stützpunkt?“
„Ich bin auf der Suche nach dem kleinen Prinzen.“
„Hier ist aber niemand außer mir“, stellte der General klar. „Es ist ja auch kein Platz mehr. Nicht einmal für einen sehr kleinen Prinzen. Ich kann mich selbst kaum bewegen.“
„Ja, das dachte ich mir schon. Aber sagen Sie bitte, wozu brauchen Sie die vielen Raketen.“
„Für meine Sicherheit“, erklärte der General. „Wenn mich ein Feind angreifen will, schieße ich einfach eine Rakete auf ihn ab und vernichte ihn.“
„Oh. Haben Sie denn viele Feinde?“
Der General zuckte die Schultern.
„Man kann nie wissen.“
Elisa wurde es ein bisschen unheimlich zumute, wie sie da über den vielen startbereiten Raketen schwebte.
„Und haben Sie schon viele Angreifer vernichtet?“
„Wo denkst du hin!“, rief der General. „Das wäre glatter Selbstmord! Wenn ich nur eine einzige von diesen Raketen abschießen würde, dann wäre hier eine so unvorstellbare Hitze, dass alle anderen Raketen samt meinem ganzen Planeten explodieren würden. Darum bin ich im Grunde der friedliebendste Mensch, den du dir vorstellen kannst.“
„Nichts wie weg hier!“, zischte der Fuchs.
„Wiedersehen!“, rief Elisa und schloss eilig die Scheibe.
„Ich habe keinesfalls die Absicht, meine Raketen abzuschießen!“, rief ihnen der General noch nach. „Die dienen einzig und allein meiner Sicherheit!“

36. Der königliche Präsident

Auf dem nächsten Planeten saß ein Mann in einem korrekten Anzug mit Weste, weißem Hemd und Krawatte sehr majestätisch auf einem beeindruckenden Lehnstuhl.
„Verzeihung", sagte Elisa, als sie sich ihm näherte. „Sind Sie hier der König?"
Der Mann lächelte und erklärte: „Die Monarchie ist abgeschafft. Hier herrscht die Demokratie. Der König ist im Exil."
„Ach, dann sitzen *Sie* jetzt auf seinem Thron?", schlussfolgerte Elisa.
„So ist es", bestätigte der Mann. „Ich bin übrigens der Präsident. Du darfst Exzellenz zu mir sagen."
Sein Blick fiel auf den Fuchs, der hinter Elisas Beinen hervorlugte.
„Oh, was für ein hübscher kleiner Fuchs", bemerkte er mit einnehmendem Lächeln. „Füchse stehen hier unter Naturschutz."
Misstrauisch blinzelte der Fuchs ihn an. Weil Elisa viel zu beeindruckt war, um das Gespräch ihrerseits fortzusetzen, fragte der Präsident zuvorkommend: „Womit kann ich dienen?"

Das freundliche Gebaren des hohen Würdenträgers machte Elisa Mut, ihr Anliegen ganz ausführlich vorzutragen. Sie nannte ihm nicht nur den Grund ihrer Reise, sondern sprach auch von den vielen Schwierigkeiten dieser kosmischen Irrfahrt. Dabei stellte sie fest, dass der Mann ein äußerst aufmerksamer Zuhörer war. Er nickte ihr ein ums andere Mal aufmunternd zu und machte sich sogar Notizen auf einem kleinen Blatt Papier, wohl um sich alles ganz genau merken zu können.

Nachdem Elisa geendet hatte, sah er sie wohlwollend an und sagte in mildem Tonfall: „Du möchtest also, dass ich dir helfe, den Planeten des …" – hier blickte er kurz auf seine Notizen – „…des kleinen Prinzen zu finden?"

Elisa nickte hoffnungsvoll.
„Es gibt wirklich nichts, was ich lieber täte“, versicherte der Präsident. „Ich werde meine ganze Kraft, all mein Bemühen und meine Fähigkeiten auf dieses eine Ziel richten. Nichts wird mich dabei aufhalten. Ich werde die Erfüllung deines Wunsches zu meiner ureigensten Aufgabe machen.“
Elisa war angenehm überrascht, eine so tatkräftige Hilfe gefunden zu haben.
„Aber zuvor“, fuhr der Präsident fort, „zuvor brauche ich dein Mandat.“
„Mein was?“

„Nun, du musst mir deine Stimme geben.“
Elisa verstand nicht gleich, was gemeint war, und griff sich ein wenig besorgt an den Hals. Der Präsident blickte sie erheitert an

und erklärte geduldig: „Du musst mir eine Vollmacht erteilen. Das heißt, du musst mich zunächst wählen, damit ich überhaupt die erforderliche Berechtigung zum Handeln habe.“
„Und wie mache ich das?“, wollte Elisa wissen.
„Das ist ganz einfach“, beruhigte sie der Präsident, wobei er ihr einen zusammengefalteten Zettel reichte. „Du brauchst diesen Zettel nur in die Wahlurne da zu werfen. Dann werden die Stimmen ausgezählt. Und wenn ich die Mehrheit habe, darf ich dir als dein Präsident zu Diensten sein und mich um alle deine Belange kümmern.“
„Ja, wenn das alles ist“, meinte Elisa schulterzuckend.
„Das ist alles“, lächelte der Präsident und beobachtete mit aufmunterndem Nicken, wie Elisa den Zettel durch den Schlitz des vor ihr stehenden Holzkastens steckte. Gleich darauf entnahm er dem Kasten das Papier wieder. Er entfaltete es, erhob sich feierlich und rief begeistert aus: „Ich beglückwünsche mich zu meiner Wiederwahl zum Präsidenten! Ich habe mit absoluter Mehrheit gewonnen! Es lebe die Demokratie!“

Höchst zufrieden setzte er sich wieder in seinen Lehnstuhl und wiederholte sanft: „Du darfst Exzellenz zu mir sagen.“
Der Präsident erging sich in einem längeren, würdevollen Schweigen. So verstrich eine geraume Zeit. Elisa und der Fuchs sahen sich verstohlen an. Weil sonst nichts weiter geschah, trat Elisa endlich einen Schritt näher und sagte in ehrfurchtsvoll gedämpftem Tonfall: „Sie wollten doch etwas für mich tun, Herr Exzellenz.“
Der Präsident schlug sich mit der flachen Hand an die Stirn.
„Ah, natürlich!“, erinnerte er sich. „Niemand soll von mir behaupten, dass ich meine Wahlversprechen nicht einhalte.“
Er stellte ein Mikrofon auf, räusperte sich und hielt mit erhobener Stimme eine flammende Rede, die mit beeindruckendem Widerhall ins Universum hinaus dröhnte:

„Hochverehrte Anwesende! Als auf diesem wunderschönen Planeten noch mit monarchistischen Methoden in absolutistischer Weise geherrscht wurde, wäre es völlig undenkbar gewesen, den Gedanken an das Wohlergehen des Volkes zum wichtigsten Anliegen der Regierung zu erheben. Denn erst unter meiner Präsidentschaft, dass möchte ich hier ganz ausdrücklich betonen, ist die strahlende Sonne der Demokratie aufgegangen. Und der Gedanke an das Wohlergehen des Volkes ist zum wichtigsten Anliegen der Regierung erhoben worden. Dies wäre völlig undenkbar gewesen, als auf diesem wunderschönen Planeten noch mit monarchistischen Methoden in absolutistischer Weise geherrscht wurde. Es lebe die Demokratie!"

Der Präsident stellte das Mikrofon weg, tupfte sich mit seinem Taschentuch die Stirn und setzte sich mit deutlichen Anzeichen einer leichten Erschöpfung wieder in seinen Lehnstuhl. Dann lächelte er mit verklärtem Blick still vor sich hin. Wieder verstrich eine Zeit angemessenen Schweigens.

„Herr Exzellenz?", meldete sich Elisa bescheiden zu Wort.

„Bitte?", fragte der Präsident verwirrt, weil er anscheinend mit seinen Gedanken schon wieder ganz woanders war.

„Sie wollten mir doch helfen, den kleinen Prinzen zu finden", erinnerte ihn Elisa.

„Ja, selbstverständlich", bestätigte der Präsident. „Aber beim Regieren muss man Prioritäten setzen. Das heißt, die wichtigsten Dinge müssen zuerst erledigt werden, und danach kommen die weniger wichtigen dran."

„Aber Sie haben doch selbst gesagt …", stammelte Elisa. Nun schien der Präsident ein wenig ungehalten zu werden.

„Jetzt hör mir mal gut zu", sagte er. „Das wichtigste Anliegen meiner Regierung ist das Wohlergehen des ganzen Volkes. Und dazu gehöre natürlich auch ich. So ist das in einer Demokratie.

Zunächst einmal erlasse ich einen Beschluss, dass du mir den Rücken zu kratzen hast, falls er zu jucken beginnt, wie das gelegentlich vorkommt. Zum anderen muss ich mir Gedanken darüber machen, wer die Heizung unter meinem Amtssitz repariert, denn nachts wird es hier empfindlich kühl. Außerdem gibt es eine Rattenplage auf diesem Planeten; ein übles Erbe der monarchistischen Misswirtschaft. Die verdammten Biester haben ihn genau hier drunter schon mächtig ausgehöhlt. Und sie vermehren sich rasend schnell. Das ist eine gefährliche Untergrabung der Demokratie. Ich könnte mit meinem Stuhl einbrechen und stürzen. Darum ernenne ich dich zu meiner Justizministerin."

„Ja, aber …", stammelte Elisa.

„Keine Bange", beruhigte sie der Präsident. „Das ist zwar eine verantwortungsvolle, aber auch sehr einfache Aufgabe. Du wirst den Fuchs anweisen, die Ratten zu fangen. Und dann wirst du sie zu lebenslanger Haft verurteilen und sie in einen Käfig sperren. Die Todesstrafe ist ja leider abgeschafft."

„Seh ich vielleicht aus wie ein Rattenfänger?", knurrte der Fuchs.

„Eigentlich wollte ich gar nicht hierbleiben", beeilte sich Elisa klarzustellen.

Der Präsident senkte unwillig seine Augenbrauen.

„Du scheinst die Demokratie misszuverstehen", sagte er kühl. „Die Zeit der monarchistischen Befehle ist vorbei. Dafür gibt es jetzt demokratische Beschlüsse. Aber was letztendlich gemacht wird, entscheide natürlich ich."

Der Präsident straffte sich auf seinem Lehnstuhl und fuhr mit erhobener Stimme fort: „Ich bin eine Autorität! Du hast mich schließlich mit überwältigender Mehrheit gewählt. Darum habe ich das Recht, Gehorsam von Dir zu verlangen."

Und etwas ruhiger, doch nicht weniger nachdrücklich, setzte er hinzu: „Außerdem kann es nach unseren demokratischen Grundsätzen nicht zu deinen vordringlichen Aufgaben gehören, einem

Prinzen, also einem Aristokraten zu helfen. Deine wahren Interessen liegen hier auf diesem Planeten."
„Ich wäre mir da nicht so sicher, Herr Exzellenz", meinte Elisa zaghaft. „Wäre es nicht möglich, dass Sie sich in diesem Punkt irren?"
„Ob etwas ein Irrtum oder kein Irrtum ist, das entscheidet allein die Mehrheit", ereiferte sich der Präsident. „Gemäß unseren demokratischen Statuten zählt die Stimme des Präsidenten doppelt. Also habe *ich* hier die absolute Mehrheit. Darum sind in unserer Demokratie Irrtümer praktisch ausgeschlossen."
„Halten Sie das wirklich für vernünftig?", fragte Elisa.
„Natürlich", antwortete der Präsident mit würdevollem Ernst. „In unserer Demokratie hat das Volk einen gesetzlich verbrieften Anspruch darauf, mit Vernunft regiert zu werden."
„Aber *ich* bin doch das Volk", wandte Elisa ein.
„So ist es", stimmte der Präsident zu.
„Dann darf ich doch auch sagen, was ich für vernünftig halte", schlussfolgerte Elisa.
„Selbstverständlich", bestätigte der Präsident. „In unserer Demokratie herrscht absolute Meinungsfreiheit. Aber was letztendlich vernünftig ist und was nicht vernünftig ist, das entscheidet natürlich die Mehrheit, also ich."
Plötzlich verzog der Präsident sein Gesicht.
„Hach, verflixt, jetzt geht es wieder los!", stöhnte er. „Mein Rücken! Ich fasse jetzt den demokratischen Beschluss, dir die verantwortungsvolle Aufgabe zu erteilen, mich zu kratzen."
Elisa hatte endgültig genug. Sie stieg wieder in die Silberkugel, wo der Fuchs bereits mit ungeduldig kreisenden Ohren auf sie wartete.
„Wissen Sie was?", rief sie dem verdutzt blickenden Präsidenten zu, während sich die Kanzel schloss. „Suchen Sie sich ein anderes Volk!"

37. Vergängliche Unvergänglichkeit

Bald sichtete Elisa einen weiteren Kleinplaneten, der ihr Interesse erregte und hielt erwartungsvoll auf ihn zu.
Auf dem Planeten saß ein weißbärtiger Mann an einem Schreibtisch inmitten schulterhoher Bücherstapel. Er war so sehr in seine Arbeit vertieft, dass er Elisa erst bemerkte, als sie vor ihm stand. Erschrocken blickte er auf.
„Bist du eine Forscherin?“

„Nein, nicht direkt“, antwortete Elisa.
„Da bin ich aber beruhigt“, meinte der alte Herr aufatmend. „Ich habe nämlich keine Zeit mehr für Forscher. Es hat sich in den letzten Jahren so viel verändert, dass ich mit dem Aufschreiben gar nicht mehr nachkomme. – Oh, was für ein netter, kleiner Hund!“
Der Fuchs schielte von unten zu Elisa herauf.
„Was für ein netter, alter Idiot!“, wisperte er. „Ich wette, der kann ein Gesicht nicht von einem nackten Hintern unterscheiden.“
Elisa beeilte sich, das peinliche Thema zu wechseln.

„Ich habe mich möglicherweise verflogen. Können Sie mir sagen, wo wir hier sind?“
Der Mann legte den Kopf schief, als dächte er über die Frage nach. Dann meinte er: „Das ist geographisch nicht so leicht zu erklären.“
Da fiel es Elisa wie Schuppen von den Augen.
„Sind Sie etwa der Geograph aus dem Buch vom kleinen Prinzen?“
„Ja, aber ich bin völlig überlastet“, antwortete der Mann. Hoffnungsvoll fragte Elisa weiter: „Erinnern Sie sich an ihn? Er hatte weizenblondes Haar und er trug einen gelben Seidenschal.“
Die verkniffene Miene des Geographen erhellte sich.
„Natürlich“, sagte er und schwärmte: „Ach, das waren noch Zeiten damals! Als er mich besuchte, war vieles noch von Bestand: die Flüsse, die Wüsten, die Wälder und vor allem die Städte. Es änderte sich kaum einmal etwas. Aber jetzt ist alles in rasendem Wandel. Ständig entstehen neue Ansiedlungen. Große Flüsse werden gestaut und umgeleitet. Eisenbahnstrecken, Stromtrassen und breite Straßen werden gebaut. Die Gletscher in den Gebirgen schmelzen unaufhörlich zusammen. Die Wüstengebiete weiten sich mehr und mehr aus. Die Urwälder werden immer kleiner. Einige musste ich schon ganz aus den Landkarten tilgen. Ich habe Tag und Nacht zu tun, meine Bücher zu korrigieren.“
„Ich möchte Sie nicht lange aufhalten“, versicherte Elisa mit rücksichtsvoll gedämpfter Stimme. „Ich möchte nur wissen…“
„Dieser kleine Prinz …“, überlegte der Geograph. „Mein Gott, wie lange ist das schon her! Weshalb fragst du nach ihm?“
Elisa war unschlüssig, was sie darauf antworten sollte, denn danach hatte sie noch nie jemand gefragt.
Sie errötete heftig.
„Oh, ich verstehe“, bemerkte der Geograph mit einem diskreten Lächeln und sagte: „Er war ein liebenswerter Junge. Ich glaube, er hatte mir etwas von einer Blume erzählt.“

Der alte Herr versank in tiefes Nachdenken.
„Ich habe leider vergessen, was mit der Blume gewesen war", murmelte er. „Das kommt daher, dass ich immer nur die unvergänglichen Dinge notiert habe. Vielleicht wäre es gut gewesen, wenn ich auch das Vergängliche aufgeschrieben hätte. Zum Beispiel Blumen … Dann hätte ich mich an viel Schönes erinnern können. Schöne Erinnerungen sind wie Balsam für das Herz. Aber leider hatte ich niemals Zeit dafür."
„Können Sie mir wenigstens sagen, aus welcher Richtung er kam?", fragte Elisa. Der Geograf breitete hilflos seine Arme aus.
„Selbst wenn ich es noch wüsste", erwiderte er, „was könnte dir die Richtung nützen, aus der er damals kam? Was früher einmal die richtige Richtung war, kann heute absolut falsch sein. Die Zeit, weißt du, die Zeit wirbelt alles durcheinander, die Sterne und die Planeten, das Richtige und das Falsche."
Elisas Blick schweifte bekümmert über den weiten Sternenhimmel. Der Geograf hob bedauernd die Schultern.
„Es liegt an der Zeit", seufzte er. „Die Zeit lacht über die Beständigkeit der Dinge. Sie wird nicht eher ruhen, bis alle Wellen geglättet und alle Unterschiede aufgehoben sind. Darum sind die Unvergänglichkeiten in meinen Büchern im Grunde ja auch vergänglich. Denn, wie ich schon sagte, die Zeit … Meine Zeit reicht kaum dafür, die Veränderungen der beständigen Dinge aufzuschreiben."
Der Geograf beugte sich trotz seiner müden Augen wieder über die Bücher und setzte seine Arbeit fort.
„Wiedersehen! Und trotzdem schönen Dank!", rief Elisa ihm beim Abflug zu. Doch er hob nur flüchtig winkend die Hand, ohne noch einmal aufzublicken.

38. Ein übel riechendes Hilfsangebot

Der Verkehr auf der regenfeuchten Landstraße hielt sich wahrhaft sehr in Grenzen. Bisher war hier außer dem rasenden Geländewagen nur ein einziges Auto entlanggekommen. Als ich mit dem Abschleppseil winkte, kurbelte der Fahrer des mit Ehegattin, Kindern, Hund, Schwiegermutter und Gepäck vollgestopften Kleinwagens im Vorüberfahren die Scheibe herunter und rief etwas, das wie eine Entschuldigung klang. Ich nickte ihm verständnisvoll zu. Ein so überladenes Auto hätte es wohl kaum geschafft, das meinige über den nächsten Hügel zu ziehen.

Elisa saß derweil auf dem Baumstumpf und verfolgte das Geschehen mit unbewegtem Gesicht. Ich blickte zu ihr hinüber und zuckte hilflos mit den Schultern, wobei ich von dem dunklen Auspuffqualm des davonfahrenden Wagens umhüllt wurde.

„Ist es denn wirklich so dringend, jemandem etwas zu verkaufen, das er eigentlich nicht braucht?“ fragte sie.

„Er wartet schließlich“, antwortete ich hartnäckig. „Na ja, eigentlich wird er schon nicht mehr warten, weil ich viel zu spät bin. Aber versuchen muss ich es trotzdem.“

Obwohl Elisa nichts darauf erwiderte, verspürte ich das Bedürfnis, mich zu rechtfertigen: „Wenn man als Schiffsglockenverkäufer etwas in seinem Beruf erreichen will, muss man zuverlässig sein. Außerdem muss ich morgen meine Wohnungsmiete bezahlen. Und vor allem, wenn ich keine Ahnung habe, wo der Fehler bei meinem Auto liegt, ob an den Zündkerzen, am Vergaser oder am Anlasser, dann wird sich der Mechaniker in der Werkstatt eine hübsche Geschichte ausdenken. Dann wird er mir vermutlich erzählen, dass die alten Zündkerzen den Vergaser verschmutzt haben, weshalb die Lichtmaschine durchgebrannt ist. Womöglich wird er mir weismachen, dass er einen neuen Motor einbauen muss. Das kann verdammt teuer werden. Und obendrein …“

Ich unterbrach mich, weil ich ein tuckerndes Geräusch hörte. Ein alter Traktor kam in der Kurve hinter dem Hügel zum Vorschein. „Nur noch dieser eine Versuch!“, rief ich Elisa zu. Der Traktor näherte sich recht langsam. Hoffnungsvoll hob ich den Daumen. Dann sah ich, dass er zwei Anhänger hinter sich her zog, die hoch mit dampfendem Mist beladen waren. Ich verzog das Gesicht und blickte zu Elisa hinüber, die sich bereits die Nase zuhielt. Der Gestank wurde so schlimm, dass ich kaum noch atmen konnte. Der Fahrer, der sicher ein hilfsbereiter Kerl war, hielt an, obwohl ich meinen Daumen längst wieder gesenkt hatte. Dem Ersticken nahe machte ich ihm heftige Zeichen, doch bitte weiterzufahren.

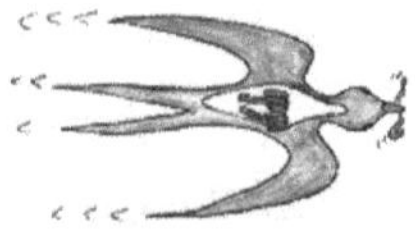

39. Der Wunschtraum des Goldgräbers

Die Silberkugel tauchte stetig tiefer und tiefer in den Sternenhimmel hinein. Eine lange Zeit war nichts zu hören, außer dem leisen Summen des Psychokinetors.

Plötzlich hob der Fuchs den Kopf. Er presste seine Nase an die Kanzelscheibe und starrte angespannt in die kosmische Dunkelheit hinaus. Heftig trat er mit der Hinterpfote gegen Elisas Fuß, die in der schweigenden Monotonie der langen Reise eingenickt war.

„Achtung!“, rief er. „Da vorne ist was!“

Elisa schreckte auf. Völlig überraschend, wie aus dem Nichts, tauchte ein dunkler Schatten vor ihnen auf. Im letzten Moment riss sie das Steuerhorn herum und schoss knapp an ihm vorbei.

„Was war das?“, fragte sie verwirrt. „Warum hab ich es erst so spät gesehen?“

„Weil du eine verschlafene Trine bist!“, schimpfte der Fuchs. „Wenn ich nicht aufgepasst hätte, wären wir beide jetzt hinüber!“
Obwohl Elisa der Schreck noch in allen Gliedern saß, wendete sie und flog den rätselhaften Himmelskörper mit gedrosseltem Tempo erneut an. Vor ihnen tauchte ein Kleinplanet auf, der von einer grauschwarzen Wolkenschicht umhüllt war. Deswegen also war er von weitem nicht erkennbar gewesen. Er hatte die ungefähre Größe eines fünfstöckigen Wohnhauses. Die Silberkugel tauchte in die Wolken ein. Die vielen Sterne ringsum waren auf einmal nicht mehr zu sehen.
„Du willst auf diesem verräucherten Dreckklumpen landen?“, mäkelte der Fuchs. „Ich hab keine Lust, hier auszusteigen.“
Elisa ging stillschweigend über die Einwände ihres Reisebegleiters hinweg. Kurz bevor sie mit der Silberkugel aufsetzen wollte, erkannte sie durch den umherwabernden Rauch einen Mann mit geschwärztem Gesicht in schmutziger Arbeitskleidung. Er winkte heftig und schien ihr etwas zuzurufen. Um ihn verstehen zu können, öffnete Elisa die Scheibe. Ein beißender Geruch drang in die Kanzel.
„Nicht dort landen!“, hörte sie den Mann rufen. „Komm hierher!“
Elisa lenkte die Silberkugel zu dem qualmenden Feuer, über dem ein berußter Schmelztiegel hing. Stickige Rauchschwaden wurden vom Wind um den ganzen Planeten geweht. Angewidert verbarg der Fuchs die Schnauze in seinem dichten Bauchfell.
„Wenn du da hinten gelandet wärst, hättest du einbrechen können“, sagte der Mann mit heiserer Stimme. „Dort ist die Planetenoberfläche ziemlich dünn.“
„Woher kommt das?“, fragte Elisa.
„Früher war dies ein schöner Planet“, antwortete der Mann, während er mit einer Stange in dem Tiegel rührte. „Es gab hier Bäume, Gras und Blumen. Sogar Schmetterlinge. Ich hatte auch zwei Singvögel und eine glasklare Quelle, die in einen kleinen Teich

floss, in dem Frösche quakten und Fische spielten. Aber eines Tages machte ich die freudige Entdeckung, dass es Gold auf meinem Planeten gibt."

Elisa wollte etwas sagen, doch als sie den Mund öffnete, musste sie husten.

„Jetzt bin ich dabei, das Gold zu fördern", erklärte der Mann. „In diesem Tiegel schmelze ich es und mache Barren daraus."

Stolz deutete er auf einen großen Haufen ziegelsteingroßer, goldener Quader.

„Und wo sind jetzt die Bäume, die Blumen, die Vögel und die Fische?", fragte Elisa, wobei sie sich ihr Taschentuch vor den Mund hielt.

„Die Vögel zogen fort", sagte der Goldgräber, „weil ich die Bäume verheizen musste, um das Gold zu schmelzen. Die Blumen sind eingegangen, weil sie wegen des Rauches nicht mehr genügend Sonne bekamen. Als es keine Blumen mehr gab, verschwanden auch die Schmetterlinge. Und weil ich immer tiefer graben musste, um Gold zu finden, versiegte die Quelle und der Teich trocknete aus. Schade um die Frösche und Fische, aber da kann man nichts machen. Nur ein paar Mücken sind noch hier, die mir das Blut aussaugen, wenn ich schlafe."

Der Goldgräber hustete und sprach weiter: „Weil ich kein Holz mehr habe, muss ich mit Braunkohle heizen. Sie ist leider etwas feucht und qualmt deswegen stark. Ich fördere sie dort hinten aus meinem Planeten. Darum ist er an der Stelle schon ganz ausgehöhlt. Man könnte einbrechen."

„Wozu brauchen Sie das viele Gold eigentlich?", wollte Elisa wissen. Der Goldgräber hielt im Rühren inne und blickte auf.

„Wozu ich es brauche?", wiederholte er höchst verwundert. „Aber das ist doch sonnenklar. Wenn ich erst alles Gold gefördert habe, werde ich unermesslich reich sein. Dann kann ich mir alles kaufen, alles, was das Herz begehrt."

„Und was werden Sie sich kaufen?“, fragte Elisa. Da wurde das rußige Gesicht des Goldgräbers von einem verklärten Lächeln erhellt.
„Ich träume davon, mir einen wunderschönen Planeten zu kaufen mit Bäumen, Blumen, Schmetterlingen und einer klaren Quelle, die in einen Teich fließt, in dem Fische …“
Der Mann unterbrach sich, weil er wegen einer aufsteigenden Qualmwolke von einem mächtigen Husten geschüttelt wurde. Als er wieder Luft bekam, krächzte er: „Dann kann ich endlich meinen Husten auskurieren.“

„Gute Besserung!“, rief Elisa ihm noch zu, wobei sie die Kanzel schloss und den Startknopf betätigte.
Als ringsum die Sterne wieder leuchteten und der verräucherte Planet im Dunkel des Alls versunken war, hob der Fuchs seine Nase und bemerkte: „Stell dir vor, der Dummkopf würde auf seinem neuen Planeten wieder anfangen, nach Gold zu graben.“

40. Das Raubtier

Seit dem Beinahe-Zusammenstoß mit dem Goldgräberplaneten flog Elisa grundsätzlich mit eingeschaltetem Scheinwerfer, um solche dunklen, kosmischen Gefahrenquellen rechtzeitig erkennen zu können. Doch es wurde auch auf andere Weise gefährlich. – Sogar sehr gefährlich!

Elisa spürte, dass es Zeit wurde, eine Ruhepause einzulegen. Sie musste bereits ein ums andere Mal gähnen, und es kam immer wieder vor, dass sie aufschreckte, weil ihr die Augen zugefallen waren. Wenn man im weiten Weltall unterwegs ist, gibt es ja bekanntlich keine Tage und Nächte, nach denen man sich mit dem Schlafen und Wachen richten könnte, weil es nirgendwo einen Horizont gibt, wo die Sonne auf- und untergeht. Darum kommt die Müdigkeit ganz unmerklich und zieht einem die Augenlider mit sanfter Gewalt herab.

Elisa bemerkte einen Himmelskörper, der in einem grünlichen Farbton leuchtete. Weil um ihn herum eine atmosphärische Hülle zu erkennen war, wich sie von ihrer eigentlichen Flugroute ab und steuerte auf ihn zu. Er entpuppte sich als wunderschöner, mit Gras und Blumen bewachsener Asteroid. Es war eine einzige, herrliche Sommerwiese, die still ihre Bahn um die Sonne zog. Die Spitzen der Gräser wiegten sich in einem sachten Windhauch. Grüngestreifte Bienen summten friedlich in der blütenduftenden Luft umher. Der glasklare Himmel ließ einige besonders helle Sterne durch seine tiefblaue Fläche scheinen. Fünf oder sechs weiße Schäfchenwolken zogen gemächlich über ihn dahin, so als putzten sie ihn sauber, damit er umso wundervoller glänzte.

Elisa schnallte den Fuchs los, der ganz aufgeregt zu sein schien.
„Und der Maulkorb?“, fragte er fordernd. „Was wäre, wenn ich hier eine Maus oder ein Kaninchen finde und nicht zupacken kann?“
Elisa tat einfach was er verlangte, weil sie viel zu müde war, um sich unnachgiebig zu zeigen. Sogleich sprang der Fuchs über die Wiese davon. Er schien sehr froh über den lange entbehrten Auslauf zu sein. Verspielt haschte er nach einem großen, rotgesprenkelten Schmetterling. Im nächsten Moment war er im kniehohen Gras verschwunden.

Gähnend griff sich Elisa den Schlafsack und ging ein Stück abseits. Sie hatte kaum noch die Kraft, ihre Schuhe auszuziehen, den Stirnreifen abzunehmen und den Schlafsack zu entrollen. Noch während sie sich in ihn hineinkuschelte, schlief sie tief und fest ein …

Es summte und knackte, es blitzte und rumpelte!

Elisa schrak empor und blickte sich verwirrt um. Das Rumoren kam von der Silberkugel, die heftig auf ihren Teleskopbeinen zitterte und bebte. Was war da los? Die Panzerglasscheibe bewegte sich ruckweise hoch und nieder, ohne sich ganz zu schließen. Das blaue Leuchten flackerte auf und erlosch wieder. Blitze tanzten über das spiegelnde Metall. Elisa wollte ihren Augen nicht trauen: Der Fuchs hockte auf dem Pilotensessel! Seine Schnauze reichte knapp über das Steuerpult. Seine Pfoten drückten auf alle möglichen Schaltknöpfe. Elisa sprang auf, griff sich ihre Schuhe, tastete nach dem Stirnreif, den sie neben sich abgelegt hatte. - Der Stirnreif war weg!

Der Fuchs konnte die Kanzelscheibe nicht schließen, so sehr er sich auch bemühte. Als er Elisa auf sich zu rennen sah, hechtete er aus der Silberkugel und sprang davon. Der Stirnreif baumelte locker an seinem Hals.

„Na warte!“, keuchte Elisa und rannte ihm hinterher. Sie hatte gute Aussichten, ihn einzuholen, denn das hohe Gras war dem kurzbeinigen Burschen hinderlich. Elisa kochte vor Wut. Sie kam dem Fuchs näher und näher. Da breitete sich ein Schatten vor ihnen aus. Hier begann die Nachtseite des Planeten. Im Nu war der Fuchs in der Dunkelheit verschwunden. Vorsichtshalber blieb Elisa stehen. Es erschien ihr viel zu gewagt, in der Dunkelheit über einen unbekannten Planeten zu rennen. Wie leicht hätte sie über etwas stolpern und hinschlagen können. Es war ja auch möglich, dass da irgendwo ein Loch war, in das sie fallen oder ein Hindernis, an dem sie sich stoßen könnte. Sie lauschte, doch es war nichts zu hören; kein Rascheln. Der Fuchs duckte sich vermutlich ganz in der Nähe reglos ins Gras.

„Fuchs!“, rief sie in die Dunkelheit hinein. „Es hat doch keinen Zweck, wegzulaufen!“

Aber der Fuchs meldete sich nicht. Elisa fiel ein, dass sie seine Gedankensprache ohne den Stirnreif ja gar nicht empfangen und verstehen konnte.

„Sei vernünftig!“, beschwor sie ihn. „Du hast doch selber gemerkt, dass du die Silberkugel nicht fliegen kannst! Der Stirnreif passt nun mal nicht auf deinen blöden Kopf! Du brauchst mich, um wieder nach Hause zu kommen!“

Es blieb alles still. Nur der kühle Nachtwind ging flüsternd durchs Gras.

„Ich mach dir einen Vorschlag!", setzte Elisa ihr Rufen fort. „Ich gehe jetzt zurück zur Silberkugel! Da treffen wir uns! Und ich verspreche dir …!"

In diesem Moment erscholl ein grollendes Gebrüll, ohrenbetäubend laut. Der ganze Planet erdröhnte. Elisa spürte, wie der Boden unter ihren Füßen erzitterte. Es war, als hätte sich ein Ungeheuer im Schlaf gestört gefühlt und würde nun seinem Unwillen Luft machen. Es graute Elisa so sehr, dass sich ihr die Haare sträubten. Sie kehrte sofort um, zurück in die Helligkeit. Schon erblickte sie den oberen Rand der Silberkugel vor sich am Horizont. Sie lief darauf zu. Es waren nur noch wenige Meter. Auf einmal blieb sie wie angewurzelt stehen. Was sie dort sah, verschlug ihr vollends den Atem. Ein mächtiger Tiger steckte seinen Kopf in die Kanzel und schnüffelte darin umher. Ein gewaltiges Tier, fast so groß wie ein Pferd! Die Streifen in seinem gelblichen Fell, die bei normalen Tigern braun sind, waren bei ihm grün.

Jetzt wandte er sich um und entdeckte das erstarrt dastehende Kind. Er riss das grässliche Maul mit den grauenhaften Reißzähnen auf. Sein Brüllen hallte wie Gewitterdonner ins Weltall hinaus. In wildem Entschluss setzte er zum Sprung an. Elisa rannte los. Noch nie in ihrem Leben war sie schneller gerannt. Sie lief was sie konnte. Ihre wirbelnden Beine peitschten das Gras. Aber wo sollte sie hin? Auf der Wiese gab es nichts, wo sie sich hätte verbergen können. Der Tiger holte rasend schnell auf. Sprung für Sprung kam er näher. Elisa hörte seinen röchelnden Atem. Sie hastete in die pechschwarze Nacht hinein.

‚Nur nicht stolpern!' dachte sie. ‚Nur nicht hinfallen!'

Sie blickte sich um, sah die glühenden Augen ihres Verfolgers und nahm all ihre Kraft zusammen. Sie rannte um ihr Leben.

Rasend schnell hatte sie den Planeten umrundet. Auf seiner Tagseite tauchte die Silberkugel wieder auf. Und dort wartete auch schon der Fuchs. Aufgeregt sprang er in die Höhe, um auf sich aufmerksam zu machen. Er hielt den Stirnreif im Maul und streckte ihn Elisa entgegen, als sie auf ihn zu gestürmt kam. In fliegender Hast ergriff sie den Reif, sprang mit dem Fuchs zusammen in die Kanzel und drückte den Knopf zum Schließen der Scheibe.

Im nächsten Augenblick warf sich der Tiger gegen die Silberkugel, die dadurch fast umkippte. In rasender Wut kratzte er mit seinen fingerlangen Krallen über das Panzerglas. Die Kanzel bebte unter den Schlägen der mörderischen Pranken. Elisas Hände zitterten vor lauter Entsetzen so sehr, dass sie kaum den Startknopf drücken konnte.

41. Das Versprechen

„Eigentlich verdienst du eine ordentliche Tracht Prügel mit der Zaunlatte!", schimpfte Elisa so heftig, dass der Fuchs eingeschüchtert die Ohren anlegte. „Auf dem nächsten Planeten setze ich dich raus, damit du es weißt! Und ich werde mir gründlich überlegen, ob ich dich da wieder abhole, wenn ich zur Erde zurückfliege!"

Elisa zitterte immer noch. Sie hatte eine Riesenwut auf den Fuchs. „Wolltest du tatsächlich abhauen?", stellte sie ihn zur Rede. „Du hättest es fertiggekriegt, mich als Tigerfrühstück zurückzulassen?!"

Der Fuchs machte keinerlei Anstalten, sich irgendwie zu rechtfertigen oder gar zu entschuldigen. Elisa geriet über sein verstocktes Schweigen dermaßen in Rage, dass sie mit der Faust auf das Schaltpult schlug.

„Antworte gefälligst, du heimtückisches Tier!"

Der Fuchs schwieg. Außer sich griff Elisa nach der Zaunlatte. Da duckte sich der Fuchs ängstlich zusammen und rief: „Ich konnte doch nicht wissen, dass da ein Tiger war!"
„Es wäre auch ohne den Tiger schlimm genug gewesen!", schrie Elisa ihn an. Verstohlen schielte er nach der Zaunlatte.
„Wo ist der Maulkorb?", wollte Elisa wissen. Der Fuchs tat so, als hätte er nicht gehört. Er zuckte nur mit den Ohren. Daran erkannte Elisa, dass er sehr wohl Bescheid wusste.
„Also, wo ist er!?"
Der Fuchs schwieg mit verkniffener Schnauze.
„Du kriegst gleich eins mit der Latte!"
„Ich hab ihn auf dem Planeten weggeschmissen", gestand er trotzig.
„Du gemeiner Halunke!", brauste Elisa erneut auf. „Ich hatte den Maulkorb nicht zum Spaß mitgenommen! Er war sehr wichtig!"
„Wichtig?", knurrte der Fuchs aufsässig. „Ich kann mir absolut nicht vorstellen, wozu ein Maulkorb wichtig sein könnte."
„Er war für ein Schaf gedacht", erklärte Elisa erzürnt, „damit es eine wertvolle Rose nicht fressen kann."
„Maulkörbe gehören zu den allerübelsten Erfindungen, die es überhaupt gibt", erwiderte der Fuchs tief empört. „Nur Menschen können sich das einfallen lassen. Schnalle dir doch selber mal so ein Ding vor die Schnauze und lauf nur einen einzigen Tag lang damit rum! Dann weißt du, was das für eine Zumutung ist!"
Elisa hatte nichts mehr darauf zu erwidern. Zögernd ließ sie die Latte sinken.
„Jedenfalls setze ich dich auf dem nächstbesten Planeten aus", beendete sie die Auseinandersetzung und beschleunigte die Silberkugel auf die gewohnte Reisegeschwindigkeit.

Der Fuchs aber schien nach dieser Auseinandersetzung recht nachdenklich geworden zu sein. Nach einer Weile hob er den

Kopf und sagte in ruhigen und gesetzten Worten: „Es ist nun einmal undenkbar, dass Füchse und Menschen Freunde werden. Freunde sind sich stets nah. Aber wir beide, wir brauchen immer einen Abstand zwischen uns. Wir könnten allenfalls ein Abkommen schließen: Du schlägst mich nicht – ich beiße dich nicht. Ich kann dir versprechen, mich daran zu halten. Aber gleichzeitig verspreche ich dir, dass ich nie, niemals dein Freund sein werde."
Elisa empfand das als recht vernünftig.
„Ist gut", stimmte sie zu und schob die Latte in die Maschendrahtrolle zurück.

Das Erlebnis auf dem grünen Asteroiden war so schrecklich gewesen, dass Elisa es nie mehr vergessen konnte. Ihre Furcht vor Tigern war seitdem dermaßen groß, dass sie sich noch viel später auf dem Planeten des kleinen Prinzen erkundigte, ob es dort nicht vielleicht auch … Doch halt! Ich will dem Verlauf der Geschichte nicht vorgreifen.

Auf alle Fälle nahm sich Elisa vor, künftig noch viel vorsichtiger zu sein und einen Himmelskörper erst einige Male auf einer Kreisbahn zu umrunden, bevor sie auf ihm landete.

42. Das Ungeheuer in der Wasserkugel

Der nächste Planet war eine einzige Wüste aus Schnee und scharfzackigem Eis, auf dem es ununterbrochen stürmte und schneite. Bei dem Wetter mochte man wahrhaft keinen Hund vor die Tür jagen, auch keinen Fuchs. Als Elisa die Panzerglasscheibe nur ganz kurz einen Spaltbreit öffnete, trieb der heulende Wind sogleich einen Schauer von Schneeflocken in die Kanzel.

Elisa musste sich unter allen Umständen erst einmal ausschlafen. Der Schlafsack war leider wegen des überhasteten Aufbruchs auf dem Tigerplaneten zurückgeblieben, sodass sie sich jetzt nur auf dem Pilotensitz in ihren Wollpullover kuscheln konnte. Der Fuchs rollte sich auf dem Boden zusammen. Elisa schlief ein, kaum dass sie die Augen geschlossen hatte.

„Wach auf!“, drang die Stimme des Fuchses wie von Ferne in ihr Bewusstsein.
„Wach endlich auf!“
Elisa hob den Kopf.
„Was ist denn?“
„Na, spürst du denn nichts?!“
Es schien so, als würde sich die Silberkugel bewegen. Die Kanzel hatte sich auf die Seite geneigt. Elisa rieb sich schlaftrunken die Augen. Sie wollte nach draußen blicken, doch da war nichts zu sehen. Als sie den Scheinwerfer anknipste, drang nur ein diffuser Schimmer durch die Scheibe.
„Es ist Schnee“, bemerkte der Fuchs. „Wir sind eingeschneit.“
In der Kanzel wurde ein leichtes Zittern spürbar. Elisa schaltete das Außenmikrofon ein. Das Pfeifen des Schneesturms war verstummt. Es waren nur leise plätschernde Geräusche zu hören.
„Was ist das?“, fragte Elisa mit verschlafener Stimme. Ohne zu überlegen drückte sie den Knopf zum Öffnen der Kanzel, und auf einmal …
„Nein!“, schrie der Fuchs. Ein rauschender Wasserschwall drang durch den Spalt. Auf einen Schlag war Elisa hellwach. Sofort schloss sie die Scheibe wieder. Doch der kurze Moment hatte ausgereicht, die Kanzel kniehoch mit eisigem Wasser zu fluten. Draußen war ein lautes Knacken zu hören, die Kugel kippte zur Seite, das Wasser im Inneren schwappte an den Wänden empor. Klatschend schlug es auf Elisa und den Fuchs zurück und durchnässte

sie dabei. Die Kugel versank in einer glucksenden Dunkelheit, wobei sie sich wieder und wieder überschlug. Elisa, der Fuchs und alle losen Gegenstände purzelten durcheinander. Aus dem Schaltpult sprühten Funken, als Wasser darüber schwappte. Die Innenbeleuchtung flackerte. Elisa kam sich vor wie in einer Waschmaschine. Sie konnte das Steuer nicht erreichen. Es war einmal über, einmal unter ihr. Der klitschnasse Fuchs fiel ihr schwer auf den Bauch. Dann rollte sie selber über ihn hinweg, wobei sie ihn ganz unter Wasser drückte. Und bei allem Purzeln und Stürzen ging es abwärts wie in einem Fahrstuhl. Doch schon bald hatte Elisa das Gefühl, als würde die Abwärtsfahrt zum Stillstand kommen. Sie sah den Fuchs aus dem sich emporwölbenden Wasser tauchen. Er spritzte eine Fontäne aus seinem Maul, die merkwürdigerweise eine Kette von Wasserkugeln bildete. Diese Kugeln prallten an die Scheibe und zerplatzten zu Hunderten kleinerer Perlen, die nun durch die Kanzel schwärmten. Auch das restliche Wasser, das vorhin noch wild herumgeplätschert war, formte sich zu wabernden Kugeln. So verhält sich Wasser nur in der Schwerelosigkeit. Das wusste Elisa bereits aus eigener Erfahrung. Der Fuchs und einige lose Gegenstände begannen zu schweben. Auch Elisa spürte die Leichtigkeit ihres Körpers. Wie konnte das angehen? Sie befanden sich doch unzweifelhaft auf einem Planeten. Oder träumte Elisa das alles nur? Nein, sie träumte nicht, denn um so einen Traum zu haben, müsste man schlafen. Doch es gibt wohl keinen Menschen – übrigens auch keinen Fuchs – der einfach weiterschläft, wenn er von einem derartigen Schwall eiskalten Wassers getroffen wird.

„Was ist hier los?“, stammelte Elisa frierend, wobei sie sich auf den Pilotensitz zog. Sie spürte, wie ihr ganzer Körper eine Gänsehaut bekam. Mit klammen Fingern drehte sie die Heizung auf volle Kraft. Der Fuchs hielt sich an einer Seitenwand fest. Weil sein Fell völlig durchnässt war, schüttelte er sich, wie es auch die

Hunde machen, wenn sie aus dem Regen kommen. Ein dichter Schwall von Wasserperlen stob durch die Kanzel.
„Pfui, du Ferkel!“, schimpfte Elisa. Sie wischte sich angewidert über ihr Gesicht.
„Entschuldigung“, murmelte der Fuchs. Dann schwiegen beide. Sie waren gleichermaßen verwundert über das, was mit ihnen passiert war. Draußen stach der helle Strahl des Scheinwerfers in eine tiefschwarze Dunkelheit.
„Wir sind im Eis eingebrochen“, meldete sich der Fuchs wieder zu Wort.
„Aber warum sind wir hier schwerelos?“, grübelte Elisa. Sie schob eine der Wasserkugeln von sich fort, die ihr gerade an den Kopf schweben wollte.
„Da fällt mir ein“, sagte der Fuchs, „dass ich eine Zeitlang viel um die Schule herumgeschlichen bin. Der Hausmeister züchtete da nämlich sehr leckere Perlhühner auf dem Hinterhof.“
„Ach nein, wie interessant“, spöttelte Elisa. „Was haben Perlhühner wohl mit der Schwerelosigkeit zu tun?“
„Natürlich haben die nichts damit zu tun“, gab der Fuchs grantig zu.
„Weshalb musst du dich dann ausgerechnet jetzt damit brüsten, dass du Perlhühner geklaut hast?“, ereiferte sich Elisa.
„Pass auf, du Trine!“, knurrte der Fuchs verärgert. „Als ich unter den geöffneten Fenstern eines Klassenzimmers lauschte, behandelten sie im Physikunterricht gerade die Gravitationsgesetze. Und da habe ich erfahren, dass man nicht bloß draußen im Weltall schwerelos ist, sondern auch dann, wenn man sich – naja – wenn man sich mitten in einem Planeten befindet. Verstehst du?“
Elisa horchte auf.
„Das würde bedeuten, dass dieser Planet hier ganz und gar aus Wasser besteht“, schlussfolgerte sie. „Und wir sind bis in seine Mitte gesunken.“

„Genau“, bestätigte der Fuchs.
„Dann brauchen wir uns ja nicht weiter zu beunruhigen“, meinte Elisa. „Eigentlich wäre es hier sogar ganz gemütlich, wenn wir bloß nicht so viel Wasser in der Kanzel hätten.“
„Allerdings“, brummte der Fuchs und stichelte: „Und wem haben wir die Schweinerei zu verdanken?“
Elisa lag eine scharfe Erwiderung auf der Zunge, doch plötzlich erstarrte sie, weil sich draußen etwas im Lichtkegel bewegte.
„Oh nein!“, flüsterte sie. Jetzt sah es auch der Fuchs.
„Hattest du vorhin gesagt, hier wäre es gemütlich?“, wisperte er.
Zwei riesige, grün-rote Augen, jedes einzelne doppelt so groß wie die Silberkugel, stierten langsam näherkommend in den Scheinwerfer. Umgeben waren sie von einer runzligen, wabernden Haut. Eine Anzahl mächtiger, zuckender Fangarme wurde sichtbar, deren gekräuselte Enden sich im versiegenden Lichtschein verloren. Diese Arme waren gewiss lang genug, um einen Ozeandampfer zu umschlingen. Und jeder Fangarm war mit über hundert tellergroßen Saugnäpfen besetzt.
„Das ist ein Riesenkrake!“, raunte der Fuchs. „Ein ziemlich riesiger sogar!“
„Seit wann wissen Füchse über Riesenkraken Bescheid?“, wunderte sich Elisa, die ihren Blick nicht von dem Ungeheuer lösen konnte.
„Ich habe unter dem Schulfenster eben auch beim Biologieunterricht zugehört“, antwortete der Fuchs.
„Ich finde, für einen gewöhnlichen Fuchs bist du eigentlich ziemlich gebildet“, meinte Elisa anerkennend.
Beide schraken heftig zusammen, als etwas an die Scheibe klatschte. Widerliche Saugnäpfe sogen sich dermaßen daran fest, dass es den Anschein hatte, das Panzerglas würde platzen. Eine gewaltige Erschütterung ging durch die Silberkugel. Eines der riesigen Augen starrte in die Kanzel.

„Ein besonders freundlicher Blick ist das sicherlich nicht“, vermutete der Fuchs.
„Was hat er denn jetzt mit uns vor?“, fragte Elisa gespannt.
„Was schon!“, erwiderte der Fuchs. „Wenn ich mich auf die Anzeichen verstehe, dass ein Riesenkrake hungrig ist, dann …“

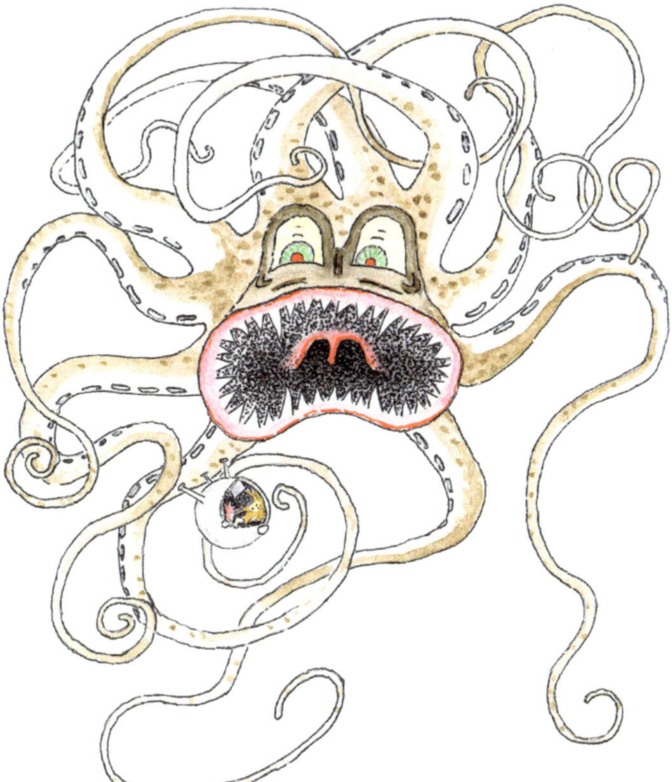

Weiter kam der Fuchs nicht. Die Silberkugel wurde so heftig herumgeschleudert, dass ihre beiden Insassen und alle losen Gegenstände in der durchnässten Kanzel umherwirbelten wie in einer Zentrifuge. Elisa wurde förmlich aus dem Sitz katapultiert. Ihr Kopf stieß hart gegen die Deckenverkleidung. Fast schwanden ihr die Sinne. Der Fuchs jaulte schmerzvoll auf, als er mit der Nase an die Scheibe prallte. Gleich darauf kehrte eine gewisse Ruhe ein. Die Kanzel schwankte nur noch etwas. Als Elisa ihr Gleichgewicht wiedergefunden hatte, erblickte sie durch das Panzerglas eine pulsierende Masse, ein rötliches, gelbliches Zucken und Kneten, eine Art nasser Haut, von der die ganze Silberkugel umschlossen war.

„Au, meine Schnauze!“, nuschelte der Fuchs. „Das Vieh hat uns verschluckt. Wir sind schon in seinen tiefsten Eingeweiden!“

„Tatsächlich“, bestätigte Elisa, die noch ziemlich durcheinander war. Der Fuchs bog ächzend seinen Rücken durch.

„Wir sitzen ganz schön in der Tinte!“, lamentierte er.

„Nur keine Panik“, beruhigte ihn Elisa. „Lass uns lieber überlegen, wie wir hier wieder herauskommen.“

„Na wie schon“, knurrte der Fuchs. „Auf ganz natürlichem Wege natürlich!“

Elisa blickte dem Fuchs ins nasse Antlitz.

„Du meinst, dass der Krake uns … also, dass wir irgendwann hinten bei ihm rausfallen?“

„Hinten oder vorn“, erwiderte der Fuchs. „Wer weiß schon, wo bei einem Riesenkraken hinten oder vorn ist? Sicherlich werden wir wieder irgendwo aus ihm rauskommen. Die Frage ist nur: Wann?“

„Ob das wohl lange dauert?“, überlegte Elisa.

„Ich hab nur mal gehört“, sagte der Fuchs, „dass zum Beispiel Schlangen und Krokodile mehrere Wochen brauchen, um ihr Fressen zu verdauen. Wenn sich dieses wabbelige Riesenvieh auch so viel Zeit damit lässt, na dann gute Nacht.“

„Ich vermute, wir liegen ihm schwer im Magen“, meinte Elisa.

„In der Schwerelosigkeit doch nicht“, widersprach der Fuchs.

Elisa dachte scharf nach.

„Und was wäre, wenn wir …“

Der Fuchs blickte auf.

„Was? Nun sag schon!“, drängte er.
„…wenn wir einfach starten würden?“, setzte Elisa ihre Überlegung fort.
„Hm“, machte der Fuchs und kratzte sich unschlüssig an seinem durchlöcherten Ohr.
„Und wenn er uns dann wieder so herumwirbelt?“, wandte er ein. „Mir tun sämtliche Knochen weh.“
„Wir müssen es riskieren“, entschloss sich Elisa. „Komm, ich schnalle dich an.“
Und sie zurrte den Fuchs mit den Gurten des Rucksacks am Standfuß des Schaltpultes fest.
„Aua!“, beschwerte er sich. „Ich krieg ja kaum noch Luft.“
„Es muss sein“, beharrte Elisa. „Stell dir vor, du hättest eine unverdauliche Stahlkugel in deinem Magen, die plötzlich aus dir herauszufliegen versucht, ohne den Weg zu kennen.“
„Na ja“, überlegte der Fuchs. „Ich glaube nicht, dass ich da so einfach stillsitzen würde.“
Als Elisa sich fest im Pilotensitz angeschnallt hatte, rückte sie noch einmal den Stirnreif zurecht und fragte: „Können wir?“
„Verdammt noch mal, ja!“, knurrte der Fuchs. „Ich schätze, wir werden gleich unser blaues Wunder erleben.“
„Na dann los!“, kommandierte Elisa sich selbst und drückte den Startknopf.
In dem unmittelbar einsetzenden Gewirbel und Gerüttel gelang es ihr kaum, das Steuerhorn festzuhalten. Das Wasser in der Kanzel rauschte umher und schlug ihr so heftig ins Gesicht, dass sie die Augen zukniff.
„Oh, nei… verda… aah… ooh!“, hörte sie den Fuchs kreischen. Dann ertönte draußen ein furchtbares Krachen, ein so gewaltiges Getöse, dass es selbst durch die dicke Panzerglasscheibe zu hören war. Es wurde Elisa so schwindelig, dass sie vollends die Orientierung verlor. Dann hörte das Drehen und Rütteln auf. Elisa

musste sich erst das Wasser aus den Augen wischen, bevor sie sie öffnen konnte. Durch die Kanzelscheibe sah sie ein Gewirr von Fangarmen, die die Silberkugel umwickelt hielten. Durch dieses zuckende Gewusel hindurch konnte sie den Sternenhimmel und auch die Eisdecke erkennen, über der sie bereits schwebten. Und der Riesenkrake schien wie ein nasser Beutel hin und her schaukelnd an der Kugel zu hängen.

„Wir sind mitsamt dem Kraken durch das Eis gebrochen!", rief der Fuchs. „Das ist ja ein gewaltiges Vieh, sieh nur!"

„Aus dem Magen sind wir jedenfalls raus", stellte Elisa fest.

„Aber er will uns immer noch nicht loslassen", bemerkte der Fuchs. „Der scheint uns wohl für einen ganz besonderen Leckerbissen zu halten."

„Das haben wir gleich", sagte Elisa und nahm das Steuerhorn fest in die Hände. „Wir machen einen Blitzstart. Achtung! Jetzt geht die Post ab!"

Und mit einer gewaltigen Beschleunigung riss sich die Silberkugel aus der Umklammerung. Die Saugnäpfe der Fangarme lösten sich augenblicklich von der Kanzelscheibe. Es gab einen kräftigen Ruck. Die Kugel war frei. Elisa und der Fuchs konnten sehen, dass der Riesenkrake wie ein nasser Wischlappen auf dem Planeten aufschlug. Dann schien er zusammenzuschrumpfen. Ähnlich einer Lache schmutzigen Wassers, die in den Abfluss einer Badewanne fließt, so verschwand das mächtige Tier durch das dunkle Loch in der weiß schimmernden Eisdecke. Elisa atmete erleichtert auf.

„Na? Wie haben wir das hingekriegt?", fragte sie triumphierend.

„Er hat uns ausgerülpst", erwiderte der Fuchs. „Hast du vorhin nicht auch dieses merkwürdige Geräusch gehört?"

„Ob das wirklich ein Rülpser war?", zweifelte Elisa. Der Fuchs überlegte: „Vielleicht hat er ja auch …?"

Der Fuchs sah zu Elisa hoch. Sie hob die Schultern.

„Meinst du, er hat …?"
Ihre Blicke trafen sich. Und plötzlich mussten beide laut lachen. Der Fuchs patschte lachend mit dem Schwanz in das umherwabernde Wasser. Elisa schüttelte kichernd ihre klatschnassen Haarsträhnen, aus denen glitzernde Perlen hervorschossen. Sie konnten eine ganze Weile nicht damit aufhören.

Die beiden schlugen einen Kurs in Richtung Sonne ein, wo sie bald einen wärmeren Asteroiden fanden, auf dem sie endlich das lästige Wasser aus der Kanzel schöpfen und sich und ihre Sachen trocknen konnten.

Es versteht sich von selbst, dass Elisa auch dort ihre Drohung, den Fuchs zurückzulassen, nicht wahrmachte.

43. Der Planet der verbotenen Wahrheit

Elisa und der Fuchs lernten auf ihrer Reise auch Asteroiden kennen, die von mehreren Dutzend Leuten bewohnt wurden. Einer dieser Himmelskörper machte von weitem einen äußerst freundlichen und gepflegten Eindruck. Als sie ihn umkreisten, sahen sie Bäume, die in Reih und Glied standen, und das Gras bildete zwischen sauberen Wegen einen üppigen Rasen. Aus der Höhe erkannten sie eine wunderschöne, von Blumenbeeten umgebene Villa. Ein glitzernder Bach schlängelte sich von einem Horizont zum anderen. Es gab auch Singvögel und Schmetterlinge, eben alles was der Mensch braucht, um sich recht wohl zu fühlen.
Auf einmal spitzte der Fuchs die Ohren und starrte gebannt nach unten.
„Ein Hühnerstall!", hechelte er. „Hier sollten wir landen!"

Elisa bemerkte, wie er sich die Schnauze leckte und dabei einen nassen Fleck auf der Scheibe erzeugte.
„Das könnte dir so passen", erwiderte sie und flog unbeirrt ein Stück weiter.

Auf einem Platz inmitten einer Siedlung, die aus bescheidenen, doch hübschen Holzhäusern bestand, marschierten einige Menschen mit Fahnen und Transparenten zu einer kämpferischen Musik um ein blumengeschmücktes Podest herum. Darauf saß ein außerordentlich dicker Mann, der ihnen ununterbrochen zuwinkte. Hinter ihm erhob sich eine Wand, auf der ein riesiges Portrait von ihm selbst zu erkennen war. Nur sah er darauf etwas jünger und nicht gar so dick aus.

Elisa brachte die Silberkugel vorsichtig zum Aufsetzen. Als sie ausstieg, machte der dicke Mann eine Handbewegung, woraufhin die Musik augenblicklich verstummte und die Leute stehenblieben. Die Menschen, die eben noch so fröhlich waren, blickten ihr schweigend und mit verschlossenen Minen entgegen. Sie sah plötzlich aller Aufmerksamkeit auf sich gerichtet und fühlte die Röte in ihr Gesicht steigen.
„Verzeihung, wenn ich störe", begann sie schüchtern zu sprechen.
„Es ist ein so hübscher Planet, und da dachte ich …"
„Das ist ja auch der schönste Planet des Universums", unterbrach sie der dicke Mann und erklärte mit überschwänglicher Freundlichkeit: „Hier leben die glücklichsten Menschen. Alle sind frei."
„Das freut mich sehr", sagte Elisa darauf. „Ich habe nur eine kurze Frage. Es geht um …"
Sie verstummte, denn auf einmal schien ein Ruck durch die Versammelten zu gehen. Einige wichen erschrocken zurück. Elisa blickte sich verunsichert um. Frauen nahmen ihre kleinen Kinder schützend auf den Arm.
„Ich sehe schon, du bist nicht von hier", stellte der dicke Mann fest, wobei das Lächeln auf seinem Gesicht erstarrte, als wäre es

eingefroren. Doch dann entschied er: „Erst einmal wollen wir unser fröhliches Jubelfest zu Ende feiern, und danach darfst du mir deine Frage ins Ohr flüstern."
Er wandte sich an die schweigenden Leute: „Seid ihr einverstanden?"
„Ja!", riefen alle wie aus einem Munde. „Es lebe unser großer Wohltäter!"
Nun klatschte der dicke Mann in die Hände. Die Musik begann erneut zu spielen, und die Leute marschierten um ihn herum. Dabei sangen sie ohrenbetäubend laut immer denselben Vers:

„Beim Lobe sind wir gern dabei!
Gehorsamkeit macht froh und frei!
All unser Glück, das danken wir,
Oh Wohltäter, allein nur Dir!"

Elisa setzte sich am Rande des Platzes auf eine Parkbank, um das Ende des Trubels abzuwarten. Beim Zusehen dachte sie: ‚Warum nur schreien diese Leute so laut?' Da wurde ihr bewusst, dass der Fuchs nicht bei ihr war. Als sie sich nach ihm umblickte, stand hinter ihr ein bulliger Mann in einer schwarzen Uniform mit hohen Stiefeln, der seine Hände auf dem Rücken verschränkte. Seine schmalen Augen blitzten unter dem Schirm einer Tellermütze hervor, die er sich tief in die Stirn gezogen hatte.
„Oh, ich hatte Sie gar nicht bemerkt", sagte Elisa.
„Bist du etwa krank?", fragte der Mann mit einer Stimme, deren tiefer Klang Elisa einen Schauer über den Rücken rollen ließ.
„Nein", antwortete sie, „gesundheitlich geht es mir eigentlich ganz gut."
„Was für einen Grund gibt es dann, dass du nicht am Jubelfest teilnimmst?", fragte der Mann und belehrte sie: „Die Teilnahme an unserer täglichen Jubelfeier ist eine unabdingbare Pflicht für

jeden Bürger, und eine große Ehre. Auch für Kinder. Damit sie sich frühzeitig daran gewöhnen, unserem großen Wohltäter dankbar zu sein."
„Bedauerlicherweise wurde ich zu dieser Feier nicht eingeladen", entschuldigte sich Elisa. „Ich bin nämlich nicht von hier."
„Soso", machte der Mann und kniff seine Augen noch schmaler zusammen.
„Ich suche …", stammelte Elisa, „ich vermisse nämlich … Haben Sie zufällig einen Fuchs gesehen?"
„Hier gibt es keine Füchse", grummelte die tiefe Stimme. „Füchse sind außerordentlich schädliche Tiere. Auf diesem Planeten haben wir alles Schädliche vernichtet und ausgerottet: Fliegen, Maikäfer, Wespen, Habichte, Falken, Marder, Waschbären und Füchse, außerdem Affenbrotbäume und alle Sorten von Unkraut und stachligen Gewächsen, wie zum Beispiel Kakteen, Disteln und Rosen."
„Oh, auch Rosen?", fragte Elisa ungläubig nach.
„Natürlich auch Rosen", bestätigte der Mann. „Hier gibt es nichts mehr, was unserem großen Wohltäter gefährlich werden oder sein Missfallen erregen könnte."

Elisa war erschüttert, doch sie ließ sich vorsichtshalber nichts anmerken. Was waren das nur für Leute hier auf diesem Planeten, die ihre Rosen ausrotteten, nur weil sie Dornen haben? Elisa hielt es für besser, den Fuchs und die Rosen nicht noch einmal ins Gespräch zu bringen. Sie zwang sich ein Lächeln ab, das dem Mann zu verstehen gab, dass sie keine weiteren Fragen mehr hatte. Zögernd wandte er sich ab. Als er ihr den Rücken zukehrte, sah sie, dass ein schwerer Schlagstock an seinem Leibriemen baumelte. Gemächlich schlenderte er nun um den Platz, wobei er ein ums andere Mal misstrauisch zurückblickte. Elisa war es hier nicht mehr geheuer. Sie entschloss sich, möglichst unbemerkt zu verschwinden.

Aber wo steckte bloß dieser verflixte Fuchs? Sie ahnte bereits, in welcher Richtung er sich davongemacht haben könnte.

Um unauffällig zu bleiben, durfte sie nicht direkt über den Platz zur Silberkugel gehen, sondern wählte einen Umweg durch ein angrenzendes Gebüsch, um den Blicken des uniformierten Büttels zu entgehen. Plötzlich hörte sie jemanden mit unterdrückter Stimme rufen: „He, hallo!"

Überrascht blieb sie stehen. Da entdeckte sie, zwischen Sträuchern verborgen, ein kleines Haus mit ungewöhnlich dicken Mauern und einem großen Vorhängeschloss an der stählernen Tür. Aus dem einzigen Fenster, das mit starken Gittern versehen war, winkte ihr jemand zu.

„Hab keine Angst", sagte die Frau mit dem blassen Gesicht hinter den Eisengittern. „Ich heiße Verita."

„Und ich bin Elisa. Warum bist du da drin?"

„Ah, du bist nicht von hier", stellte Verita fest. Elisa erklärte: „Ich komme von der Erde und suche den kleinen Prinzen."

„Den kleinen Prinzen?", vergewisserte sich die Gefangene und wollte wissen: „Ist er denn ein Lügner oder ein Feigling?"

„Nein!“, versicherte Elisa mit einem Anflug von Empörung über eine derartige Unterstellung „Er lügt niemals. Und ein Feigling ist er schon gar nicht.“

„Sei nicht böse“, bat Verita und meinte: „Wenn er kein Lügner oder Feigling ist, würde er nicht freiwillig auf diesem Planeten leben. Sonst wäre er nämlich hier bei mir im Gefängnis.“

„Aber es ist doch kein Verbrechen, wenn man mutig ist und die Wahrheit sagt“, wunderte sich Elisa. „Dafür wird man doch nicht eingesperrt.“

„Hier ist es jedenfalls streng verboten, die Wahrheit auszusprechen“, erklärte Verita, „denn sonst würde das Volk begreifen, dass es eigentlich gar keinen Grund gibt, dem großen Wohltäter zuzujubeln und ihm dankbar zu sein. Darum fürchtet dieser angebliche Wohltäter nichts so sehr, wie die Wahrheit.“

„Aber ich war dabei“, wandte Elisa ein, „als er die Leute fragte, ob sie das Jubelfest weiterfeiern wollen. Sie haben alle begeistert zugestimmt.“

„Er fragt sie auch, ob sie ohne Lohn für ihn arbeiten wollen“, entgegnete die Gefangene, „und ob sie ihr Essen mit ihm teilen oder ob sie ihn mehr lieben, als ihre eigenen Eltern und Kinder. Er fragt sie, ob sie ihm auf ewig Gehorsam leisten und ob sie sich dabei frei und glücklich fühlen. Es ist nicht einmal erlaubt, über diese Dinge nachzudenken. Das Volk darf nur wissen, dass es zu allem ‚Ja‘ sagen muss. Und wer es wagt, darüber Fragen zu stellen, kommt ins Gefängnis.“

Nun begriff Elisa allmählich, was hier vorging.

„Ich nehme dich mit auf einen anderen Planeten“, schlug sie der Gefangenen vor. „Mit meiner fliegenden Silberkugel kann ich dich befreien. Ich kann mit ihr durch das Dach brechen.“

Doch Verita schüttelte den Kopf und sagte: „Auch wir Menschen haben Wurzeln, genau wie die Bäume und Blumen. Unsere Wurzeln sind nur unsichtbar. Doch wenn wir lange von daheim fort sind, dann spüren wir sie sehr deutlich. Das Herz wird uns schwer und wir haben Sehnsucht."

„Ja, da hast du recht", stimmte Elisa zaghaft zu.

„Die Zeit der großen Wohltäter währt nie allzu lange", meinte Verita zuversichtlich. „Die Lüge hat einen kurzen Atem. Sie geht eines Tages an sich selbst zugrunde. Bei der Wahrheit verhält es sich anders. Je länger man sie zu ersticken versucht, umso größer wird ihre Kraft. Einmal bricht sie hervor wie Dampf aus einem Feuerkessel. Dann kann sie die gewaltigsten Mauern zersprengen."

Elisa blickte bewundernd zu Verita auf. Und auf einmal konnte sie sehen, wie wunderschön diese Frau eigentlich war, deren Schönheit von irgendwo aus ihrem Inneren zu strahlen schien.

„Die Lüge ist ein finsteres Gewölbe", sagte Verita. „Und wer das Glück in einer solchen Finsternis sucht, wird sich darin verirren."

Unversehens erhob sich in einiger Entfernung ein Tumult. Männerstimmen riefen etwas, Hunde bellten, schwere Schritte benagelter Stiefel trappelten. Und da kam auch schon der Fuchs mit hängender Zunge hechelnd durchs Gebüsch gerannt. Sein Fell war mit Hühnerfedern übersät.

„Wo treibst du dich denn herum!", rief er Elisa vorwurfsvoll zu. Er war ziemlich außer Atem. „Warum bist du nicht bei der Silberkugel!"

„Sag mir lieber, wo *du* dich wieder herumgetrieben hast!", hielt Elisa ihm entgegen.

„Ich war gerade gemütlich beim frühstücken", hechelte der Fuchs, „da sind auf einmal Männer mit Knüppeln gekommen und ich musste abhauen."

„Du hast ein Huhn gefressen!", rief Elisa missbilligend aus.

„Bloß ein halbes", gab der Fuchs übellaunig zu, wobei er sich gehetzt umblickte. „Für den Rest hat die Zeit nicht gereicht. Die Kerle sind jetzt hinter mir her."

„Ihr müsst weg!“, drängte Verita. „Mit den Bütteln ist nicht zu spaßen!“
Elisa rückte ihren Stirnreif zurecht und konzentrierte sich. Die Rufe der Männer und die trappelnden Schritte der schweren Stiefel kamen immer näher. Der Fuchs trampelte ungeduldig auf der Stelle. Endlich kam die Silberkugel schwankend über die Büsche geschwebt. Elisa und der Fuchs sprangen im letzten Moment hinein, kurz bevor zwei große Hunde laut bellend durchs Unterholz brachen und der aufsteigenden Silberkugel hinterherzuspringen versuchten.

Aus sicherer Höhe sah Elisa noch Veritas blasse Hand, die ihr durch das Gitterfenster zuwinkte. Männer in schwarzen Uniformen blickten zur Silberkugel empor, wobei sie drohend ihre Schlagstöcke schwangen.

Auf der Weiterreise musste Elisa noch lange über ihr Gespräch mit der schönen Gefangenen nachdenken.

44. Der verlorene Sinn

Obwohl der nächste Planet außerordentlich klein war, konnte man ihn bereits aus großer Entfernung sehen – ein heller Lichtpunkt, der ständig erglomm, um nach einer Weile wieder zu verlöschen wie ein Leuchtturm an der Meeresküste. Auf dem Planeten stand eine große, elektrische Bogenlampe. Unter ihr saß ein alter Mann und schlief. Als die Bogenlampe erlosch, erwachte der Alte.
„Guten Morgen“, sagte Elisa. „Könnte es sein, dass Sie der Laternenanzünder sind?“
„Ich *war* Laternenanzünder“, antwortete der Mann gähnend. „Jetzt bin ich Rentner. Für mich gibt es nichts mehr zu tun. Alles geht automatisch, siehst du.“

Die Sonne ging unter und die Bogenlampe erhellte sich.
„Gute Nacht", sagte der ehemalige Laternenanzünder und schlief ein. Elisa stand etwas betreten da. Gern hätte sie noch ein paar Worte mit ihm gewechselt. Sie konnte sich aber nicht entschließen, ihn deswegen zu wecken. Da fiel ihr ein Vermerk aus dem Buch des kleinen Prinzen ein, wonach die Tage und Nächte auf diesem Planeten nur eine Minute dauern sollten. Gleich darauf brach der Tag an, die Lampe verlosch und der Mann erwachte.
„Guten Morgen", begann Elisa. „Ich würde Sie gern etwas fragen, aber …"
„Frag nur, meine Kleine", ermunterte Sie der Alte. „Vor langer Zeit war schon einmal ein Kind hier, ein Junge mit weizenblondem Lockenhaar. Leider hatte ich nicht viel Zeit für ihn. Aber das ist schon zweihundertvierundsechzigtausend Jahre her. Gute Nacht."
„Aber ich wollte nur …", stammelte Elisa und begriff im selben Moment, dass es wohl zwecklos wäre, den Rentner um seine wohlverdiente Nachtruhe zu bringen. Sie entschloss sich, das Gespräch am nächsten Morgen fortzusetzen. Die erwähnten zweihundertvierundsechzigtausend Jahre hatten sie zunächst beunruhigt, aber diese Zahl mochte sicherlich dadurch zustande gekommen sein, dass bei den enorm kurzen Tagen dieses Planeten ein Jahr in wenigen Stunden vorüberging.

Der Fuchs war inzwischen hinter dem Rücken des schlafenden Mannes an die Laterne geschlichen, hatte sie beschnuppert und war eben im Begriff, sein Bein daran zu heben.
„Untersteh dich!", zischte Elisa drohend. Da ließ der Fuchs sein Bein wieder sinken, verzog missmutig seine Schnauze und trottete auf die andere Seite des Planeten.
„Guten Tag", meldete sich der ehemalige Laternenanzünder zurück. Er begann zu erzählen: „Früher stand hier eine Gaslaterne, und ich musste …"

Doch Elisa fiel ihm ins Wort: „Ich weiß, ich weiß."
Das war vielleicht etwas unhöflich, aber sie wollte nicht den ganzen Tag damit zubringen, Dinge anzuhören, die sie bereits kannte.
„Ich bin nämlich auf der Suche nach dem kleinen Prinzen", gab sie dem Mann entschuldigend zu verstehen. Verstohlen blickte sie zur Bogenlampe empor, denn das Tageslicht ging bereits wieder zur Neige.
„Ich wollte nur wissen, ob Sie sich noch erinnern, woher …", beeilte sie sich zu fragen, doch sie verstummte, da der Laternenanzünder einschlief. Seufzend fragte sie sich, wie viele Nächte sie wohl noch wartend auf diesem Asteroiden zubringen müsste.
„Wenn ich mich recht entsinne", gab der Alte erwachend Auskunft, „habe ich mit dem kleinen Jungen über meine sehr anstrengende Arbeit gesprochen. Aber wie gesagt, es ist zweihundertvierundsechzigtausend Jahre her. An Genaueres kann ich mich nicht mehr erinnern."
„Ich danke Ihnen", sagte Elisa verständnisvoll, die eine solche Antwort bereits erwartet hatte.
„Leider habe ich ihn nie wiedergesehen", sprach der Mann weiter. „Jetzt, wo ich so viel Zeit habe, hätte ich mich in aller Ruhe mit ihm unterhalten können."

Als Elisa sich zum Gehen wandte, fügte er hinzu: „Meine Arbeit hat ihren Sinn verloren. Alles geht jetzt automatisch. Man muss schließlich aufhören, Dinge zu tun, die ihren Sinn verloren haben. Und trotzdem – es war eine schöne Zeit, die Zeit der Gaslaternen. Gute Nacht."
„Gute Nacht", wünschte Elisa. Sie ließ den Fuchs in die Kanzel springen und startete.

45. Kampfhühner

Der nächste Asteroid sah aus der Ferne aus wie viele andere, die zwischen Mars und Jupiter ihre weiten Bahnen um die Sonne ziehen. Es war einer von denen, die eine Atmosphäre haben. Auf ihm waren Grasflächen und Sträucher zu erkennen. Elisa näherte sich ihm nur routinemäßig auf ein paar hundert Meter, um zu prüfen, ob er eventuell der Beschreibung des Planeten des kleinen Prinzen entsprach. Doch das war wieder einmal nicht der Fall. Schon wollte sie an ihm vorbeiziehen, um mit erhöhter Geschwindigkeit den nächsten Himmelskörper anzusteuern, als der Fuchs einen regelrechten Freudenschrei ertönen ließ: „Was seh ich da! Ich will einen Reiserbesen fressen, wenn das keine Hühnchen sind!"
Elisa schaute genauer hin. Und tatsächlich: Die kleinen grauweißen Pünktchen dort unten, die der Fuchs mit seinen scharfen Augen entdeckt hatte, bewegten sich. Beim Näherkommen wurde es gewiss. Es waren wirklich und wahrhaftig Hühner, die den Planeten bevölkerten. Ihre Zahl mochte wohl in die Hunderte gehen. Elisa war, wie schon gesagt, seit dem Erlebnis mit dem Tiger vorsichtig geworden. Sie steuerte die Silberkugel zunächst im Tiefflug und mit gemäßigtem Tempo über die Planetenoberfläche.
„Überall Hühnchen!", frohlockte der Fuchs glücksstrahlend. „Nichts als Hühnchen weit und breit! Und keine Jäger!"
Er klebte förmlich mit seiner Nase an der Scheibe.
„Dieser Planet ist das Paradies", murmelte er ganz benommen vor sich hin. „Hier ist das Paradies, wie es in alten Legenden beschrieben ist."

Die Hühner ließen sich von der glänzenden Kugel, die über sie hinwegschwebte, überhaupt nicht stören. Sie scharrten im Sand, pickten nach Würmern und Insekten, zankten sich flügelschlagend um irgendwelche Leckerbissen oder putzten ihre Gefieder. Es waren ausgesprochen stattliche Hühner. Sie schienen mindestens so

groß wie Puten zu sein, beinahe so groß wie Schwäne. Oder etwa noch größer?
„Nun mach schon, lande endlich!“, forderte der Fuchs, wobei er ungeduldig hin und her rutschte. In Elisa erzeugte seine Begeisterung recht gemischte Gefühle. Einerseits sah sie sich verpflichtet, die Ernährung ihres Reisebegleiters zu gewährleisten, andererseits mochte sie gar nicht daran denken, auf welche Weise er sogleich eines der friedlichen Federtiere ums Leben bringen würde. Außerdem war ihr nicht wohl bei der Sache, denn es hätte immerhin sein können, dass die Hühner irgendjemandem gehörten, der sich gerade nicht auf dem Planeten aufhielt.
„Also dann scher dich raus und tu, was du nicht lassen kannst“, seufzte sie missmutig, als die Silberkugel festen Boden unter den Standfüßen hatte.
„Aber putz dich sauber, bevor du zurückkommst!“, wies sie den Fuchs an. „Ich will nicht noch mal erleben, dass du wieder so viele Federn hier reinschleppst, hörst du!“
Kaum hatte sich die Kanzelscheibe einen Spaltbreit geöffnet, war er auch schon draußen.
„Und lass mich hier gefälligst nicht zu lange warten!“, rief Elisa ihm nach, als er loslief. Da hielt er ganz unversehens inne und wandte sich langsam wieder um.
„Was beliebte das gnädige Fräulein zu befehlen?“, fragte er mit übertriebener Höflichkeit.
„Nun hau schon ab!“, drängte Elisa und fügte in barschem Ton hinzu: „Ich wünsch dir guten Appetit.“
Der Fuchs sah sie mit schief gehaltenem Kopf aus schmalen Augen an.
„Was glaubst du eigentlich, wer du bist?“, fragte er nähertretend. „Bist du meine Herrin? Und wer bin ich? Bin ich dein Knecht? Dein Eigentum? Dein Haustier? Bin ich dein Hund, dass du so mit mir sprichst?“

„Schon gut“, beschwichtigte Elisa. „Ich hab doch nur gemeint, dass du dich eben mal ein bisschen sputen könntest. Und denk ja nicht, dass ich hier deinetwegen den ganzen Tag auf der Lauer liege!“

Da lachte der Fuchs verächtlich auf und sagte: „Meinetwegen kannst du hier auf mich lauern, bis du vertrocknet bist!“

„Dir juckt wohl das Fell, hm?!“, empörte sich Elisa. „Wie wär’s, wenn ich dir zur Abwechslung mal wieder eins mit der Latte verpasse?“

„Du glaubst doch nicht etwa, dass ich noch ein einziges Mal in diese bescheuerte Kugel da steige!“ erwiderte der Fuchs.

„Was?“, fragte Elisa aufhorchend.

„Du hörst nicht nur schlecht“, höhnte der Fuchs, „du scheinst obendrein auch schwer zu begreifen. – Auf diesem Planeten hab ich alles, was ich brauche. Sogar mehr, als ich mir jemals erträumt habe. Vor allem gibt es weit und breit keine Menschen, die sich hier rücksichtslos breitmachen wie auf der Erde.“

Elisa schaute den Fuchs fassungslos an.

„Du willst nicht mehr nach Hause zurück?“, fragte sie bestürzt.

„Was soll ich denn da“, antwortete der Fuchs verbittert, „wo man auf mich schießt und mir Fallen stellt, wo man mich ständig verjagt, weil man mich dort nicht haben will?“

Elisa stieg aus der Silberkugel.

„Überleg es dir noch mal“, bat sie den Fuchs sehr ernsthaft. „Wie man dich auf der Erde behandelt, ist vielleicht nicht immer in Ordnung, aber …“

„Kein Aber!“, fiel ihr der Fuchs ins Wort. In seinen Augen zeigte sich ein derart feindseliges Funkeln, dass Elisa sich beinahe fürchtete, ihn anzusehen.

„Ja, wenn ich die Silberkugel selber fliegen könnte“, setzte er fort, „nur dann würde ich zur Erde zurückkehren. Und weißt du warum? Um sie diesem Konsul Karnifeks direkt vor die Haustür zu

stellen, damit er Atombomben mit ihr transportiert. Denn Bomben sind für euch Menschengesindel das allerbeste Heilmittel!"
Der Fuchs wandte sich ab und scharrte verächtlich mit einem Hinterlauf, sodass Elisa von einer Wolke staubenden Sandes umhüllt wurde. Dann trottete er davon. Elisa war für einen Moment nahezu sprachlos wegen der Ungeheuerlichkeiten, die der Fuchs eben von sich gegeben hatte.
„Du bist ja wahnsinnig!", rief sie ihm hinterher. „Du Raubtier! Du Verbrecher!"
„Oh nein!", gab er zurück, wobei er sich erneut umwandte. Seine Stimme bebte vor Zorn. „Nicht ich, sondern ihr Menschen seid die Verbrecher. Ihr habt einen so wundervollen Planeten wie die Erde gar nicht verdient! Ihr wollt nicht begreifen, dass er nicht nur euch, sondern auch mir gehört! Ihr zerstört ihn immer mehr mit euren Tütensuppenfabriken, euren Autobahnen und diesen abscheulichen Riesenwindmühlen!"
„Aber *ich* doch nicht!", beteuerte Elisa verzweifelt. „Die Autobahn hab ich ganz bestimmt nicht gewollt."
„Ihr habt meine Frau und meine Kinder auf dem Gewissen!", schrie der Fuchs außer sich. „Ihr habt mir alles genommen, was mir lieb und teuer war! Ihr Menschen seid die schlimmsten Raubtiere des Universums!"

Elisa erschrak vor dem überschäumenden Hass, mit dem ihr der Fuchs diese Worte entgegenschleuderte und sie spürte eine schmerzliche Betroffenheit. Sie wollte den ausufernden Streit beenden und ging auf ihn zu.
„Fuchs", sagte sie beschwörend, „glaub mir, es tut mir sehr leid, was man dir angetan hat. Aber denk daran, dass nicht alle Menschen gleich sind. Ich würde dir doch nie etwas tun, wenn du nur ein bisschen …"
Elisa suchte nach den richtigen Worten, und ihre Stimme begann zu zittern: „Wir beide sind doch in der letzten Zeit einigermaßen

miteinander ausgekommen. Wir müssen ja auch nicht unbedingt Freunde sein. Aber ich finde, es wäre besser, wenn wir zusammenblieben. Ich werde mich auch nicht mehr als deine Herrin aufspielen. Ich bitte dich! Es ist eine so beängstigende Vorstellung, ganz allein im unendlichen Weltall …"
Der Fuchs schüttelte entschieden den Kopf.
„Ich bin es leid, mit dir zusammen zu sein", sprach er mit einer Stimme, die so kalt war wie der Nachtwind über einem zugefrorenen Fluss. „Ich hasse die Art wie du mit mir sprichst und wie du mich ständig zurechtweist. Ich verabscheue deinen vorwurfsvollen Blick, dein gereiztes Aufseufzen, dein missbilligendes Kopfschütteln. Es ist mir egal, was du tust und wohin du gehst. Ich ertrage deine Nähe nicht. Ich will nichts mehr mit dir zu schaffen haben."
Elisa schaute den Fuchs stumm an. Er schloss seine Rede mit den Worten: „Es würde mich freuen, wenn ich gewiss sein könnte, dich und Deinesgleichen niemals wiederzusehen."
Daraufhin entfernte er sich endgültig.

Elisas Blick folgte ihm. Zielstrebig lief er auf eine Hühnerschar zu, die in einiger Entfernung am Planetenhorizont zu sehen war. Und allmählich ergab sich Elisa der bitteren Erkenntnis, sich nun allein auf den Weg machen zu müssen.

Als sie den Steigflug begann, spähte sie noch ein letztes Mal aus der Höhe hinüber zum Fuchs, der inzwischen die Hühnerschar erreicht haben musste und vermutlich bereits eine der fettesten Hennen an der Gurgel gepackt hielt. – Doch was war das? Dort unten erhob sich ein Riesenspektakel, ein Gerenne und Flügelgeflatter. Nur verhielt es sich nicht wie erwartet, dass nämlich die Hühner vor dem Fuchs flüchteten, sondern …
…die Hühner jagten hinter dem Fuchs her! Elisa wollte ihren Augen nicht trauen. Nun erst wurde deutlich, wie groß diese Tiere

überhaupt waren. Jedes einzelne überragte den Fuchs mindestens um das Dreifache. Der gesamte Planet schien in einen wirbelnden Aufruhr zu geraten. Ganze Hundertschaften des Riesen-Federviehs kamen aus allen Richtungen herbeigeeilt, als hätte jemand die Futterglocke geläutet. Der Fuchs sprang wie ein Hase hakenschlagend vor den hackenden Schnäbeln davon. Doch es waren viel zu viele, um ihnen zu entkommen. Immer wieder wurde er von heftigen Hieben erwischt. Elisa bemerkte, dass er zu hinken begann. In Windeseile hatte ihn eine Armee von Hühnern mit drohend aufgeplusterten Federn umzingelt und trieb ihn immer weiter in die Enge. Mit gefletschten Zähnen und gesträubtem Fell drehte er sich im Kreis. Doch keines der Hühner wich vor ihm zurück. Jetzt mischte sich auch ein gewaltiger Hahn ins Geschehen. Und wie auf ein Kommando stürzte sich das kampflustige Geflügel gemeinschaftlich auf sein Opfer. In dem Durcheinander umherfliegender Federn und aufstiebenden Sandes verlor Elisa den Fuchs aus den Augen.

In rasendem Sturzflug ging sie über der kämpfenden Schar nieder. Die Silberkugel setzte mitten im dichtesten Getümmel hart auf. Elisa sprang mit der Zaunlatte in der Faust aus der Kanzel. Die aufgebrachten Hühner ließen sich jedoch kaum davon beeindrucken. Ihr ohrenbetäubendes Spektakel verstärkte sich nur. Ohne zu zögern griffen sie nun auch Elisa an, die sie sich mühsam vom Leib zu halten versuchte. Heftig schwenkte sie die Latte vor sich hin und her. Der große Hahn plusterte sich auf. Sein Krähen war so laut, dass es wie eine Kriegstrompete über den ganzen Planeten schallte. Tollkühn stellte er sich Elisa entgegen. Seine Flügelschläge erzeugten einen so starken Windstoß, dass ihr die Haare flogen. Blitzartig hackte er nach ihr. Blut quoll aus einer Wunde in ihrem Unterarm. Gleich darauf durchdrang der spitze Schnabel eines Huhns ihren Schuh, als wäre er aus Papier. Ein weiterer Schnabelhieb traf sie am Bein. Sie schrie auf vor Schmerz. Jetzt holte sie weit aus und schlug mit aller Kraft zu. Ein Huhn wich getroffen zurück. Doch die anderen gingen unvermindert weiter auf sie los. Wieder schlug sie zu, wieder und immer wieder. Dabei musste sie sich ständig um sich selber drehen, weil die rasenden Tiere vornehmlich von hinten auf sie eindrangen.

Der aufwirbelnde Staub erhob sich in so dichten Wolken, dass er ihr nicht nur den Atem, sondern auch die Sicht nahm. Sie hustete. Fast blind schlug sie um sich. Dabei musste sie aufpassen, in dem weichen Sand nicht zu stolpern und hinzufallen. Es war ein grausames und sehr anstrengendes Gemetzel. Elisas Kräfte drohten allmählich zu versiegen. Da traf sie den Hahn mit einem Seitenhieb am Kopf. Er taumelte zu Boden und blieb reglos liegen. Jetzt ebbte der Kampf ab.

Die Hühner umkreisten das Mädchen in respektvollem Abstand. Wahrscheinlich lauerten sie nur auf den geeigneten Moment, um erneut anzugreifen. Elisa hielt die Zaunlatte mit beiden Händen wie ein Schwert erhoben. Schwer atmend blickte sie um sich. Allmählich senkte sich die dichte Staubwolke.

„Fuchs!“, rief Elisa heiser. „Wo steckst du?“

Keine Antwort.

‚Ob er sich wohl davonmachen konnte?' überlegte Elisa, während sie von den Kampfhühnern mit drohend vorgestreckten Schnäbeln umzingelt wurde. Vorsichtig zog sie sich zur Silberkugel zurück, wobei sie die Tiere nicht aus den Augen ließ. Sie hielt es für besser, von oben aus der Luft nach dem Fuchs zu suchen, der sich vermutlich irgendwo seitwärts in die Büsche geschlagen hatte.

Da hörte sie dicht neben sich ein schmerzvolles Stöhnen. Der Fuchs lag am Boden, halb mit Sand zugeschüttet. Er versuchte aufzustehen, doch er taumelte und brach zusammen. Behutsam hob Elisa ihn hoch. Kraftlos und schwer lag er auf ihren Armen. Er blutete stark. Als Elisa sich mit ihm auf die Silberkugel zu bewegte, musste sie sich mit Fußtritten gegen die Hühner wehren, die ihr den Weg zu versperren versuchten. Endlich konnte sie die Kanzel von innen schließen. Sogleich prasselten die Hiebe der stahlharten Hühnerschnäbel wie ein Hagelschauer gegen das Panzerglas.

Der Fuchs war kaum wiederzuerkennen, so zerschunden wie er war. Und während Elisa seine Wunden notdürftig versorgte, bahnten sich zwei glitzernde Bäche einen Weg durch den Staub, der ihr Gesicht bedeckte.

46. Die Geschichte des Fuchses

Elisa hatte ihre beschmutzte Kleidung am Ufer des kleinen Teiches abgelegt und war ins erfrischend kühle Wasser gestiegen. Es war so klar, dass sie den Grund sehen konnte. Ein bunt gefleckter Fisch tauchte vor ihr auf und blickte sie neugierig an. Seine Augen sahen nicht aus wie normale starre Fischaugen, denn sie hatten

Lider mit Wimpern, und ihre Farbe war von einem warmen Braun. Elisa streckte sacht die Hand nach ihm aus. Furchtlos schmiegte er sich an. Es schien ihm zu gefallen, dass Elisa ihn streichelte und am Bauch kitzelte. Er benahm sich so zutraulich, dass sie lächeln musste. Da hob er sein Köpfchen aus dem Wasser und lächelte zurück. Elisa wurde ganz warm ums Herz. Wo hatte man so etwas schon erlebt? Fische, die lächeln! Neckend schnipste sie mit dem Finger ein paar Wassertropfen nach ihm. Plötzlich spritze er mit seiner Schwanzflosse zurück, dass Elisa laut lachen musste. Auf einmal waren noch mehr dieser bunten Fische da. Sie alle blinzelten Elisa freundlich an, umschwärmten sie und ließen sich von ihr streicheln. Gern hätte sie noch länger mit den zutraulichen Tieren gespielt, doch sie musste sich um den Fuchs kümmern, der schwer krank darniederlag.

Seit zwei Tagen schon hielten sie sich auf diesem ruhigen Kleinplaneten auf. Seine Landschaft war von sanften Hügeln geprägt. Vereinzelt ragten glitzernde Felsen aus dem moosbedeckten Boden. Es gab Bäume, deren Kronengeäst einen gewölbten Schirm bildete, so dass sie von weitem aussahen wie große Pilze. An ihnen wuchsen faustgroße Nüsse. Singvögel zwitscherten umher, deren meterlange Schwanzfedern wie bunte Bänder von den Zweigen hingen. Und es gab diesen klaren, von flüsterndem Schilf umstandenen Teich.

Der Fuchs lag im Windschatten eines Felsens unter einem der Pilzbäume auf weichem Moos. Er war fürchterlich zugerichtet. Sein rechtes Auge war zugeschwollen, sein linkes Hinterbein war verrenkt, und seine Schwanzspitze zeigte einen traurigen Knick. Seinen Rücken bedeckten tiefe Einstiche von Schnabelhieben. An der rechten Seite fehlte ihm ein Stück Fell. Elisas Vorrat an Mullbinden und Pflastern reichte nicht aus, alle seine Wunden zu bedecken. Darum hatte sie mit ihrem Taschenmesser ein Unterhemd in Streifen geschnitten, um weiteres Verbandszeug zu gewinnen. Der Fuchs war so schwach, dass sie seinen Kopf stützen musste, wenn sie ihm Wasser zu trinken gab. Das erste Wort, das er seit ihrer schlimmen Auseinandersetzung auf dem Hühnerplaneten an sie richtete, war ein leise geflüstertes „Danke“, bevor er wieder kraftlos auf sein Lager zurücksank.

Elisa nutzte den Aufenthalt für notwendige Erledigungen. Sie putzte das Innere der Silberkugel von Sand und Staub sauber. Auch einige Eierschalensplitter, die noch vom Hutkrempenplaneten stammten, klaubte sie aus den Ritzen der Kanzel. Mit einer Plastiktüte, in der sie sonst ihren Proviant transportierte, trug sie Wasser aus dem Teich in eine nahegelegene Felsmulde, wo sie ihre Wäsche wusch. In Ermangelung einer Wäscheleine spannte sie den Maschendraht zwischen zwei Zaunlatten und legte die nasse Kleidung zum Trocknen darüber. Sie nahm auch einige Nachtragungen in ihr Tagebuch vor, wozu ihr in der letzten Zeit die Gelegenheit gefehlt hatte. Und sie sammelte reichlich Feuerholz, denn die Nächte waren kühl. Der fiebernde Fuchs fror und zitterte trotz seines dicken Fells. Er sprach nicht, er regte sich kaum, er lag still mit geschlossenen Augen da. Manchmal stöhnte er leise vor sich hin.

Am Morgen des vierten Tages ging es ihm so schlecht, dass Elisa sich ernsthaft um ihn ängstigte. Er konnte kaum noch trinken.

„Fuchs", sagte sie mit zitternder Stimme, „du wirst ja immer schwächer. Willst du denn gar nicht wieder gesund werden?"

Da öffnete der Fuchs sein unversehrtes Auge und sah Elisa müde an.

„Flieg wieder los", flüsterte er. „Kümmere dich nicht um mich, denn ich hab es nicht verdient."

„Spiel nicht den Helden!", wies Elisa ihn zurecht. „Ich hab' dich nicht vor diesen Kampfhühnern gerettet, um dich hier sterben zu lassen."

Der Fuchs schloss sein Auge wieder. Erst nach einer geraumen Weile schien er erneut etwas sagen zu wollen. Elisa musste sich tief über ihn beugen, um sein Flüstern zu verstehen.

„Es ist … der Hunger."

Elisa richtete sich auf. Sie überlegte. Natürlich konnte der Fuchs ohne geeignete Nahrung nicht wieder zu Kräften kommen. Dass er die leckeren Nüsse der Pilzbäume verschmähte, hatte Elisa seinem mangelnden Appetit zugeschrieben. Doch vermutlich waren sie für ihn unverdaulich. Wenn es hier wenigstens Mäuse geben würde, oder Maulwürfe oder Frösche oder … Elisas Blick glitt hinüber zum Teich.

Als sie ins Wasser watete, waren auch gleich die Fische da und lächelten ihr entgegen. Doch Elisas Gesicht blieb unbewegt. Sie griff einen Fisch und trug ihn ans Ufer. Verwundert sah er sie an.

„Verzeih mir bitte", schluchzte sie. „Es tut mir so leid. Aber es muss sein."

Sie packte ihn am Schwanz und schlug seinen Kopf mit aller Kraft auf einen Stein. So musste er nicht leiden. Sie schnitt ihn in Stücke und fütterte den Fuchs mit kleinen Häppchen.

Tags darauf begann der Fuchs zaghaft, seine Wunden zu lecken. Die Fische aber lächelten nicht mehr, sondern zwickten Elisa böse in die Finger, als sie den nächsten von ihnen holte. Beim dritten Mal brauchte sie schon recht lange, um einen zu fangen, denn sie versteckten sich vor ihr. Elisa konnte den Fisch nur erlegen, indem sie sich lauernd im Schilf verbarg und ihn mit einer der Zaunlatten erschlug, als er sich arglos an der Wasseroberfläche zeigte.

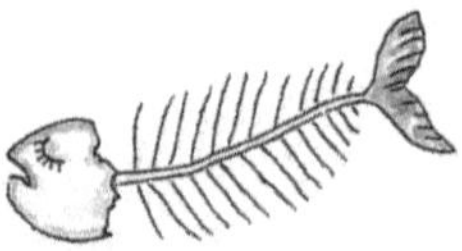

Der Fuchs hatte sich bald so weit erholt, dass er schon ein wenig umherhinken konnte. Die Fische brauchten nun nicht mehr zerschnitten zu werden. Er verspeiste sie so, wie Elisa sie ihm brachte.

„Ich schäme mich", gestand der Fuchs, als sie am Abend gemeinsam am wärmenden Feuer saßen. „Ich hab dir Unrecht getan. Mir ist jetzt klar, dass nicht alle Menschen gleich sind. Bei den Tieren weiß ich immer, woran ich bin. Ich weiß, was ich von einem Jagdhund zu halten habe oder von einem Schaf, einer Krähe oder einem Schmetterling. Aber ihr Menschen könnt so verschieden sein wie all diese Tiere zusammen."

„Wir wissen einfach viel zu wenig voneinander", sagte Elisa nachdenklich.

„Wenn du willst", bot der Fuchs zaghaft an, „erzähle ich dir ein bisschen aus meinem Leben."

„Oh ja", stimmte Elisa zu. „Erzähl mir von dir."

Sie legte Feuerholz nach und der Fuchs begann.

„Anfangs lebte ich mit meinen Eltern und drei Geschwistern in einem Wald am Fuße eines hohen Berges. Als ich noch sehr klein war, wurde einer meiner Brüder draußen beim Spielen von einem Bussard geschnappt. Mein Vater warf sich gerade noch rechtzeitig dazwischen und riss ihn aus den Krallen des Vogels. Mein kleiner Bruder war schwer verletzt worden. Er blieb seither im Wachstum zurück und konnte sich nur noch kriechend fortbewegen, weil seine Hinterbeine gelähmt waren. Aus dem Vorfall lernte ich, dass ich vorsichtig zu sein hatte, wenn ich den sicheren Bau verließ. An einem kalten Wintertag hörten wir von Ferne die Kirchenglocken läuten.

Es ist Weihnacht‘, sagte mein Vater. ‚Ich werde uns eine fette Gans besorgen. Jetzt sitzen die Jäger zu Hause am Lichterbaum. In der Weihnachtszeit sind die Menschen milde gestimmt, sagt man.‘
Bevor er sich auf den Weg machte, versprach er: ‚Wenn ich zurück bin, erzähle ich euch die wunderbare Weihnachtsgeschichte.‘ Wir freuten uns. Er konnte so herrlich Geschichten erzählen. Aber er kehrte nie zurück. Seine Spur verlor sich im Schnee über den Hügeln zum Dorf hin, von dem wir uns seither fern hielten. Denn die Menschen, so warnte uns unsere Mutter, sind unberechenbar. Unsere Mutter brachte uns Heranwachsenden alles bei, was wir zum Leben brauchten. Wir jungen Füchse wurden schnell erwachsen und es kam die Zeit für uns, in die Welt hinaus zu ziehen. Mein starker Bruder verabschiedete sich als Erster. Ihn zog es in die Einsamkeit der Berge, dort hinauf, wo der Schnee niemals schmilzt. Er wollte nach einem See suchen, von dem unser Vater einst berichtet hatte. Sein Wasser soll so klar sein, dass man die Fische auf dem Grund sehen kann. Meine Schwester folgte einem fremden Fuchs in die fruchtbare Ebene zu einem großen Fluss, wo das Heideland stets reichliche Nahrung hervorbringt. Mein kleiner kranker Bruder blieb bei der Mutter, denn er konnte sich nicht allein ernähren. Als ich davonging, fiel mir der Abschied von ihm am schwersten, denn ich hatte ihn besonders lieb. Er war ein stilles, nachdenkliches Kerlchen, und so dankbar für alles, was man ihm Gutes tat.

Ich begann ziellos umherzustreunen, denn es gab zu vieles, was mich interessierte, um mir ein festes Ziel zu setzen. Wohin ich auch kam, überall traf ich auf Dinge menschlichen Schaffens. Vieles erstaunte mich: die hohen Häuser der großen Stadt mit ihren glitzernden Fassaden, die bunten Lichter in der Nacht, die gewaltigen Brücken, die den Fluss überspannen, auf dem die schweren Schiffe fahren. Und ich staunte über die großen Flugzeuge, die grollend in den Himmel steigen. An einer unüberschaubar großen Müllkippe konnte ich nicht aufhören mich darüber zu wundern, welch riesige Mengen Abfall die Menschen zu hinterlassen imstande sind. Und ich konnte lange nicht verstehen, weshalb sie überall in den Landschaften diese gewaltigen Windmühlen errichten, deren mahlende Geräusche einem schon aus großer Entfernung so heftig bis ins innerste Mark dringen, dass man schleunigst das Weite suchen muss. Doch irgendwann begriff ich, dass Ihr Menschen das gar nicht hören könnt, und dass Euch gar nicht bewusst ist, in welch einem abscheulichen Lärm Ihr da lebt.

Ich schloss mich einer Mannschaft von Bauleuten an, die mit Planierraupen, Radbaggern und Straßenwalzen die Trasse für eine Autobahn durch die Landschaft schlugen. Ich wusste bald, wie ich mich auf die Männer einzustellen hatte. Von ihren Werkzeugstielen musste ich Abstand bewahren. Vor ihren Steinwürfen brauchte ich mich nur zu ducken, dann verfehlten sie ihr Ziel. Aber meist beachteten sie mich nicht. Ich lernte ihre raue Sprache zu verstehen. Um ihre Wohnwagen herum lag außer leeren Bierflaschen stets so viel weggeworfene Nahrung, dass ich davon satt wurde. So überstand ich den folgenden Winter recht gut. In den Nächten fand ich unter der abgestellten Planierraupe Schutz vor Regen, Schnee und Wind. Die Wärme ihres Motors hielt mehrere Stunden an, sodass ich nicht zu frieren brauchte.

Die Autobahntrasse wälzte sich langsam aber stetig durch Felder und Wälder, sie kerbte sich durch Hügel und überbrückte tiefe Täler. Einmal führte sie auf eine Siedlung zu, in der ihretwegen einige Kleingärten eingeebnet wurden. Dort entdeckte ich im Gebüsch unter einer Feldsteinmauer den Eingang zu einem Fuchsbau. Als ich ihn untersuchen wollte, hörte ich hinter mir ein warnendes Fauchen. Ich wandte mich um. Da stand eine junge Füchsin sprungbereit mit gefletschten Zähnen. Ich war ganz furchtbar erschrocken, nicht, weil ich mich vor ihr fürchtete, sondern weil sie so unbeschreiblich hübsch war. Ich sprang davon und hoffte, dass sie mich verfolgen würde. Sie verfolgte mich. Da warf ich mich auf den Boden und streckte meinen Hals, damit sie hineinbeißen konnte. Sie tat es aber nicht, was ich sehr bedauerte, denn es wäre ein so süßer Schmerz gewesen. Nach ein bisschen Knurren und Fauchen zog sie sich zurück. Ich schnupperte ihr nach. Ihr Duft war einfach überwältigend. In der Nacht schlich ich den Bauarbeitern nach, die in die Siedlung gegangen waren, um sich in der Kneipe zu betrinken. Ich aber berauschte mich an den Spuren des bittersüßen Duftes, der dort einmal schwächer, einmal stärker die Wege kreuzte. Es war also *ihr* Revier, hier lebte sie, hier kannte sie sich aus. Ich folgte ihrer Spur, und plötzlich an einer Wegbiegung wurde der Duft so intensiv, als wäre sie eben erst vorbeigegangen. Da bekam ich ein derart heftiges Herzklopfen, dass ich mich nicht weiterwagte, und schlich verzagt zurück.

Am nächsten Tag zog die Baukarawane weiter. Ich verzichtete auf mein sicheres Auskommen, das ich in ihrem Gefolge gehabt hatte, und blieb da. Ich fing einen fetten Hasen und legte ihn vor den Eingang des Baues, in den die Füchsin gerade geschlüpft war. Ich wartete gespannt. Ich musste lange warten. Da sagte eine Stimme hinter mir: ‚Wenn du da weiter so auf dem Boden liegst, wirst du noch Wurzeln schlagen.‘
‚Oh, Verzeihung‘, stammelte ich überrascht. ‚Ich dachte, du wärst zu Hause.‘
‚Jeder ordentliche Fuchsbau hat doch mindestens *zwei* Eingänge, du Dummkopf‘, sagte sie und kam mir dabei so nahe, dass ich ihren Atem spürte. Vermutlich habe ich sie ziemlich verdattert angeschaut, denn sie musste plötzlich lachen. Und auf einmal schnappte sie nach meinem Hals, und wir begannen uns zu balgen wie es eigentlich nur Fuchskinder tun. Und wir lachten dabei und ... Und dann nahmen wir unsere erste gemeinsame Mahlzeit ein.

Es begann die glücklichste Zeit meines Lebens. Wir gingen gemeinsam auf die Jagd. Es gab Mäuse und Kaninchen auf den Wiesen am Baggersee und im Wäldchen jenseits der unfertigen Autobahn. Nachts, wenn der Mond schien, fingen wir Fische im Dorfteich. Manchmal griffen wir auch ein Hühnchen, doch das taten wir nur selten, um die Menschen nicht unnötig auf uns aufmerksam zu machen. Unser Höhlenbau lag gleich neben der Kirche unter einem Garten, der mit Blumen und beschriebenen Steinen geschmückt war. Mächtige Bäume, deren Kronen mit zahllosen Krähennestern beladen waren, ließen ein anheimelndes Rauschen hören. Zwei Eingangstunnel führten zu unserer Wohnung, die sich in einer länglichen Holzkiste befand, welche die Menschen dort schon vor langer Zeit vergraben hatten. Meine Liebste hatte die alten Knochen und die Kleidungsstücke, die sich einst darin befunden hatten, hinausgeschafft. Nur für den Schädel waren die Gänge zu schmal. Deswegen lag er immer noch in einer Ecke, aber das störte uns nicht. – Gelegentlich an den Abenden habe ich von weitem auch dich in diesem Garten gesehen, wie du die Blumen vor einem der Steine gegossen hast. Du sahst traurig dabei aus. Und ich glaube, manchmal hast du auch ein bisschen geweint.

Eines Tages hörten wir den Lärm vorüberrasender Fahrzeuge. Die Autobahn war eröffnet worden. Die Autos fuhren so schnell, dass wir ihnen nicht ausweichen konnten. Der Weg zum Wald und zu den Wiesen wurde uns dadurch abgeschnitten. Selbst des Nachts ebbte der Verkehr kaum ab. Im Dunkeln war es ganz besonders halsbrecherisch, die Fahrbahn zu überqueren, denn die blendenden Scheinwerfer verwirrten uns. Als ich es versuchte, wäre ich fast von einem Lastwagen überrollt worden. Glücklicherweise hatte ich mich im letzten Augenblick genau zwischen seine Räder geduckt. Wir mussten uns endgültig damit abfinden, nur noch diesseits der Autobahn zu bleiben. Das bedeutete aber, dass wir uns ausschließlich von dem ernähren mussten, was uns die Siedlung bot. So suchten wir in Müllbehältern nach Nahrung. Nachts brachen wir in Ställe ein und holten uns Hühner oder Kaninchen. Das Leben wurde schwieriger. Es gab Veränderungen. Viele Zäune wurden auf einmal erneuert oder verstärkt. Die Müllbehälter wurden abgeschlossen. Es fiel auf, dass bei den Pforten griffbereit Keulen und Knüppel lehnten. Man hatte uns also wahrgenommen. Wir mussten jetzt doppelt vorsichtig sein. Einmal entdeckten wir auf einem unserer gewohnten Schleichwege unter losen Blättern versteckt einen Kranz eiserner Zähne. Weil es uns verdächtig vorkam, versuchte ich das Eisen mit einem Stock beiseite zu schieben. Die Zähne schnappten krachend zu. Der Stock zerbrach. Wir waren ziemlich erschüttert. Keinem Kaninchen, keiner Katze, keinem Jagdhund hätten wir es gewünscht, in so einer Falle zu enden. Wir wussten nun: Die Menschen hatten uns den Krieg erklärt. Vorsorglich grub ich noch einen dritten Ausgangstunnel an unseren Bau. Man konnte ja nie wissen. Sein Eingang lag gut verborgen unter dem knorrigen Wurzelwerk einer uralten Linde.

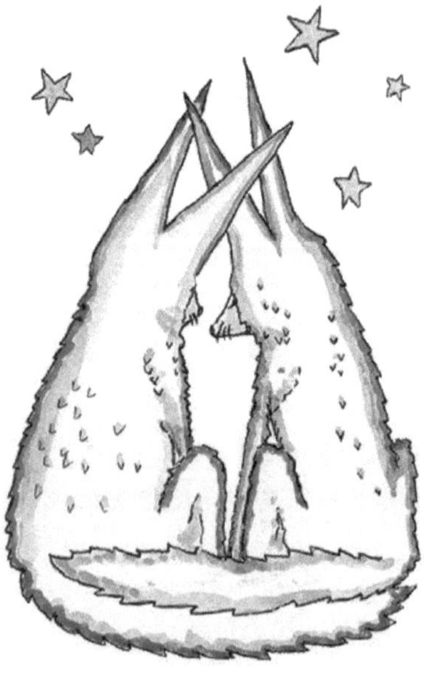

Eines Abends, als wir draußen aneinandergeschmiegt das allmähliche Aufscheinen des Sternenhimmels bewunderten, flüsterte mir meine Liebste ins Ohr: ‚Ich muss dir was sagen. Du wirst nämlich …‘

‚Nein!‘ rief ich in freudiger Vorahnung.

‚Doch‘, sagte sie. Vor lauter Glück schlug ich hundert Purzelbäume. Und in Anbetracht der Tatsache, dass wir bald Kinder haben würden, war es umso wichtiger, sich um ein sicheres Einkommen zu bemühen.

Schon seit längerem interessierten wir uns für die große Geflügelfarm, von der man sagte, es würden dort etliche Tausend Hühner gehalten werden. Es war fantastisch, sich das vorzustellen! Wenn es uns gelänge, einen ständigen Zugang dort hinein zu schaffen, bräuchten wir keine Not zu leiden. Vor allem aber würden wir die Menschen nicht weiter gegen uns aufbringen, denn bei so vielen Hühnern fiele es doch überhaupt nicht auf, wenn ab und zu eines fehlen würde. Bislang war dies für uns nur ein unerfüllbarer Wunschtraum gewesen, doch ich war jetzt erst recht entschlossen, ihn in die Tat umzusetzen. Wir kundschafteten die nähere Umgebung der Farm sorgfältig aus. Um das Gebäude herum war leider alles asphaltiert, keine einzige Stelle, an der man ein Loch hätte graben können. Die einzige Möglichkeit bestand darin, einen Tunnel neben dem Laboratorium des Professors zu beginnen. Es würde ein sehr langer Tunnel werden. Er müsste auch unter dem Wohnhaus und dem Innenhof entlangführen, um dann innerhalb des Farmgebäudes an einer verborgenen Stelle hervorzukommen.

Weil meine Liebste sich schonen musste, begann ich alleine zu graben. Zunächst arbeitete ich ausschließlich nachts, um nicht aufzufallen. Es ging sehr mühsam voran. Der Boden war hart und lehmig. Doch die Aussicht, bald Familienvater zu sein, beflügelte mich.

Einmal, als ich die gelockerte Erde aus dem Eingang schaufelte, stand dieser fette, schwarze Kater mit dem weißen Kragenfell da.

‚Was für ein Maulwurf macht sich denn da zu schaffen, mitten in der Nacht‘, spöttelte er. ‚Darf ich fragen, was du unter meinem Haus zu suchen hast?‘

‚Das geht dich einen feuchten Dreck an‘, gab ich ihm ausgesucht höflich zu verstehen.

‚Es geht mich sehr wohl etwas an', tat er sich wichtig. ‚Wenn du nämlich etwas tust, was meiner Herrschaft schadet, bin auch ich davon betroffen. Schließlich gehöre ich ja zur Familie.'
‚Spiel dich nicht so auf, du Lakai', sagte ich. ‚Was kannst du schon tun? Wie willst du es deiner zweibeinigen Herrschaft denn beibringen, dass ich hier grabe? Willst du es ihnen ins Ohr maunzen?'
Der Kater gab nicht auf.
‚Natürlich habe ich Möglichkeiten, die Menschen auf deine Buddelei aufmerksam zu machen', meinte er. ‚Wenn es mir beispielsweise gelänge, ein Kind in dieses Gebüsch zu deinem Einstiegsloch zu locken, würde es das doch sofort dem Professor berichten. Der würde den Jägern Bescheid geben, und dann … Nun ja, ihr Füchse seid hier in der Siedlung nicht besonders beliebt, wenn ich mal so sagen darf.'
Und der Kater ließ ein höhnisches Gelächter hören. Ich begriff, dass dieser niederträchtige Bursche tatsächlich dazu bereit war, seine Drohungen in die Tat umzusetzen.
‚Aber ich bin schließlich kein Unkater', schnurrte er mit schmierigem Grinsen. ‚Unter gewissen Bedingungen wäre ich durchaus bereit, Stillschweigen zu bewahren.'
‚Also?", fragte ich. „Was verlangst du?'
‚Die Hälfte deiner Beute, was auch immer es ist', antwortete er.
‚Einverstanden', sagte ich. Da war er zufrieden.
‚Ich wusste, wir würden uns einigen, mein Freund', scharwenzelte er um mich herum. ‚Versuche aber nicht, mich zu betrügen! Wenn ich dich dabei erwische, liefere ich dich ans Messer, so leid es mir für dich tut.'
Als er sich endlich abwandte, sprang ich ihm ins Genick, schlug ihm meine Zähne in den Nacken, schüttelte ihn kräftig durch und warf ihn zu Boden.
‚Ich werde mich an die Abmachung halten', sagte ich. ‚*Du* bist jetzt meine Beute. Willst du tatsächlich die Hälfte?'

Da fing er fürchterlich an zu jammern, er hätte das doch nicht wirklich ernst gemeint. Und er hätte es niemals übers Herz gebracht, mich zu verraten. Katzen und Füchse sollten doch eigentlich zusammenhalten. Er kenne sich mit den Menschen bestens aus und könne mir helfen, Zugang zu den Wohnungen mit ihren gefüllten Kühlschränken und Speisekammern zu erlangen. Ich wusste, dass er dabei maßlos übertrieb. Jedenfalls gab ich ihm zu verstehen, dass er verschwinden und mir besser nie wieder in die Quere kommen sollte.

Fortan tarnte ich den Eingang meines Tunnels sehr sorgfältig mit Blättern und Zweigen, nicht nur, wenn ich mich entfernte, sondern auch wenn ich drinnen arbeitete. Diesem Kater war absolut nicht zu trauen. Den immer höher wachsenden Erdhaufen an der Außenwand des Laboratoriums neben der Einstiegsluke des Katers konnte ich natürlich nicht verstecken. Aber er fiel unter dem Gesträuch nicht sonderlich auf. Später würden einmal Gras und Moos über ihn wachsen.

Außer diesem Kater lauerten aber noch andere unvorhersehbare Gefahren auf mich. Ich war schon recht weit vorangekommen, hatte den Schacht bis unter den Innenhof des Professors vorangetrieben, als es heftig zu regnen begann. Es regnete tage- und nächtelang ununterbrochen. Ganz plötzlich brach Wasser in den Tunnel ein, während ich an der vordersten Stelle grub. Das schlammige Wasser füllte den Schacht so schnell, dass mir der Rückweg abgeschnitten wurde. Ich glaubte schon, ich müsste ertrinken. Um mein Leben zu retten, versuchte ich, mich nach oben durchzugraben. Mit letzter Kraft schaffte ich es. Ein beträchtlicher Teil meiner Arbeit war nun zunichte. Ich musste den überschwemmten Tunnelabschnitt umgehen. Ich hoffte nur, dass der Professor und seine Frau das Loch im Hof nicht bemerkten. Es war also ein sehr mühseliges Unterfangen, auf das ich mich da eingelassen hatte.

Eines Morgens kam ich müde und schmutzig heim und stellte fest, dass ich Vater geworden war. Ich hatte zwei Töchter und einen Sohn. Wie niedlich sie waren! Drei süße, kleine Fellbällchen mit winzigen Schnäuzchen und Beinchen und Schwänzchen! Ihre Äuglein waren noch geschlossen. Ich war so glücklich, dass ich sie alle drei ganz und gar abschleckte und meine Liebste gleich mit. Ich mochte den Bau gar nicht mehr verlassen. Es war einfach zu schön, bei den Kleinen zu liegen und mit ihnen zu kuscheln. Doch sie krabbelten immer wieder zu ihrer Mama hinüber, weil sie ständig hungrig waren und Milch trinken wollten.

Mein großes Tunnelprojekt trug leider noch keine Früchte, sodass ich vorerst an leichter zugänglichen Plätzen nach Nahrung suchte. Ich nutzte den Schutz der nächtlichen Dunkelheit, um mich in den Hühnerstall eines nahe gelegenen Kleingartens zu graben. Ich wühlte mich durch die Wurzeln eines Rosenstrauches hindurch, dessen Gezweig meinen Einstieg verbarg. Bevor ich das getötete Huhn abtransportierte, schob ich noch den Wassertrog vor das Erdloch, damit es so lange wie möglich unentdeckt bliebe. Um keine Zeit zu verlieren, begann ich nun auch tagsüber unter dem Laboratorium zu schaffen. Ich fühlte mich dabei ziemlich sicher, denn der Professor war so sehr mit seinen Forschungen beschäftigt, dass er sich um meine Arbeitsgeräusche kaum zu kümmern schien.

Eines Nachts, als unsere Kleinen satt und zufrieden schlummerten, sagte meine Liebste: ‚Du hast den ganzen Tag schwer gearbeitet. Ich werde gehen und uns ein Hühnchen besorgen. Ruh du dich nur aus. Etwas Bewegung wird mir guttun.‘
Also beschrieb ich ihr den Weg zu dem Kleingarten und erklärte ihr, wo sie durch den schadhaften Maschendraht ins Gehege gelangen konnte. Sie verließ den Bau, und ich schlief übermüdet ein.

Am Morgen wurde ich von den Kleinen geweckt, die sich munter regten. Ich erschrak. Draußen war es schon hell, und meine

Liebste war noch immer nicht zurück. Schlimmes ahnend rannte ich zu dem Kleingarten. Ich fand sie schmerzgekrümmt am Boden. Ihre beiden Vorderpfoten steckten in einem Fangeisen.
‚Es ist passiert, als ich den Wassertrog beiseite schob', sagte sie. ‚Die Falle war darunter verborgen.'
Meine Liebste musste grauenhafte Schmerzen haben, doch sie jammerte nicht. Sie war unglaublich tapfer.
‚Du darfst die Kleinen nicht so lange allein lassen', sorgte sie sich. ‚Geh wieder zurück.'
Mir war furchtbar zum Heulen zumute, aber ich ließ mir nichts anmerken.
‚Nein', sagte ich, ‚wir beide werden jetzt nicht aufgeben. Ich habe einen Plan. Bald kommt der Kleingärtner, um die Hühner aus dem Stall zu lassen. Du wirst dich totstellen. Wenn er das Fangeisen öffnet, halte ich dir den Maschendraht auf und wir rennen weg.'

Da regte sich auch schon etwas hinter der Gartenpforte. Wir hatten niemanden kommen gehört, weil der Lärm der nahen Autobahn alles übertönte. Ich huschte in den Rosenbusch.
‚Wir haben ihn!' rief eine Menschenstimme. Meine Liebste lag wie tot da. Es waren zwei Männer. Der eine trug einen grünen Hut, hatte eine Flinte über der Schulter und führte einen Hund an der Leine, der mich sogleich witterte und zu bellen anfing.
‚Ruhig!' und ‚Platz!' kommandierte der Jäger. Der Hund winselte, weil es ihn bekümmerte, dass sein Herr ihn nicht verstanden hatte. Doch er gehorchte aufs Wort.
‚Es ist eine Füchsin', hörte ich den Jäger sagen, als er sich über meine Liebste beugte. ‚Sie stellt sich tot. Aber darauf falle ich nicht rein. Sie atmet noch. Reichen Sie mir doch mal die Keule rüber!'
Der Kleingärtner gab ihm die Keule. Mir blieb fast das Herz stehen, als der Jäger zum Schlag ausholte. Ich konnte es nicht tatenlos mit ansehen. Ich sprang hervor, fletschte die Zähne und

fauchte ihn an. Der Jäger hielt erschrocken inne. Der Hund winselte, doch er rührte sich nicht von der Stelle. Gut abgerichtete Jagdhunde tun nichts ohne Befehl. Der Jäger ließ die Keule sinken und drückte sie dem Kleingärtner in die Hand. Dann nahm er seine Flinte, spannte den Hahn und zielte auf mich. Er konnte mich gar nicht verfehlen. Ich war ja nur drei Schritte von ihm entfernt. Ich sah, wie er langsam den Finger am Abzug krümmte. ‚Das war's', dachte ich und schloss mit meinem Leben ab.

In diesem Augenblick fuhr meine Liebste hoch und biss ihn ins Bein. Der Schuss krachte. Ich spürte einen Schlag an meinem Ohr. Der Jäger wankte. Er brüllte vor Schmerz.

‚Lauf!‘, schrie meine Liebste. ‚Kümmere dich um die Kinder!‘

Da rannte ich los, der Hund hinter mir her. Doch er blieb zurück, als ich mich durch die kleine Öffnung im Maschendraht zwängte. Über sein Gebell hinweg hörte ich im Davonlaufen noch, wie der Jäger rief: ‚Verdammte Mistviecher!‘

Doch das Grauen dieses verwünschten Tages hatte damit noch längst kein Ende gefunden, denn ein Unglück folgte dem anderen auf dem Fuße. Als ich mich unserem Bau näherte, sah ich schon von weitem eine Schar Krähen, die den Eingang unter den Baumwurzeln umlagerte. Mir gefror das Blut in den Adern. Ich jagte die Vögel auf. In der Mitte des Tunnels fand ich eines der Kleinen, das dort ganz erschöpft zusammengesunken war. Doch die anderen beiden waren fort. Ich suchte nach ihnen, doch sie waren nirgends zu finden.

Allmählich wurde mir klar, was geschehen sein musste: Die Kleinen waren noch nie allein gewesen. Vermutlich hatten sie sich geängstigt und waren mir auf ihren wackligen Beinchen bis zum Ausgang nachgefolgt. Und dort hatten die Krähen sie geschnappt und davongetragen. Nur das Kleinste hatte es nicht geschafft, bis nach draußen zu kriechen. So war es seiner eigenen Schwäche zu verdanken, dass es vor den Krähenschnäbeln bewahrt wurde. Es war ein Fuchsmädchen, zerbrechlich zart, mit süßen Knopfäuglein. Dieses Kind war mir von Anfang an ganz besonders ans Herz gewachsen, weil es seiner Mama so sehr ähnlich sah.

Die Sorge um mein Töchterchen half mir, meine Trauer zu überwinden. Mein Kind brauchte dringend Milch. Ich wusste, dass die Menschen ihrem Nachwuchs die Milch von Kühen aus Flaschen zu trinken geben. Solche Flaschen haben oben eine Zitze, damit das Baby daran saugen kann. Ich versperrte die Ausgangstunnel des Baues mit Zweigen, damit mein Kleines nicht hinaus konnte, und machte mich auf die Suche nach einer solchen Flasche. Doch das war ein riskantes Unterfangen, denn dazu musste ich mich tagsüber unter Menschen begeben. So gut es ging hinter Zäunen und Strauchwerk verborgen hielt ich Ausschau nach diesen eigenartigen Wagen, in denen die kleinen Menschenkinder transportiert werden. Endlich sah ich, wie eine Mutter sich auf eine Parkbank setzte. Sie stellte eine gefüllte Zitzenflasche neben sich, um ihr Kind aus dem Wagen zu nehmen. Als ich mit der Flasche davonrannte, erhob sie ein fürchterliches Geschrei, und es gab ringsum ein ziemliches Aufsehen. Mir war bewusst, dass dies keine dauerhafte Art der Nahrungsbeschaffung sein konnte.

Die Sache schien sich schnell herumzusprechen, denn die Menschenmütter passten von da an auf wie die Luchse. Und eines Tages, ich schlief gerade bei meinem Kind im Bau, da wurde ich von Hundegebell aufgeschreckt. Nun ja, es musste irgendwann einmal passieren, dass man unsere Unterkunft entdeckte. Schließlich war es für mich in der letzten Zeit nicht zu vermeiden gewesen, am hellen Tage unterwegs zu sein. Sicherlich hatte man mich vornehmlich in der Nähe des Kirchgartens gesichtet. Das Gebell schallte mir gleich aus zweien der Eingänge entgegen. Viele verschiedene Menschenstimmen ließen darauf schließen, dass draußen ein Großaufgebot von Jägern auf mich wartete. Ich stellte fest, dass man sich direkt über uns am Erdreich zu schaffen machte. Mir sind die unverwechselbaren Geräusche gut bekannt, die von Hacken und Spaten verursacht werden. Ich hatte sie früher bei den Autobahnbauleuten gehört.

Kurz entschlossen schnappte ich mein Kind und schlich zum dritten Ausgang unter dem Lindenbaum. Nun zahlte es sich aus, dass ich diesen Tunnel zusätzlich angelegt hatte. Die Jäger wissen, dass ein Fuchsbau über mindestens zwei Eingänge verfügt. Und wenn sie zwei gefunden haben, hören sie meist auf, weiterzusuchen. Aus dem Wurzelwerk des Baumes konnte ich den Kirchgarten einigermaßen überblicken. Schätzungsweise ein gutes Dutzend Leute werkelte dort herum. Einige waren mit Graben beschäftigt, weitere lauerten mit ihren Hunden an den beiden anderen Eingängen. Sie hielten ihre Flinten schussbereit in den Händen. Es war zu gefährlich für mich, aus der Deckung zu treten. Ich musste den richtigen Moment abpassen. Der war gekommen, als man die Holzkiste, unsere Wohnung, aus dem Erdloch hob. Als sich aller Aufmerksamkeit darauf richtete, rannte ich mit meinem Kind im Maul unbemerkt davon.

Ich nahm das Kleine mit zu meinem Tunnel unter dem Laboratorium, wo ich ihm eine kleine Höhle einrichtete. Doch dort unten war es empfindlich kühl, weil es ständig zog. Ich stahl eine Wärmflasche, die meine Körperwärme aufnahm, wenn ich bei dem Kind lag. So konnte ich mich zeitweise entfernen, ohne dass mein Töchterchen zu frieren brauchte. Und dann entdeckte ich vor deiner Haustür die Milchschale, die du täglich auffülltest, wenn du aus der Schule kamst. Ich trug mein Kleines zu der Schale, stupste sein Schnäuzchen in die Milch und war glücklich, als es endlich gelernt hatte, ohne Zitze zu trinken. Nur musste ich höllisch aufpassen, dass mir der vollgefressene Mistkater nicht zuvorkam, denn der ließ nie einen Tropfen übrig. Das Ganze ging einige Tage gut, doch dann auf einmal war die Milchschale fort.

Mein Kind hungerte entsetzlich. Ich versuchte, es mit Regenwürmern zu füttern, leider vergeblich. Ich fing eine junge Maus, zog ihr das Fell ab und zerkaute ihr zartestes Fleisch. Doch mein Kleines wusste nichts damit anzufangen. Es hatte ja noch gar keine Zähnchen. Und es wurde zusehends schwächer und schwächer. Ich bekam große Angst. So versuchte ich erneut, Zitzenflaschen zu stehlen. In meiner größten Verzweiflung drang ich unter Lebensgefahr bis in die Häuser der Menschen vor. Ich wurde mit Besenstielen geprügelt. Man warf Töpfe, Schuhe und Bügeleisen nach mir. Doch all meine Mühen blieben vergeblich.

Ich erinnerte mich, dass die Menschen, wenn sie in Not sind, in die Kirche gehen, um einen gewissen Herrn um Hilfe zu bitten, der angeblich irgendwo im Himmel hausen soll. Ich schlich mich in die Kirche, in der sich gerade kein Mensch aufhielt, weil es denen allen vermutlich gut ging. Ich rief nach diesem Herrn. Ich rief so laut, dass es von den Wänden widerhallte. Ich wartete lange auf die erhoffte Hilfe oder wenigstens auf eine Antwort. Endlich betrat ein schwarzgekleideter Mann den Raum. Ich meinte, dass es sich um den besagten Herrn handelte, und trat ihm hoffnungsvoll entgegen. Doch als er mich sah, erschrak er und schleuderte ein schweres Buch nach mir, das er gerade bei sich trug.

Entkräftet und verzweifelt kam ich zu meinem Töchterchen zurück. Fragend sah es mich an. Ich spürte, wie es begriff, dass ich nichts mehr für es tun konnte. So drückte ich es zärtlich an mich, denn das Einzige, was ich meinem Kind noch geben konnte, war meine Wärme. Da schloss es brav seine Äuglein und starb."

Der Fuchs hielt einen Moment inne, bevor er weitersprach: „Obwohl ich eigentlich keinen rechten Sinn mehr darin sah, buddelte ich Tag und Nacht weiter an meinem Tunnel. Ich spürte nur, dass die schwere Arbeit mein Leid ein wenig linderte. Dann kam der Tag, an dem ich einen Tumult hörte. Ich schlich unters Laboratorium, um festzustellen, was dort los war. Und auf einmal brach alles über mir zusammen. Menschenkörper versperrten mir den Fluchtweg nach draußen. Ich sprang oben aus dem Loch und stand mitten im Laboratorium, und da war plötzlich ein riesiger Hund hinter mir her. Den Rest der Geschichte kennst du."

Für eine Weile herrschte Stille. Nur das leise Knistern des Feuers war zu hören.

„Ich sehe dich an", sagte Elisa mit leiser Stimme, „und auf einmal scheinst du ein ganz anderer zu sein. Du bist nicht mehr das heimtückische Raubtier, für das ich dich anfangs gehalten habe."

„Hast du dich denn nicht auch verändert?", gab der Fuchs zu bedenken. „Hättest du dir am Beginn dieser Reise träumen lassen, mit eigenen Händen zu töten?"

„Nein, ganz bestimmt nicht", antwortete Elisa. „Aber ich bin sicher, dass es richtig war. Der kleine Prinz hätte es genauso gemacht. Er musste ja auch die Raupen töten, die seiner Rose gefährlich wurden."

Und sie sprach weiter: „Ich musste mich entscheiden. Ich musste die zutraulichen Fische töten, weil ich mich für dich entschieden hatte. Sie sind gestorben, damit du leben kannst. Ihr Tod war darum nicht sinnlos. Du bist mein Gefährte. Ohne dich wäre ich sehr einsam. Und so lange wir zusammen sind, werde ich mich immer für dich entscheiden, weil du sehr wertvoll für mich bist."

Da legte der Fuchs den Kopf in Elisas Schoß und weinte.

47. Nach dem Regen

Der Wind wisperte in den Getreidehalmen, und die Kräuter und Blumen am Straßenrand dufteten herrlich seit dem erfrischenden Regenguss, als wollten sie sich dafür bedanken. Die Sonne war damit beschäftigt, die letzten nassen Stellen in den Mulden und Ritzen des schadhaften Asphalts zu trocknen. Über dem Kornfeld stieg eine Lerche jubilierend in die Höhe.

Ich war ein paar Schritte beiseite gegangen, um Elisa eine kleine Erzählpause zu gewähren. Unauffällig steckte ich mein Taschentuch wieder ein, das ich eben benötigt hatte.

„Aus meinem Geschäft wird heute nichts mehr“, sagte ich. „Die ganze Zeit hat sich kein einziges Fahrzeug blicken lassen. Ich geb’s auf.“
„Ist das sehr schlimm für Dich?“, fragte Elisa.
Ich winkte lächelnd ab. „Es gibt Schlimmeres.“

Was sich weiterhin auf Elisas Sternenreise ereignete, entnahm ich zum Teil ihrer Erzählung, teilweise aber auch ihrem Tagebuch, das sie sehr sorgfältig geführt hatte. Ich hoffe auf das Verständnis des geneigten Lesers dafür, dass ich einiges aus diesem Tagebuch gekürzt oder weggelassen habe. Denn überwiegend bestand sein Inhalt aus Beschreibungen vergeblicher Expeditionen auf größtenteils unbewohnte Kleinplaneten. Bei manchen ließen Elisa und der Fuchs es damit bewenden, sie einfach nur zu umkreisen. Bei manchen sah man schon von weitem, dass auf ihnen kein Mensch leben konnte, besonders wenn sie ausschließlich aus Eisen, aus Stein oder nur aus Eis und Schnee bestanden. Es würde viel zu weit führen, sie alle aufzuzählen. Die beiden Reisenden fanden aber auch Planeten, auf denen herrliches Obst wuchs, köstlich schmeckende Früchte, auch Blätter und Wurzeln, die sie noch nie zuvor probiert hatten. Andere Asteroiden schürten allein durch ihren schönen Anblick die Hoffnung, Spuren des kleinen Prinzen auf ihnen zu finden. Doch die meisten erwiesen sich leider nur als einsame, kosmische Inseln, die noch von keinem menschlichen Wesen betreten worden waren. Ich will das nicht ganz unerwähnt lassen, damit mein Leser eine ungefähre Vorstellung von den Strapazen bekommt, denen sich Elisa und ihr Begleiter auf der Suche nach dem Planeten des kleinen Prinzen unterzogen. Fortan soll es hier also nur noch um die allerwichtigsten Stationen dieser Reise gehen.

48. Das Archiv der verschwundenen Menschen

Elisa und der Fuchs waren weit in die Region der Asteroiden vorgedrungen. Die Größe der Sonnenscheibe, nach der sie sich stets orientierten, war bereits merklich geschrumpft.

Unversehens tauchte ein Asteroid vor ihnen auf, der aus der Ferne wie ein gewaltiges Papierknäuel aussah. Aus einer näheren Umlaufbahn war zu erkennen, dass auf ihm lauter Regale standen, die von einer Unmenge Papier überquollen. Der ganze Planet schien gleichsam eine Kruste aus Papier zu haben.

Gespannt hielt der Fuchs mit seinem unversehrten Auge Ausschau. Über dem anderen trug er jetzt eine Augenklappe.

„Wo Papier ist, können Menschen nicht weit sein", murmelte er.

„Wie kommst du denn darauf?", fragte Elisa.

„Weil Papier eine rein menschliche Angelegenheit ist", antwortete er. „Oder kennst du irgendein anderes Wesen im Universum, das so etwas benötigt? Aber die Menschen können heutzutage ohne Papier gar nicht mehr existieren."

Der Fuchs sollte Recht behalten. Bald sichteten sie hinter einem hohen Gipfel loser Papierblätter einen Mann mit Brille und Ärmelschonern, der heruntergefallene Akten in eines der Regale schichtete.

„Wie viel Papier es hier gibt!", begann Elisa das Gespräch, nachdem sie sehr vorsichtig zwischen zwei Aktenstapeln gelandet war.

Der Mann tupfte sich mit einem Taschentuch den Schweiß von der Stirn.

„Ich habe kaum noch Platz für mein Archiv. Alles versinkt im Papier. Seit Jahren schon warte ich auf die Genehmigung für den Umzug auf einen größeren Planeten."

Er musterte Elisa über den oberen Rand seiner Brille hinweg und fragte: „Woher kommst du?"

„Von der Erde“, antwortete sie. Die Augen des Archivars schienen aufzuleuchten.
„Oh, die Erde ist riesengroß. Dort wäre Platz!“
„Ich suche nämlich den kleinen Prinzen“, lenkte Elisa das Gespräch ohne weitere Umschweife auf ihr eigentliches Anliegen. „Haben Sie zufällig von ihm gehört?“
„Schon möglich“, meinte der Archivar. „Wenn er als vermisst gemeldet ist, muss er hier irgendwo sein.“
Elisas Herz begann heftiger zu schlagen.
„Der kleine Prinz könnte hier sein?“
„Alle Vermissten sind hier“, erwiderte der Archivar. „Dies ist das Archiv der verschwundenen Menschen. Sie stecken alle in diesen Aktenordnern.“
„Ach so ist das“, sagte Elisa enttäuscht vor sich hin.
„Die meisten existieren mit großer Wahrscheinlichkeit nur noch auf dem Papier“, erläuterte der Archivar. „Solange es noch einen Funken Hoffnung gibt, stehen sie in den Regalen. Wenn sie tot oder lebend gefunden werden, kommen sie in die Endablage zu den erledigten Fällen.“
Elisa meinte ziemlich entmutigt: „Dann werden Sie mir wohl auch nicht viel helfen können.“
Sie wollte sich schon verabschieden, als ihr der Archivar anbot: „Aber ich kann dir eventuell sagen, ob die betreffende Person möglicherweise unter falschem Namen gelebt oder eine Gefängnisstrafe verbüßt hat. Ich könnte auch nachschauen, ob sie nach ihrem Verschwinden irgendwo gesehen wurde oder ob sie sich bereits in der Endablage befindet.“
In Elisa glomm wieder eine leise Zuversicht auf.
„Ja“, sagte sie, „das könnte mir bestimmt etwas nützen. Man kann nie wissen.“
Da stupste sie der Fuchs ans Knie.
„Was ist?“, flüsterte sie.

„Frag ihn, ob er auch Füchse in seinen Akten hat“, bat er. „Meine Eltern und meine Geschwister …“
„Und was ist mit Füchsen?“, erkundigte sich Elisa.
„Füchse?“, fragte der Archivar mit einem flüchtigen Seitenblick auf Elisas Begleiter.
„Ja“, stellte sie klar. „Wenn zum Beispiel jemand einen Fuchs vermisst …“
„Ich kenne niemanden, der einen Fuchs vermissen würde“, erwiderte der Archivar. „Also nein, wilde Tiere führen wir nicht in unserer Kartei. Wo kämen wir denn da hin!“

Elisa blickte den Fuchs bedauernd an. Der senkte enttäuscht seine Ohren. Die beiden folgten dem Archivar durch eine sich hinter dem Horizont verlierende Reihe riesenhoher Regale. Dabei erklärte der Mann auf die jeweiligen Bereiche weisend: „Dies hier sind die vermissten Seeleute der versunkenen Schiffe, und das dort die Forscher, die sich zu tief in die Urwälder oder zu weit in

die Wüsten gewagt haben. Da stehen all die Familienväter, die eines Tages aus dem Hause gingen, um nie mehr zurückzukehren. Das ist die Endablage der verschütteten Bergleute. Die gesamte rückwärtige Hälfte des Planeten ist angefüllt mit Soldaten, die in den längst beendeten Kriegen verschollen sind. Und hier beginnen die langen Reihen der verlorenen Kinder. Viele von ihnen sind schon so lange vermisst, dass sie eigentlich keine Kinder mehr sein dürften, wenn du verstehst, was ich meine."
Elisa war sehr nachdenklich geworden. Der Archivar blieb stehen und fragte: „Wie war doch gleich der Name?"
„Kleiner Prinz", beeilte sich Elisa zu sagen. Der Archivar wiederholte in amtlich strengem Tonfall: „Familienname: Prinz. Vorname: Kleiner."

Erwartungsvoll beobachtete Elisa, wie der Archivar seine Ärmelschoner zurechtzupfte und eine hohe Stehleiter erkletterte, um in den oberen Reihen des betreffenden Regals zu kramen. Es begann eine langwierige Suche.
„Er hat weizenblondes Haar", sagte Elisa, die allmählich ungeduldig wurde. „Und er hatte einen Fuchs zum Freund. Er hatte auch eine Blume, wegen der er …"
„Das tut in diesem Fall nichts zur Sache", brummte der Archivar, womit er Elisa zum Verstummen brachte. Mit leeren Händen stieg er von der Leiter herab. Angestrengt rückte er sie ein Stück weiter und fuhr an einer anderen Stelle mit dem Suchen fort.

Elisa saß derweil auf einem Papierstapel. Sie hatte die Ellenbogen auf ihre Knie gestützt und das Kinn in ihre Hände. Neben ihr lag der Fuchs, der mit seinem gesunden Auge die gemächlichen Bewegungen des Archivars verfolgte. Die großen Regale warfen allmählich lange Schatten in der Abendsonne. Da endlich, endlich schien der Archivar fündig geworden zu sein. Er blies den Staub von einem hervorgezogenen Ordner und sagte: „Ach, da haben wir ihn ja."

Elisa bekam jetzt wieder dieses bewusste Herzklopfen. Am Boden angekommen zeigte ihr der Archivar eine alte, schon ganz vergilbte Zeichnung und fragte: „Ist das die gesuchte Person?“
„Ja!“, rief Elisa erfreut. „Das ist der kleine Prinz! Steht da drin, wo er zuletzt gesehen wurde?“
„So einfach geht das nicht“, wehrte der Archivar ab. „Ich habe meine Anordnungen zu befolgen. Erst einmal musst du mir eine Genehmigung vorweisen.“
„Was denn für eine Genehmigung?“, wunderte sich Elisa.
„Eine Genehmigung, die dich berechtigt, Informationen über die gesuchte Person zu erhalten. So ist das nun mal. Sonst könnte ja jeder kommen.“
Elisa musste den Archivar ziemlich entsetzt angesehen haben, denn er fügte bedauernd hinzu: „Das ist Vorschrift. Daran kann ich leider nichts ändern.“
Er legte die Zeichnung in den Ordner zurück und klappte ihn mit starrsinniger Unerbittlichkeit zu. Elisa begriff, dass es sinnlos wäre, ihn um eine Ausnahme zu ersuchen.
„Und woher bekomme ich diese Genehmigung?“, fragte sie zerknirscht.
„Gleich auf dem übernächsten Asteroiden in dieser Richtung“, antwortete der Archivar und wies dabei auf ein winziges Lichtpünktchen über dem Papierhorizont. Als Elisa sich seufzend abwandte, sagte er noch: „Ordnung muss sein.“

Während sich die Panzerglasscheibe schloss, wunderte sich der Fuchs kopfschüttelnd: „Man muss wohl ganz besonders klug sein, um sich eine so eigenartige Ordnung zu erschaffen.“
Dann sirrte die Silberkugel gedankenschnell auf den bezeichneten Punkt zu.

49. Der Antrag

Der Kleinplanet war von einem Bürokraten bewohnt, der an einem Tisch hinter einer Glasscheibe hockte und mit außerordentlicher Sorgfalt Bleistifte anspitzte.
„Guten Abend“, sagte Elisa eilig, denn es begann bereits zu dunkeln. „Ich hätte gern eine Genehmigung.“
„Du siehst doch, dass ich beschäftigt bin“, brummelte der Bürokrat ohne aufzublicken und spitzte in aller Seelenruhe den nächsten Bleistift.
„Aber es ist sehr wichtig für mich“, erklärte Elisa nachdrücklich.
„Setz dich und warte, bis du aufgerufen wirst“, sagte der Bürokrat und wies beiläufig auf eine etwas abseits stehende Bank, die so aussah, als hätte schon lange niemand mehr darauf gesessen, denn sie war ziemlich verstaubt. Elisa wollte zunächst weiter auf ihr Anliegen drängen, doch wegen des überaus mürrischen Gesichtsausdruckes des Mannes hielt sie es für besser, sich seiner Anweisung zu fügen. Der Fuchs blickte sie fragend an. Elisa erwiderte seinen Blick und seufzte. Schweigend beobachteten die beiden, wie der Mann unbeirrt in seiner Beschäftigung fortfuhr. Die Zeit verstrich. Elisa scharrte ungeduldig mit den Füßen. Der Fuchs hatte sich unter der Bank zusammengerollt. Sein gesundes Auge blinzelte schläfrig. Endlich, endlich schien der Bürokrat mit dem letzten Bleistift fertig zu sein. Erwartungsvoll trat Elisa wieder vor die Glasscheibe. Da blickte der Mann auf die Uhr und sagte: „Feierabend. Komm morgen wieder!“
Er hängte ein Schild mit der Aufschrift GESCHLOSSEN an die Scheibe und zog einen Vorhang zu, sodass er nicht mehr zu sehen war. Dann knipste er das Licht aus.

Elisa und der Fuchs mussten also die Nacht auf dem tristen, muffig riechenden Planeten verbringen. Zum Glück drehte er sich viel schneller als die Erde. Trotzdem kam den beiden die Warterei wie eine Ewigkeit vor.

Kurz nach Sonnenaufgang zog der Bürokrat den Vorhang auf und nahm das Schild herunter. Gähnend setzte er sich auf seinem Stuhl zurecht und sortierte die Bleistifte vor sich auf dem Tisch, um damit zu beginnen, sie anzuspitzen, obwohl das eigentlich gar nicht nötig war.
„Guten Morgen", sagte Elisa in recht energischem Tonfall. „Ich war gestern schon einmal da. Es geht um eine Genehmigung für eine Auskunft."
„Dann musst du erstmal das Antragsformular ausfüllen", brummte der Bürokrat und kramte ein Blatt Papier aus einer Schublade hervor. Ohne Elisa anzusehen schob er es durch einen Schlitz unter der Glasscheibe hindurch. AUSKUNFTSGENEHMIGUNGSANTRAG stand mit großen Buchstaben darauf geschrieben. Eilig trug Elisa ihre Personalien ein und schob das Papier durch den

Schlitz zurück. Weil der Mann es nicht zu bemerken schien, sagte sie: „Fertig."
Da er immer noch nicht reagierte, fragte sie: „Und was weiter?"
Unwillig hob der Bürokrat den Blick.
„Das Dokument muss geprüft und abgestempelt werden", erklärte er mürrisch.
„Dann tun Sie das doch", forderte Elisa ihn auf. Der Bürokrat lehnte sich auf seinem Stuhl zurück und legte seine Stirn in Falten.
„Das liegt absolut nicht in meiner Kompetenz", wies er das Anliegen ab. „Wenn ich dir die Genehmigung abstempeln würde, könnte es eine Fehlentscheidung sein."
„Ich muss aber eine Genehmigung haben", begann Elisa zu erläutern, „sonst darf mir der Archivar auf dem Papierplaneten keine Auskünfte …"
Der Bürokrat fuhr ihr streng ins Wort: „In meiner Position ist es oberstes Gebot, Fehlentscheidungen zu vermeiden. Darum werde ich es *nicht* abstempeln. Nur so kann ich hundertprozentig sicher sein, keinen Fehler zu begehen."
„Und woher bekomme ich dann meine Genehmigung?", wollte Elisa wissen. Hierauf zuckte der Bürokrat nur mit den Schultern und pustete die Holzspäne aus seinem Bleistiftanspitzer.
„Ich bin doch hier schließlich kein Auskunftsbüro", brummte er.
Elisa wurde nun aber ziemlich ärgerlich.
„Dann werde ich wohl am besten Ihren Vorgesetzten aufsuchen", sagte sie und winkte dem Fuchs. „Komm, wir gehen."
„Ach, äh", ließ sich der Bürokrat vernehmen. Elisa und der Fuchs wandten sich ihm wieder zu.
„Da fällt mir ein …", stammelte der Bürokrat, „naja … für die Erteilung der Genehmigung kann ich in der Tat keine Verantwortung übernehmen. Es sei denn, du bringst mir eine gültige Erlaubnisbescheinigung für die Genehmigungserteilung. Und die bekommst du gleich auf dem nächsten Planeten in dieser Richtung."

50. Kosmische Bürokratie

„Wenn du mit Bürokraten zu tun hattest“, sagte ich, „dann weißt du ja wie es ist, wenn sie einem lauter Hindernisse in den Weg stellen, damit nichts gelingt, was man sich vorgenommen hat.“
„Trotzdem gebe ich die Hoffnung niemals auf“, erwiderte Elisa mit der ihr eigenen, liebenswürdigen Hartnäckigkeit.
„Mich macht dieser ganze Bürokratenklüngel immer richtig wütend“, bekannte ich.
„Vielleicht sollten wir ein Stück gehen“, schlug Elisa vor, „damit du dich ein bisschen beruhigst.“

Ich überlegte, ob es richtig wäre, mich jetzt einfach so von diesem Platz zu entfernen. Doch es würde ja nicht lange dauern.
„Du hast recht“, stimmte ich zu. „Wenn ich ständig mein kaputtes Auto vor Augen habe, höre ich überhaupt nicht mehr auf, mich zu ärgern.“
Ich warf das Abschleppseil in den Kofferraum und schloss den Wagen ab.

Elisa führte mich zu einem schmalen Pfad, der am Weizenfeld entlang auf ein kleines Waldstück zulief.
„Ich will dir noch etwas Wichtiges geben“, kündigte sie an. „Aber das habe ich jetzt nicht dabei.“
„So? Was ist es denn?“, wollte ich wissen.
Elisa ließ im Gehen einige Weizenähren durch ihre gespreizten Finger gleiten und erwiderte: „Du musst erst die *ganze* Geschichte kennen.“
„Also wie ist es dann weitergegangen?“, fragte ich gespannt. „Hast du diese dumme Genehmigung bekommen?“
Elisa erzählte weiter. Sie musste also zum nächsten Planeten fliegen, um sich eine Erlaubnisbescheinigung für die Genehmigungserteilung zu besorgen. Dort erfuhr sie, dass sie zusätzlich eine Gestattungsbestätigung für die Erlaubnisbescheinigung benötigte.

Aber die sollte sie erst bekommen, wenn sie ein Durchführungsersuchen gestellt hatte. Ich konnte darüber nur mit dem Kopf schütteln.
„Das Ganze verlief so“, berichtete Elisa, „dass ich von einer Behörde ständig zur nächsten geschickt wurde. Es war beinahe wie in einem Dschungel, in dem man sich allmählich verirrt. Oft musste ich lange auf harten Bänken sitzen und warten. Ich verlor eine Unmenge Zeit. Es ist eine finstere Gegend im Weltall, wo die Bürokraten ihr Unwesen treiben. Schließlich sagte der Fuchs: ‚Das hat doch alles keinen Sinn. Lass uns umkehren. Mir ist eingefallen, wie wir das Problem lösen können.‘“

51. Die Beamtenbestechung

„Hallo, einen wunderschönen, guten Tag“, sagte Elisa mit ausgesuchter Höflichkeit, als sie wieder vor der Glasscheibe des bleistiftspitzenden Bürokraten stand. Unauffällig schlüpfte der Fuchs zwischen ihren Beinen hindurch unter den Schreibtisch.
„Ich habe mich ein kleines bisschen verflogen“, begann sie zu erklären. „Wahrscheinlich hatte ich Sie missverstanden.“
„Das liegt nicht in meinem aufgabengemäßen Verantwortungsbereich“, stellte der Bürokrat rigoros klar.
„Natürlich“, stimmte ihm Elisa zu, „da trifft mich ganz allein die Schuld. Aber könnten Sie mir bitte liebenswürdigerweise noch einmal den Planeten zeigen, auf dem ich die Erlaubnisbescheinigung für die Auskunftsgenehmigung bekomme?“
Der Bürokrat hob den Kopf und blickte Elisa entrüstet an. Sie beeilte sich zu sagen: „Ich weiß, Sie sind ein viel beschäftigter Mann. Ich hoffe, es macht Ihnen nicht allzu große Umstände.“

„Na, da ist er doch“, knurrte der Bürokrat und wies mit dem Finger senkrecht nach oben. Elisa kniff die Augen zusammen und starrte angestrengt in den Himmel.
„Ist es der da?“, fragte sie, wobei sie auf einen anderen zeigte.
„Nein, der!“, korrigierte sie der Bürokrat ungehalten, indem er den ganzen Arm in die Höhe reckte. Dem Mädchen gelang es scheinbar nicht, den angezeigten Lichtpunkt zu entdecken.
„Ach, wissen Sie“, sagte Elisa, indem sie ehrfürchtig den Kopf neigte, „ich bin mir ja darüber im Klaren, dass es Sie bestimmt sehr viel Mühe kosten würde. Aber wäre es Ihnen eventuell doch möglich, hinter der Scheibe hervorzukommen und hier noch einmal genau auf den Planeten zu deuten, damit jede Verwechslung ausgeschlossen ist?“
Der Bürokrat lehnte sich auf seinem Stuhl zurück und schüttelte missbilligend den Kopf.
„Weißt du eigentlich, was du da von mir forderst?“, fragte er mit anklagend erhobener Stimme. „Abgesehen davon, dass es in keinster Weise zu meinen pflichtgemäßen Arbeitsaufgaben gehört, diesen Platz zu verlassen, wäre ich gar nicht in der Lage, ein solch anmaßendes Anliegen zu erfüllen. Ich bin ein kranker Mann. Die sitzende Tätigkeit hat über die Jahre meine desolate Gesundheit ruiniert. Ich habe einen chronologischen Bandscheibenschaden und eine entomologische Magenverstimmung, die sich in akustischen Blähungen äußert. Deswegen muss ich stündlich mehrmals mein Gesäß von diesem Stuhl erheben, was auf Dauer unerträglich transpirativ ist. Außerdem löst jede, auch die geringste Änderung meines gewohnten Tagesablaufes bei mir heftige Anfälle von obskurer Migräne aus. Und du verlangst, ich soll zusätzlich …“
„Oh, Sie glauben ja gar nicht, wie leid mir das tut“, versicherte Elisa. „Aber was die Magenverstimmung angeht, da hätte ich etwas, das Ihnen bestimmt helfen könnte.“

Die Augen des Bürokraten vergrößerten sich erwartungsvoll.
„Ich habe da nämlich ein hervorragendes Naturheilmittel von einem entfernten Planeten“, sagte Elisa. Schnell holte sie zwei von den großen Nüssen der Pilzkronenbäume aus der Silberkugel und hielt sie dem Bürokraten entgegen, der nun doch hinter der Glasscheibe hervortrat. Er nahm die Nüsse und betrachtete sie interessiert.
„Und die wirken tatsächlich?“
„Ganz besonders bei Blähungen“, bestätigte Elisa mit diskret gedämpfter Stimme. Der Bürokrat sah sich verstohlen um und beugte sich ein wenig zu ihr herab.
„Aber die Sache muss unter uns bleiben“, wisperte er. „Wenn es herauskäme, könnte man es als vollendete Beamtenbestechung in Tateinheit mit Korruption auslegen.“
„Selbstverständlich“, versprach Elisa, wobei sie vertraulich ein Auge zukniff. Der Bürokrat steckte sich schnell die Nüsse in die Hosentaschen, die davon auffällig ausgebeult wurden, und sagte in amtlichem Ton: „Also dann werde ich dir zeigen, wo sich der betreffende Planet befindet, wenngleich ich wohlgemerkt nicht dazu verpflichtet bin.“
Er reckte seinen Arm mit ausgestrecktem Finger in die Höhe und sagte: „Es ist genau der dort.“
Elisa schaute gar nicht hin, denn sie hatte bemerkt, wie der Fuchs mit einem Blatt Papier im Maul geduckt hinter dem nach oben weisenden Mann vorbeihuschte. Auf einmal hatte sie es eilig.
„Also dann gute Besserung“, wünschte sie und stieg in die Silberkugel.
„Weißt du jetzt, wo es langgeht?“, wollte sich der Bürokrat vergewissern.
„Essen Sie die Nüsse vor dem Frühstück auf nüchternen Magen“, empfahl Elisa, als sie sich anschnallte. „Und trinken Sie unbedingt viel Sprudelwasser dazu. Dann wirken sie am besten.“

Als die Kanzel geschlossen war, fragte Elisa den Fuchs: „Na? Hat es geklappt?“
„Klar“, erwiderte er und präsentierte die abgestempelte Genehmigung.
„Das hast du großartig gemacht“, lobte ihn Elisa.
Der Fuchs richtete stolz seine Ohren auf.
„Schade nur um deine letzten beiden Nüsse“, bedauerte er.
„Die waren doch längst nicht mehr frisch“, gestand Elisa. Während sich die Silberkugel vom Planeten erhob, fragte sie: „Weißt du eigentlich, was passiert, wenn man ranzige Nüsse isst und Sprudelwasser darauf trinkt?“
„Kann ich mir denken“, grinste der Fuchs. „Das ergibt im Magen eine ziemlich explosive Mischung.“

52. Der vergessene Dank

„Da sind wir wieder“, sagte Elisa, als sie erneut auf dem Papierplaneten ankamen.
„Oh, das ging aber schnell“, wunderte sich der Archivar. Elisa war in diesem Punkt etwas anderer Ansicht. Aber wie musste es erst Leuten ergehen, die über keine gedankenschnelle Silberkugel verfügten? Sie wies ihre abgestempelte Genehmigung vor, die der Archivar zunächst gründlich prüfte. Dann verfolgte sie gespannt, wie er endlich den Aktenordner aufschlug. Der Fuchs trat mit gespitzten Ohren näher.
„Also“, begann der Archivar. Er rückte noch einmal umständlich seine Brille zurecht und las: „Name: Prinz; Vorname: Kleiner; Haarfarbe: weizenblond; geschätztes Alter zum Zeitpunkt des Verschwindens: circa 10 bis 12 Jahre; besondere Kennzeichen:

trug ständig einen gelben Seidenschal; zuletzt gesehen: vermutlich 24. Juli anno 1936; Ort des Verschwindens: Planet Erde, Wüste Sahara, in der Nähe eines Ziehbrunnens an einem uralten Mauerrest; sonstige Bemerkungen: vermisste Person war in verletztem Zustand – Klammer auf – medizinisch behandlungsbedürftiger Schlangenbiss oberhalb des linken Fußknöchels – Klammer zu. Vermisst gemeldet durch: Name: de Saint-Exupéry; Vorname: Antoine; Nationalität: französisch; Beruf: Flieger; gegenwärtiger Aufenthaltsort des Zeugen: Endablage der Vermisstenkartei."
Der Archivar blickte auf.
„Aber das wusste ich doch schon alles", meinte Elisa enttäuscht. Nach einer Weile fragte sie: „Mehr steht dort nicht?"
Der Archivar hob bedauernd die Schultern und klappte den Ordner zu. Als Elisa den Papierplaneten verließ, vergaß sie absichtlich, ‚Danke' und ‚Auf Wiedersehen' zu sagen.

53. Der verwahrloste Asteroid

Bei ihrer Weiterreise sahen Elisa und der Fuchs, wie in weiter Entfernung ein Schwarm flimmernder Lichtpünktchen ihre Flugroute kreuzte.
„Es sieht aus wie ein Vogelschwarm", stellte der Fuchs fest.
„Tatsächlich", pflichtete Elisa ihm bei. „Es heißt, dass der kleine Prinz wahrscheinlich mit einem Schwarm wilder Vögel gereist ist. Aber das steht nicht genau fest. Der Flieger hat es nur vermutet."
Beim Näherkommen erwiesen sich die Lichtpünktchen als ein ganz gewöhnlicher Meteoritenstrom. Er bestand aus unförmigen, rotierenden Steinen, deren glänzende Oberflächen von ferne im

Lichtspiel der Sonnenstrahlen den Anschein schlagender Vogelflügel erweckten. Elisa wollte bereits ein Ausweichmanöver durchführen, da sagte der Fuchs: „Könnte es nicht einen Zusammenhang zwischen der Vermutung des Fliegers und diesem Meteoritenstrom geben?"
„Möglich wäre es", überlegte Elisa. „Lass uns sehen, in welche Richtung er zieht."
Also folgten sie dem steinernen Schwarm, der im Vergleich zur Silberkugel aber nur langsam vorankam. Die Zeit verstrich, ohne dass etwas Besonderes geschah. In dem Gebiet, durch das sie sich bewegten, gab es so gut wie gar keine Himmelskörper.

Nach etlichen Stunden sichteten sie einen Asteroiden, der eine trostlos graue Farbe hatte. Er ähnelte nicht im Entferntesten dem, wonach sie auf ihrer Reise stets Ausschau hielten. Doch er lieferte ihnen letztendlich den Ausschlag dazu, ihre inzwischen gesunkene Hoffnung aufzugeben. Sie entschieden sich dennoch, auf ihm zu landen, um sich ein wenig die Beine zu vertreten.

Es war eine ganz abgelegene Gegend im Weltall, sehr einsam und still. Der Meteoritenstrom zog wie ein flimmernd flatternder Vogelschwarm davon und tauchte allmählich in einen der kosmischen Nebel ein, die hier besonders schön leuchteten. Das graue Aussehen des Planeten rührte von einer dicken Staubschicht her. Als Elisa die Kanzel öffnete, fröstelte sie in der kühlen Atmosphäre. Doch als sich die Sonne über dem nahen Horizont erhob, nahm der Himmel eine wunderschöne türkise Farbe an. Und der Staub, der von weitem so trostlos grau ausgesehen hatte, glitzerte im einfallenden Licht wie silberner Schnee.

Außer vielen Disteln standen auch einige größere Gewächse mit fleischig dicken Blättern umher.
„Ich habe noch nie vorher Affenbrotbäume gesehen", sagte Elisa zum Fuchs. Sie hatte die Bäume sofort an ihren Wurzeln erkannt, die sich wie die Finger knorriger Hände in den Planeten krallten.

Einer der Bäume reichte ihr gerade bis zu den Schultern. Sie versuchte, ihn auszureißen. Obwohl sie sich ganz ordentlich anstrengte, erreichte sie nur, dass sich die Wurzeln noch tiefer ins Erdreich bohrten, wobei sie ein unwilliges Knarren von sich gaben.

„Diese Bäume sind wirklich gefährlich“, bemerkte Elisa, als sie schnaufend zurücktrat. Dabei stieß sie versehentlich mit der Ferse gegen etwas an. Fast wäre sie gestolpert. Zuerst hielt sie es für einen Maulwurfshügel, doch es hatte so merkwürdig hohl geklungen. Beim genaueren Hinsehen erkannte sie, dass dieses Hügelchen oben ein Loch hatte.

„Könnte das nicht ein kleiner Vulkan sein?“, fragte sie. Der Fuchs hielt schnuppernd seine Nase darüber.

„Vermutlich schon lange erloschen“, meinte er. Wenige Schritte entfernt entdeckten sie einen ganz ähnlichen Hügel. Und etwas weiter noch einen. Drei kleine Vulkane! Als sie weitergingen, sah Elisa einen Gegenstand vor sich auf der Erde. Sie hob ihn auf und schüttelte den Staub herunter. Es war eine Kleiderbürste. Wie konnte eine Kleiderbürste auf diesen abgelegenen Planeten gelangen?

„Sieh mal, was ich hier habe!“, rief der Fuchs und rollte mit seiner Schnauze eine auf der Seite liegende Glasglocke hinter einer Distelstaude hervor. Elisa spürte, wie ihr wohlbekanntes Herzpochen wieder einsetzte. Sie sah sich jetzt gründlicher um. Der Fuchs stöberte in Grasbüscheln und im Geflecht der Affenbrotbaumwurzeln umher. Und tatsächlich fanden sie nach und nach noch weitere Utensilien, die darauf schließen ließen, dass dieser Asteroid einst bewohnt gewesen war. Da lagen ein Trinkbecher, eine Bratpfanne, ein Löffel und eine Gießkanne. Und dort stand ja auch der Stuhl, den der kleine Prinz nur einige Schritte weiter zu rücken brauchte, wenn er alle paar Minuten einen Sonnenuntergang erleben wollte …

„Er ist es", sagte Elisa tonlos. Es gab keinen Zweifel: Dieser unscheinbare, völlig verwilderte Himmelskörper war einmal das Zuhause des kleinen Prinzen gewesen – vor langer, langer Zeit.

Stumm und hilflos stand Elisa nun am Ziel ihrer langen Reise. Mitfühlend sah der Fuchs sie an. Er allein, der diesen weiten Weg mit ihr gemeinsam zurückgelegt hatte, nur er allein konnte wirklich ermessen, wie ihr in diesem Moment zumute war. Er schwieg, denn er spürte, dass alle tröstenden Worte nur im Staub dieses Planeten versickern würden wie Regentropfen im Wüstensand.

Elisa bürstete den Stuhl sauber, trug ihn an eine Stelle, von der aus sie gleich den Sonnenuntergang sehen würde, und setzte sich. Und im orangeroten Schein des Abendlichts befiel sie eine so tiefe Schwermut, dass sie nicht einmal mehr weinen konnte. Nun stand es also unwiderruflich fest: Der kleine Prinz war nicht mehr hierher zurückgekehrt. Was mochte mit ihm geschehen sein? In dem Buch heißt es nur: „Er fiel sachte, wie ein Blatt fällt. Ohne das leiseste Geräusch fiel er in den Sand ..."

Elisa rückte den Stuhl nicht weiter. Sie saß still an ihrem Platz und betrachtete lauschend den klaren Nachthimmel in seiner unbegreiflichen Pracht. Es schien ihr, als läge ein großes Geheimnis hinter dem spöttischen Blinzeln der Sterne. Sie fühlte sich diesem Geheimnis sehr nah, vermochte jedoch nicht zu erahnen, welchen Schatz es vor ihr verbarg. Es war genau so rätselhaft wie das nächtliche Rascheln an unserer Zimmerwand, von dem wir nicht wissen, was es ist, und das plötzlich verschwindet, wenn wir das Licht anknipsen.

Elisa tat das Herz weh, und sie dachte: ‚Das ist die Sehnsucht. Aber wenn man in den Himmel schaut und dabei Sehnsucht bekommt, dann muss doch da oben irgendetwas sein …‘

54. Die Farbe des Weizens

„Soll deine Geschichte wirklich so unglücklich enden, wo sie doch so hoffnungsvoll angefangen hat?“, fragte ich bedrückt, während ich neben Elisa den Weg am Kornfeld entlangschlenderte. Sie antwortete nicht gleich. Sie setzte sich an den Feldrain und band auf ihrem Schoß den Kornährenstrauß, den sie inzwischen gepflückt hatte, mit einem Grashalm zusammen.

„Ich hab lange auf dem Stuhl gesessen und nachgedacht“, erzählte sie weiter. „Und als hinter mir die Sonne aufging, wollte ich zurück zur Silberkugel. Da sagte der Fuchs: ‚Komm, ich muss dir was zeigen.‘ Ein paar Schritte abseits deutete er auf etwas, das ich nicht gleich erkannte. Zuerst dachte ich, es wäre eine von diesen Disteln. Aber es war ein hölzerner Stängel mit einer vertrockneten Knospe. Sie knisterte, als ich sie berührte. An dem Stiel waren

Dornen. Ich zählte sie. Es waren genau vier Dornen. Die Rose, sie war tot."

Elisa stellte sich auf einen Feldstein, der am Wegrand lag. Wir blickten beide über das wogende Kornmeer aus Millionen von wispernden Halmen.
„Er hatte weizenblondes Haar", hörte ich sie leise sagen. – Wie wunderschön dieses Kornfeld plötzlich aussah. Es war so schön, dass es fast schmerzte, es anzuschauen. Wie schön mochte es erst in den Augen eines Mädchens sein, das nach dieser Farbe in Fernen gesucht hatte, wohin selbst der wärmende Schein unserer Sonne ihr nicht mehr zu folgen vermochte. Dieses wehende Korn war deswegen schön, weil es uns an die Haarfarbe eines kleinen Prinzen erinnerte. Und wer das nicht wusste, dem blieb diese Schönheit verborgen.

„Nein, die Geschichte ist noch nicht zu Ende“, sagte Elisa und sprang von dem Stein. „Mein Großvater hat mir mal von den Indianern erzählt“, fuhr sie fort. „Indianer sind selten, weil sie fast ausgestorben sind. Im Weltall ist mir jedenfalls kein einziger begegnet. Sie sind ausgezeichnete Spurenleser, weißt du. Die Indianer suchen Spuren nicht nur unten auf dem Boden, sondern auch an den Bäumen und Sträuchern, selbst am Himmel, wo sie manchmal Rauchzeichen entdecken. Es kommt aber auch vor, dass sie eine Spur verlieren oder versehentlich eine falsche verfolgen. Wenn sie das merken, kehren sie dahin zurück, wo sie die richtige verloren haben, und fangen noch einmal von vorn an.“

55. Der kalte Wüstenplanet

Beim ersten Anflug mussten Elisa und der Fuchs vermutlich an der Erde vorbeigesaust sein. Sie merkten es daran, dass es in der Silberkugel unerträglich heiß wurde, weil sie sich der Sonne zu sehr genähert hatten. Irrtümlich flogen sie auf einen weiß leuchtenden Himmelskörper zu, doch sie drehten wieder ab, als sie erkannten, dass er vollständig von einer schimmernden Wolkenschicht umhüllt war. Das könnte die Venus gewesen sein. Sie kehrten um. Bald tauchte abermals der dunkelgraue Planet vor ihnen auf, dem sie bei ihrem ersten Vorbeiflug kaum Beachtung geschenkt hatten. Er ähnelte dem des Goldgräbers, wenngleich er wesentlich größer war. Eben wollte Elisa ihm in einer weiten Kurve ausweichen, als der Fuchs einen Laut der Verwunderung hören ließ.
„Sieh doch mal!“, rief er. Elisa blickte in die angezeigte Richtung, und ihr stockte der Atem. Sie sah das kummervoll zerfurchte Kratergesicht des Mondes auf sich gerichtet! Wie war denn so etwas

möglich? Hatte unser guter alter Mond etwa die Erde verlassen, um einen anderen Himmelskörper zu umkreisen? Das dort unten war nicht die Erde! Jedenfalls war es nicht die Erde, die sie kannten. Eine dichte, dunkelgraue Wolkendecke verbarg die Oberfläche des Planeten. Auf das Schlimmste gefasst steuerten sie auf ihn zu. Bald wurde die Silberkugel von finsteren Nebelschwaden verschluckt.

Sie landeten zuerst auf einem mit schmutzigem Schnee bedeckten Berggipfel. Die diesige Luft verwehrte ihnen wie ein undurchsichtiger Vorhang den Blick über das Land. Der Himmel sah aus wie rauchiges Glas. Es war unheimlich still und bitter kalt.

„Hallo!“, rief Elisa aufs Geratewohl.

„Hallo … hallo …“, antwortete eine ängstliche Kinderstimme von weit her.

„Wo bist du?!“, rief sie hoffnungsvoll in die undurchschaubare Weite hinaus.

„…bist du?… bist du?“, kam es zurück. Da wussten die beiden, dass sie es nur mit einem Echo zu tun hatten, und sie fühlten sich sehr verloren.

Lange, sehr lange schwebten sie im Tiefflug über eine endlos scheinende Ebene aus Steinen und Sand. Sie überquerten ein Meer, das ein einziges Wogen von schwarzgrauer Farbe war. Im Wolkendunst vor ihnen tauchte wieder Land auf, bedeckt mit Schnee, Steinen und Sand.

„Mir kommen die Worte von Professor Heuretes in den Sinn“, sagte Elisa. „Wenn man mit einer Rakete sehr schnell von der Erde wegfliegt und wieder zurückkommt, ist die Zeit auf der Erde schneller vergangen, als in der Rakete.“

Der Fuchs nickte stumm.

Sie landeten in den Ruinen einer großen Stadt, die wie das Skelett eines verdursteten Tieres in der kalten Wüste lag. Sie schritten

durch zerfallene Häuserzeilen, schauten in leere Fensterhöhlen, kletterten über Schutthügel und wanden sich durch sperriges Gewirr rostigen Metalls. Unter Elisas Sohlen knackten Glassplitter. Sie folgte dem Fuchs die steinerne Wendeltreppe eines wuchtigen Turmes empor, der kein Dach mehr hatte. Oben hing schief an verbogenen Streben eine mächtige Glocke. Elisa konnte die verwitterte Aufschrift entziffern: LOBET DEN HERRN. Die Glocke sah aus, als wäre sie schon seit tausend Jahren verstummt. Durch einen der hohen Mauerbögen ließen Elisa und der Fuchs ihre Blicke über die Ruinenstadt schweifen, die so tot war, dass in den Rissspalten ihrer bröckligen Straßen nicht einmal mehr Gras wuchs. Den beiden fehlte jedes Verständnis für das, was sie sahen und es fröstelte sie. Verbittert warf Elisa einen Mauerbrocken gegen die Glocke, die einen dröhnenden Klang von sich gab. Doch außer ihr und dem Fuchs war niemand mehr da, der es hören konnte. Da fiel ihr etwas ein.

„Komm“, sagte sie zum Fuchs. Und obwohl es im Grunde gar nicht nötig war, lief sie die Stufen so eilig hinab, dass ihr der Fuchs kaum folgen konnte.

56. Der Sturz ins NICHTS

„Ich habe etwas herausgefunden, worauf selbst dieser gewitzte Einstein nicht gekommen ist“, hatte Professor Heuretes gesagt. „Nämlich: Mit meiner Silberkugel könnte man unter gewissen Bedingungen nicht nur in die Zukunft, sondern auch in die Vergangenheit reisen.“

Um möglichst schnell voranzukommen, umflogen Elisa und der Fuchs den Asteroidengürtel diesmal in großem Bogen. Sie ließen den riesenhaften Jupiter hinter sich und zogen in weiter Entfernung an den Planeten Saturn, Uranus und Neptun vorbei. Und als sie die Umlaufbahn des Pluto passierten, hatten sie das Sonnensystem verlassen. Die Sonne selbst war inzwischen auf Kirschkerngröße geschrumpft und wurde ständig kleiner, bis sie sich durch nichts mehr von den zahllosen Sternen des Weltalls unterschied. Elisa wich noch einem verirrten Kometen aus und steuerte nun durch eine vollkommen sternenleere Region hindurch auf den Außenrand der Milchstraße zu. Ihre einzige Hoffnung war, dass das Experiment gelang, von dem der Professor gesagt hatte: „Das Selbst-Überholmanöver lässt sich zwar eindeutig berechnen, aber wenn ich den Realitätsfaktor mit einbeziehe, geht das Ergebnis stets gegen die Zahl Null. An diesem Punkt scheint sich die Wirklichkeit aufzulösen. Jenseits dieses Punktes beginnt ... das Große NICHTS.“

Tief beeindruckt erblickten die beiden Reisenden endlich die ganze majestätische Milchstraße unter sich, die, wie Ihr ja wisst, aus vielen Millionen Sternen besteht. Und nun sollte das Wagnis beginnen. Doch Elisa zögerte. Der Fuchs blickte fragend zu ihr hoch. „Was ist?“
Und als sie nicht reagierte, meinte er: „Du hast sicher genau so große Angst wie ich.“

Elisa nickte stumm.
„Was soll's?", seufzte der Fuchs. „Wir haben keine Wahl."
Elisa rückte noch einmal den Stirnreif zurecht und nahm das Steuerhorn fest in die Hände.
„Na dann los", sagte sie mit fester Stimme.

Die Silberkugel flog so schnell wie noch nie zuvor. Dann noch schneller. Und dann immer noch schneller. Durch die unglaubliche Beschleunigung wurde Elisa so fest in den Pilotensitz gepresst, dass sie kaum noch atmen konnte. Der Inhalt des Rucksackes, an den der Fuchs geschnallt war, wurde völlig zusammengequetscht. Zuerst waren die Sterne noch als vorüberhuschende Punkte zu sehen, dann wie Lichtstreifen von Sternschnuppen, und allmählich sahen sie tatsächlich wie eine Straße aus oder wie ein milchig schimmernder Fluss. Elisa nahm all ihre Gedankenkraft zusammen. Vor Anstrengung traten Schweißperlen auf ihr Gesicht und rollten am Stirnreif entlang in ihr Haar. Die Ohren des Fuchses bogen sich so weit zurück, dass sie eng an seinem Kopf anlagen. Kleine kosmische Staubteilchen prallten funkensprühend immer schneller gegen das Panzerglas der Kanzel, bis es sich wie ein prasselnder Hagelschauer anhörte. Nach ungefähr zwanzig Milchstraßenumrundungen fragte der Fuchs mit gepresster Stimme: „Siehst du auch, was ich sehe?"

Da erspähte Elisa vor sich in einiger Entfernung einen bläulichen Punkt, der ganze Wolken von Sternenstaub aufzuwirbeln schien.
„Ja", antwortete sie mit zusammengebissenen Zähnen, „das könnten *wir* sein."
Sie wünschte sich, noch schneller zu fliegen. Bald erkannten beide, dass es sich bei dem Objekt tatsächlich um eine Silberkugel handelte, die von einem blau pulsierenden Licht umgeben war. Elisas Herz pochte heftig. Sie gab noch mehr Geschwindigkeit zu. Immer dichter flog sie hinter der anderen Kugel her.

„Nun mach schon!“, stöhnte der Fuchs. „Überhol uns!“
Elisa setzte seitlich zum Überholen an. Aber was war das? Die vordere Kugel machte ihre Bewegung mit! Elisa versuchte zuerst links, dann rechts und sogar oben und unten an ihr vorbeizukommen, doch vergeblich. Die andere blieb stets vor ihr!
„Es funktioniert nicht!“, rief sie. „Der Professor hat sich möglicherweise verrechnet!“
„Gib nicht auf!“, forderte der Fuchs. „Versuche, sie beiseite zu stoßen!“
Also flog Elisa noch dichter an die andere Kugel heran. Und noch dichter. Es fehlten nur noch ein paar Millimeter.
‚Werden wir jetzt für immer so um die Milchstraße herumjagen?‘, fragte sich Elisa. ‚Oder wird es gleich einen lauten Knall geben, und dann …?‘

… kam alles ganz anders. Das Panzerglasfenster stieß gegen das Metall der vorderen Kugel. Es gab einen heftigen Ruck. Im selben Augenblick spürten die beiden Insassen einen dumpfen Schlag an ihre eigene Rückwand. Es war, als würden sie in die andere Kugel eindringen, und als dränge gleichzeitig eine weitere Kugel von hinten in ihre eigene ein, so als würden sie miteinander verschmelzen. Und auf einmal erstrahlte ein wunderschönes, helles Licht, in dem alles um sie her, die Sterne, die Silberkugel und auch sie selbst, sich aufzulösen schienen. Dann riss sie ein gewaltiger Wirbel in eine unendlich tiefe Finsternis.

Die Zeit blieb stehen.

Da war kein Herzpochen mehr. Kein Weltall. Kein Atem. Kein Geräusch. Kein Gedanke. Keine Fragen. Es war … nichts.

Absolut NICHTS.

57. Der uralte Schnitzer

„Fuchs?!“, rief Elisa noch ganz verwirrt, als sie wieder zu sich kam. „Fuchs, wo bist du?!“
Undeutlich sah sie hinter einem Nebelvorhang einen Lichtschein und ging darauf zu. Dort war jemand.
„Guten Tag“, sagte sie.
„Guten Tag“, antwortete der uralte Mann, der da auf einem Schemel saß und an einem Stück Holz schnitzte. Weil er fortgesetzt schwieg, begann Elisa schüchtern zu sprechen: „Ich habe leider keine Ahnung, wo ich hier bin. Ich komme gerade von der Erde, wissen Sie.“

„Ah, von der Erde“, wiederholte der Schnitzer und hob seinen Kopf. Obwohl sein Gesicht keinen unfreundlichen Ausdruck zeigte, fürchtete sich Elisa ein wenig vor dem Blick seiner sonderbar klaren Augen. Mit einem Anflug von Wehmut sagte der Alte: „Mein Sohn ist dort geboren, auf der Erde. Aber das ist schon lange her. Sehr lange.“

Flüchtig strich er mit dem Handrücken ein silbriges Fünkchen von seiner runzligen Wange, das dort erglommen war, und vertiefte sich wieder in seine Arbeit.

„Sie schnitzen da einen Menschen, nicht wahr?", nahm Elisa das Gespräch erneut auf.

„Ja, einen Menschen", antwortete der Alte. Es schien, als sei dies ein Thema, das ihn sehr beschäftigte, denn er fuhr nun recht aufgeschlossen fort: „Ich habe schon einmal einen Menschen gemacht, einen aus Lehm. Womöglich war das der Fehler. Lehm ist wahrscheinlich ein viel zu totes Material für so etwas. Kann sein, dass jener Mensch genau deswegen so wenig Ehrfurcht hatte vor dem Leben, selbst vor seinem eigenen. Dabei ist er trotz seiner notorischen Neugier nie dahintergekommen, wie man es erschafft. Unbegreiflicherweise trachtete er immer nur danach, es zu zerstören. Darin allerdings brachte er es zu absoluter Vollendung, das muss man ihm lassen. – Jetzt will ich es einmal mit Holz versuchen."

Elisa schaute auf die hölzerne Gestalt und befand im Stillen, dass sie ziemlich hässlich aussah mit diesen klobigen Händen, dem stocksteifen Rücken und dem kantigen Gesicht. Der uralte Schnitzer schien ihre Gedanken zu erraten, denn er besah sein Werk daraufhin mit prüfendem Blick und meinte: „Das Äußere ist nicht so wichtig. Daran wird man sich schon gewöhnen."

Etwas verunsichert fügte er hinzu: „Ich hoffe nur, dass die Härte des Holzes sich nicht zu sehr auf seinen Charakter auswirkt."

„Und wenn es nun doch nicht am Material gelegen hat?", wandte Elisa zaghaft ein. „Vielleicht hat jemand in böser Absicht seinen Verstand vergiftet, oder sein Herz? Das hat ihn krank gemacht. Aber einem Kranken muss man doch helfen, oder?"

Der uralte Schnitzer horchte auf.

„Hm", machte er und strich sich über den Bart. Nachdenklich schaute er vor sich auf den mit Holzspänen übersäten Boden.

„Am liebsten“, sagte er, „hatte ich die Menschen, wenn sie noch Kinder waren. Die kleinen Menschenkinder hatten ein reines Herz. Aber während sie erwachsen wurden, ging stets etwas Ungutes in ihnen vor, das ich mir nie erklären konnte. Einige von ihnen besannen sich wieder, wenn sie alt geworden waren. Doch da war es zu spät. Man nahm sie dann einfach nicht mehr ernst.“
„Ich wollte nämlich zurück in die Vergangenheit“, fiel Elisa ein. „Vielleicht könnte man dort etwas bewirken?“
Da huschte ein Lächeln wie ein Lichtschein über das Gesicht des uralten Schnitzers. Elisa errötete, weil ihr im selben Augenblick klarwurde, dass sie wohl etwas Dummes gesagt hatte. – Wie sollte man denn auch in der Vergangenheit etwas bewirken können?
Unvermittelt fragte der Schnitzer: „Glaubst du immer noch daran, dass du den kleinen Prinzen findest?“
Elisa blickte überrascht auf. Woher mochte der Alte wissen …? Doch sie antwortete: „Ich bin im Großen NICHTS gewesen. Und in dem Augenblick, als ich in dieses Licht eintauchte, da habe ich deutlich gesehen, dass ich …“
Sie sprach nicht weiter, denn sie hatte auf einmal begriffen, dass sie dem uralten Schnitzer eigentlich nichts zu erklären brauchte.
„Dann bist du also auch darüber im Bilde, wie es dir am Ende ergehen wird“, stellte er fest und schaute sie prüfend an.
„Ja“, sagte Elisa mit fester Stimme.
„Ich muss dich warnen vor dem, was du vorhast“, sprach er mit großer Eindringlichkeit. „Du weißt nicht, was du dir zumutest, mein Kind. Es wird ein mühsamer Tod sein im Schatten der feindseligen Disteln und der Affenbrotbäume, die dir das Wasser entziehen. Glaub mir, es ist unsagbar schlimm, vor Sehnsucht zu sterben und vor Durst.“
„Aber vorher“, beharrte Elisa, „vorher werde ich das allergrößte Glück finden, das es für mich gibt. Das ist mir den Preis wert, den ich dafür zahlen muss.“

Der uralte Schnitzer schüttelte mit einem Ausdruck staunender Bewunderung seinen Kopf. Elisa beobachtete gespannt, wie er den hölzernen Menschen in seinen Händen einer eingehenden Betrachtung unterzog. Dabei malte sich eine immer deutlicher werdende Skepsis auf seinem Gesicht.
„Na schön", sagte er kurz entschlossen und stellte das unvollendete Werk unter den Schemel. „Vielleicht hast du Recht. Lass es uns noch ein letztes Mal mit dem Menschen aus Lehm versuchen."

Elisa atmete erleichtert auf.
„Es gibt da nämlich eine Formel", erklärte der Alte, „eine Formel, die dabei helfen kann, alle menschlichen Probleme zu lösen. Zwar hatte mein Sohn sie schon vor gut zweitausend Jahren auf der Erde bekannt gemacht, aber leider schenkte man ihr kaum Beachtung. Die Formel ist sehr einfach. Sonderbarerweise hatten die Menschen die Eigenart, nur komplizierte Dinge für bedeutsam zu erachten und das Einfache für unwesentlich zu halten. Darum wendeten sie die Formel nicht an. Was dabei herauskam, hast du ja gesehen."
„Was ist das für eine Formel?", wollte Elisa wissen. Der uralte Schnitzer hob kurz die Hand, um sie zur Geduld zu mahnen, und

fuhr fort: „Geh zuerst in jene Zeit zurück, in der das große Unheil noch abwendbar ist. Oh ja, du kannst eine Menge dabei bewirken. Geschichten, wie beispielsweise die vom kleinen Prinzen bringen die Menschen stets zum Nachdenken. Dann denken Sie auch über sich selbst nach. Und darauf kommt es an. Eine solche Wirkung könnte auch von dir ausgehen. Erzähle deine Erlebnisse am besten einem Erwachsenen, der die Geschichten aus seiner Kindheit noch nicht vergessen hat, einem Erwachsenen, der sich zuweilen selbst Geschichten ausdenkt. Er wird ein guter Erzähler sein. Ihm werden die anderen Menschen eher glauben als dir, weil sie leider Kindern gegenüber skeptisch sind."
„Aber ich kenne einen solchen Erwachsenen nicht", wandte Elisa ein. „Wo soll ich den denn finden?"
„Mach dir darüber keine Gedanken", beruhigte sie der Alte. „Er wird dir begegnen. Und wenn es dir gelingt, sein Herz zu erwärmen, wird er alles tun, um deine Geschichte bekannt zu machen. In ihr wird die besagte Formel enthalten sein, die ich dir gleich sagen werde. Hör gut zu. Wenn du sie vernommen hast, sollst du deine Augen schließen."

58. Ein Brunnen in der Wüste

„Und? Hat er sie dir gesagt?", fragte ich gespannt. „Was soll denn das für eine Formel sein, die alle menschlichen Probleme löst?"
Die Zweifel in meiner Stimme waren kaum zu überhören.
„So eine Formel könnte ich nämlich gut gebrauchen", redete ich belustigt weiter. „Wie du ja weißt, hab ich einen ganzen Berg von Problemen."
Elisa schien zu überlegen.

„Warte noch“, sagte sie. „Es ist besser, wenn du erst einmal erfährst, was dann weiter passierte.“
Sie steckte noch ein paar Gräser zu ihrem Kornährenstrauß, während sie der Reihe nach zu erzählen fortfuhr: „Als ich die Augen wieder öffnete, sah ich zunächst nur Wüste um mich her. In meiner Nähe ragte ein bröckliger Mauerrest aus dem Sand. Aber der Himmel strahlte wieder blau und klar. Es war angenehm warm. Ich war allein. Und ich stellte verwundert fest, dass ich mein Tagebuch in den Händen hielt. Da erst fiel mir der uralte Schnitzer wieder ein wie ein Traum, an den man sich beim Aufwachen erinnert. Und weil ich nichts von dem Gespräch vergessen wollte, schrieb ich alles auf. Dann erst blickte ich mich aufmerksamer um. Die Wüste war unüberschaubar groß. Ihre welligen Hügel reichten bis zum Horizont. Oben auf einer Sanddüne glänzte die Silberkugel im Sonnenlicht. Und in einiger Entfernung entdeckte ich einen Brunnen, wie es ihn in so einer Wüste eigentlich gar nicht gibt. Denn es war ein Brunnen mit einer Seilwinde.“

59. Elisas bester Freund

Wie lange schon hatte Elisa kein Wasser mehr von der Erde getrunken! Angestrengt zog sie den überplätschernden Kübel durch den widerhallenden Brunnenschacht herauf. Sie trank mit geschlossenen Augen. Was für ein wundervoller Genuss! Sie war überzeugt, es war jenes Wasser, in das auch der kleine Prinz einst seine Lippen getaucht hatte. Es konnte für sie auf der Welt nichts Köstlicheres geben. Erfrischt setzte sie den Kübel ab.
„Da bist du ja“, sagte sie überrascht. „Wo hast du denn die ganze Zeit gesteckt?“

„Ich war immer da“, antwortete der Fuchs. „Du konntest mich nur nicht sehen, weil … Ich weiß nicht, das ist schwer zu erklären.“
Elisa wunderte sich. Der Fuchs trug keine Augenklappe mehr. Das Auge schien völlig gesund zu sein. Auch der traurige Knick in seinem Schwanz war verschwunden und das fehlende Fell an seiner rechten Seite war in voller Dichte nachgewachsen. Nur das Loch in seinem Ohr war noch da. Aber das hatte ihm zugegebenermaßen schon immer recht gut zu Gesicht gestanden und ihn obendrein unverwechselbar gemacht.
„Er hat mich zu dir geschickt, weil ich dir helfen soll“, berichtete er.
„Wer?“, fragte Elisa. „Der alte Schnitzer?“
Der Fuchs nickte.
„Und hat er gesagt, wobei?“, wollte sie wissen. „Wobei sollst du mir helfen?“
„Keine Ahnung“, gestand der Fuchs. „Ich bin von alldem noch ganz durcheinander.“

Gemeinsam kehrten sie zu dem Mauerrest zurück, wo das Tagebuch lag. Als Elisa es an sich nehmen wollte, sah sie vor sich halb mit Sand bedeckt etwas längliches Gelbliches liegen. Es schimmerte wie Seide. Ein gelber Seidenschal …? Hatte der kleine Prinz nicht genau solch einen Schal besessen? Sie streckte die Hand danach aus.
„Vorsicht!“, schrie der Fuchs. Das gelbe Ding richtete sich auf! Entsetzt prallte Elisa zurück.
„Hab ich dich erschreckt?“, fragte die Schlange und lachte ein wenig. Der Fuchs sträubte sein Fell und fletschte fauchend die Zähne. Elisa spürte ihr Herz bis zum Hals hinauf schlagen.
„Nur keine Angst“, sagte die Schlange sehr sanft und wandte sich beruhigend an den Fuchs: „Du brauchst hier niemanden zu beschützen, kleiner Freund. Ich habe ausschließlich friedliche Absichten.“

„Und das sollen wir glauben?“, zweifelte Elisa. Der Fuchs blieb sprungbereit stehen.
„Ihr könnt mir vertrauen“, versicherte die Schlange. „*Ich* bin es nämlich, die in dieser Wüste für Ruhe und Frieden zuständig ist.“
„Ich weiß, wer du bist“, sagte Elisa. „Du erinnerst dich sicher noch an den kleinen Prinzen, nicht wahr?“

„Aber ja“, gestand die Schlange freimütig und wand sich zu einem Knäuel zusammen. „Ein netter Junge. Ich wollte ihm helfen. Er war so bitter enttäuscht von der Erde.“
„Du lügst!“, rief Elisa zornig. „Ich bin nämlich auf seinem Planeten gewesen. Darum weiß ich, was damals wirklich passiert ist. Und du weißt es auch, du Mörderin!“
Die Schlange zuckte zusammen, denn sie hatte wohl begriffen, dass sie ertappt worden war.
„Versuche, mich zu verstehen“, sprach sie in sehr nüchternem Tonfall. „Seit Millionen Jahren muss ich auf dem Bauch über den heißen Sand kriechen. Ihr Menschen tragt schützende Schuhe, ich aber hab nicht einmal Füße. Ihr habt Hände, mit denen ihr frisch

duftende Blumen pflücken oder kühlendes Wasser schöpfen könnt. Ihr könnt ein geliebtes Wesen anlächeln oder es streicheln und es die Wärme eures Herzens spüren lassen. Und was hab ich? Du hast ein hübsches Gesicht und ausdrucksvolle Augen. Aber sieh mich an!"

„Es ist nicht dein Aussehen", befand Elisa, „sondern deine Bosheit, die dich so abscheulich macht."

„Ihr Menschen habt mich hierher verbannt", fuhr die Schlange mit erhobener Stimme fort, „damit euch mein Anblick in euren Häusern und Gärten erspart bleibt. Aber warte nur ab. Ich werde dafür sorgen, dass aus der ganzen Erde ein einziger Wüstenplanet wird. Dann habe ich sie ganz für mich allein."

„Du?", erstaunte Elisa und sah die Schlange abschätzend an.

„Du glaubst mir nicht?", züngelte das widerwärtige Tier und sprach: „Hör zu: Hier an dieser Stelle gab es vor vielen tausend Jahren einen herrlich blühenden Garten. Zuerst wohnte nur ein einzelner Mann darin. Seine Haut hatte die Farbe von Lehm. Später kam eine Frau dazu. Die beiden wurden sehr glücklich miteinander. Es war ein schauderhaftes Glück, denn sie vergaßen darüber alles andere um sich her, auch mich. Es kam sogar vor, dass sie mir auf den Kopf traten, weil sie nicht auf ihre Schritte achteten. Denn sie hatten nur noch Augen für einander. Da habe ich sie dazu angestiftet, sich Nachkommen zu zeugen, die sich allmählich vermehrten. Und diese Nachkommen zerstörten endlich den Garten, denn sie waren Menschen. Menschen nämlich sind die einzigen Wesen im ganzen Universum, die stets zerstören müssen, was sie lieben, weil sie mit nichts zufrieden sind. Und ich weiß genau, sie lieben auch diesen Planeten. Sei gewiss, es wird nicht mehr lange dauern."

Die Schlange schob sich vertraulich ganz nah an Elisa heran, nicht ohne den Fuchs hinter sich im Auge zu behalten, und wisperte: „Du aber kannst dich mit der Silberkugel in Sicherheit bringen.

Ich weise dir den Weg zu einem Asteroiden, der genauso wunderschön ist wie dieser Garten hier einst war. Dort gibt es Bäume, die so herrliche Früchte tragen, wie du sie noch nie gekostet hast. Zauberhafte Schmetterlinge huschen durch blühende Zweige. Vögel mit farbenfrohem Gefieder erfreuen dich mit ihrem Gesang. Die Wiesen stehen voll mit duftenden Blumen. Die Tiere sind so zahm, dass sie dir aus der Hand fressen. Die Sonne wärmt dich den ganzen Tag, und die Nächte sind so sternenklar, dass es dort nie richtig dunkel wird. In einem glasklaren See tummeln sich bunte Fische. An seinen Ufern findest du Perlen und Korallen. Und der Sand in den erfrischend kühlen Bächen besteht aus glitzernden Körnern von Gold. – Siehst du, ich meine es nicht böse mit dir."

Elisa lächelte ungläubig und meinte: „Du tust doch nichts, ohne etwas dafür zu verlangen."

Das Reptil wand sich ausweichend hin und her und erwiderte: „Ich will überhaupt nichts von dir. Aber du solltest endlich vernünftig werden und den kleinen Prinzen vergessen. Finde dich damit ab, dass er nicht mehr da ist. Seine Zeit ist nun einmal vorbei. Fliehe von diesem gefährdeten Planeten bevor es zu spät ist. Und vor allem: Verschone die Menschen mit deiner Geschichte!"

„Warum willst du das?", fragte Elisa. Die Antwort der Schlange klang ehrlich besorgt: „Die Erdenmenschen hatten schon immer großen Gefallen an Geschichten, in denen möglichst viel gelitten und gestorben wird. Und wenn sie erst erführen, was du *noch* alles auf dich nehmen willst, um dem kleinen Prinzen zu begegnen, wären sie so sehr davon beeindruckt, dass sie es sich immer weitererzählen würden. Womöglich verschwendeten sie ihre Gedanken dann noch zu allem Überfluss an die alberne Formel von diesem verrückten Alten."

„Jetzt weiß ich, was ich zu tun habe", sagte Elisa nach kurzem Überlegen. Sie trat zur Mauer und nahm das Tagebuch an sich.

Als sie sich umwandte, hatte sich die Schlange so hoch aufgerichtet, dass sie das Mädchen weit überragte.
„Mach keinen Blödsinn!“, zischte das Tier drohend. „Und gib mir das da! Ich habe eine bessere Verwendung dafür!“
Augenblicklich schlug die Schlange ihre entsetzlichen Giftzähne in das Buch, um es Elisa zu entreißen. Doch die hielt tapfer fest. Die Schlange wand und krümmte sich. Sie peitschte dabei den Wüstensand, dass er hoch aufstob. Und sie war so stark, dass sie das Mädchen zu Boden warf und mit sich schleifte. Schon drohte das Buch aus Elisas Fingern zu rutschen. Da gelang es dem Fuchs, den wirbelnden Schlangenschwanz zu erschnappen. Auch er wurde heftig hin und her geschleudert. Doch er biss sich dermaßen fest, dass die Schlange schmerzvoll aufschrie und endlich das Buch losließ.

Elisa sprang auf und lief die Düne empor, auf der die Silberkugel stand. Sie stolperte und fiel. Sie rutschte hangabwärts, rappelte sich hoch und hastete weiter. Heftig atmend blickte sie sich um. Die Schlange war nicht zu sehen, doch Elisa fühlte ihre Nähe. Sie hörte den Fuchs hecheln. Er war dicht hinter ihr. Seine Pfoten versanken im weichen Sand. Er kam nur langsam voran. Erschöpft hielt er inne.
„Was trödelst du!“, trieb Elisa ihn an. „Beeil dich mal ein bisschen!“
Sie griff dem Fuchs ins Fell und zerrte ihn mit sich. Gemeinsam erreichten sie die Silberkugel. Elisa musste ihrem Gefährten hineinhelfen, der sich anscheinend völlig verausgabt hatte. Als sie die Kanzel schließen wollte, hörte sie ein selbstgefälliges Lachen. Sie hielt inne. Erschauernd sah sie, wie sich die Schlange vor dem Einstieg aufrichtete. Es war zu spät, ihr zu entkommen. Das züngelnde Maul näherte sich dem Gesicht des Mädchens, dessen Hände das Tagebuch fest umschlossen hielten. Der Fuchs ließ ein warnendes Fauchen hören, welches keinen Zweifel daran zuließ,

dass er zum Angriff entschlossen war. Doch Elisa legte beruhigend ihre Hand auf seinen Nacken. Gefasst blickte sie dem scheußlichen Reptil in die starren Augen. Es verging eine ganze Weile, ohne dass etwas geschah. Niemand regte sich. Elisas Atem wurde wieder ruhiger. Und ganz allmählich zeigte sich ein Lächeln auf ihrem Gesicht.

„Jetzt begreife ich", sagte sie leise. „Du *kannst* mich nicht aufhalten, nicht wahr?"

„Aber das will ich doch gar nicht", versicherte die Schlange mit sanfter Stimme: „Du wirst so oder so zugrunde gehen. Und die Menschen werden ohnehin nicht auf dich hören. Ich habe für meinen Plan nichts zu befürchten, dazu kenne ich das Gesindel viel zu gut."

„Ich finde, du bist eine schlechte Verliererin", spöttelte Elisa.

„Das wird sich erst noch zeigen", sprach die Schlange weiter. „Also geh nur. Geh zu den Menschen, die ihre Autostraßen rücksichtslos durch blühende Gärten bauen und sich tote Füchse als Schmuck um den Hals hängen. Geh zu den Menschen, die schon fleißig an den Werkzeugen basteln, mit denen sie die Erde zu einer leblosen Wüste machen werden. Geh nur, geh, denn dort gehörst du hin. Ich wünsche dir eine gute Reise."

Als sich die Kanzel schloss, spie die Schlange den Rest ihres Giftes gegen das Panzerglas, worauf es kochend verdampfte.

Mit sanftem Schwung erhob sich die Silberkugel über die weite Wüstenlandschaft. Elisa atmete erleichtert auf.

„Als die Schlange eben vor mir stand", sagte sie, „da wusste ich plötzlich, dass sie mir nichts anhaben konnte – weil ich in diesem Leben noch eine wichtige Aufgabe erfüllen muss. Das ist merkwürdig. Mir scheint, seit wir das Große NICHTS durchquert haben, kann ich meine Zukunft genau so deutlich vor mir sehen wie ich mich an etwas Vergangenes erinnere."

Der Fuchs schwieg. Da schien Elisa etwas einzufallen, und ihr Gesicht wurde sehr ernst.
„Tut es sehr weh?“, fragte sie mit gedämpfter Stimme.
„Es geht“, antwortete er. Elisa sprach weiter: „Ob wir wohl die einzigen Erdenwesen sind, die jemals aus dem Großen NICHTS zurückgekehrt sind? Wir beide wissen jetzt, dass wir vor unserer Geburt schon einmal dort waren, und dass wir am Ende wieder dorthin zurückkehren.“
„Nur leider“, fügte der Fuchs nachdenklich hinzu, „leider wissen wir nicht, wie es dort ist und was uns dort erwartet.“
Elisa sah den Fuchs lange an.
„Oh, es wird lange dauern, bis wir uns wiedersehen“, sagte sie.
„Sehr lange“, ergänzte der Fuchs. „Eine ganze Ewigkeit.“
„Ja“, bestätigte Elisa. „Ich werde dich sehr vermissen.“
„Wir sollten jetzt landen“, meinte der Fuchs. „Dort unten ist ein guter Platz, um voneinander Abschied zu nehmen.“

Elisa landete in einer kleinen Talmulde, die nur aus der Luft zu sehen war, weil sie von hoch aufragenden Felsen verborgen wurde. Aus dem Gestein plätscherte eine silberglitzernde Quelle hervor. Sie ergoss sich in einen klaren Teich, an dessen Rand eine einsame Palme kühlenden Schatten spendete.

Elisa formte ihre Hände zu einer Schale, schöpfte Wasser und gab dem Fuchs zu trinken. Er konnte den Kopf nicht heben, weil ihn der Schlangenbiss in seinem Genick bereits lähmte.
„Weißt du noch?“, begann Elisa zu reden, als sein Durst gestillt war. „Du hattest mir einmal versprochen, dass du niemals mein Freund werden würdest. Ist dir eigentlich klar, dass du dein Versprechen nicht gehalten hast?“
Da musste der Fuchs lächeln.
„Ich hoffe, du bist mir nicht allzu böse deswegen“, erwiderte er.
„Nein“, sagte Elisa mit einem kleinen Lachen. „Und ich muss dir gestehen, dass ich nie einen besseren Freund hatte, als dich.“

„Danke, Elisa.“
„Oh, du hast mich eben zum allerersten Mal beim Namen genannt. Und jetzt fällt mir ein, dass ich die ganze, lange Zeit nicht ein einziges Mal auf die Idee gekommen bin, dich zu fragen, wie du eigentlich heißt.“
Der Fuchs hatte die Augen geschlossen. Seine Stimme klang müde und schwach.
„Mein Name … Er tut nichts zur Sache. In deiner Erinnerung möchte ich immer nur der Fuchs bleiben. Denn, weißt du, wir Füchse sind einander ziemlich gleich, viel mehr, als ihr Menschen einander ähnlich sein könnt. Wenn du künftig einem Fuchs begegnest, soll es für dich sein, als wäre *ich* es.“
Elisa wiegte verneinend den Kopf.
„Du bist für mich nicht wie alle Füchse. Von allen Füchsen der Welt warst du es, mit dem ich vor dem Tiger geflüchtet bin, mit dem ich den Sonnenuntergang auf dem Planeten des kleinen Prinzen gesehen habe, mit dem ich in das Große NICHTS getaucht bin. Du und kein anderer warst es, der das Buch mit unserer Geschichte und der kostbaren Formel vor der Schlange gerettet hat. Ich habe *dir* zu danken für deine Tapferkeit und für alles, was du für mich getan hast. Du bist einzig für mich. Du bist *mein* Fuchs. Ich werde die Erinnerung an Dich für immer bei mir tragen, an einem ganz besonderen Platz in meinem Herzen.“
Elisa strich dem Fuchs sanft über das weiche Fell. Er atmete nicht mehr.

Als sie alle ihre Tränen geweint hatte, begrub sie ihren Freund am Fuße der einsamen Palme an dem klaren Teich, in dessen Kräuselwellen das Sonnenlicht glitzerte wie tausend Diamanten. Sie blieb am Ufer sitzen, bis das Glitzern im sich neigenden Schatten der Felsen erlosch.

60. Das Gift der bösen Schlange

„Wir sind angekommen", sagte Elisa, als wir unter den schattigen Baumkronen des kleinen Wäldchens anlangten, das von dem Kornfeld umgeben war. Da bemerkte ich, wie hinter einem Gesträuch etwas in den Sonnenstrahlen glänzte, die tanzend durch das Gezweig fielen. Wie angewurzelt blieb ich stehen. Dort stand die Silberkugel! Die Büsche und Bäume spiegelten sich auf ihrer Oberfläche. Staunend trat ich näher heran.
„Sie ist an manchen Stellen schon ein bisschen zerkratzt", meinte Elisa. „Ab und zu haben sie kleine Sternschnuppen gestreift."
„Warum hast du sie hier versteckt?", fragte ich.
„Du wirst es gleich verstehen", erwiderte Elisa und knüpfte an ihre Erzählung an: „Heute Vormittag flog ich von der Wüste Sahara auf dem kürzesten Weg quer übers Mittelmeer und die Alpen nach Hause. Aber ich hatte Mühe, es wiederzufinden. Dort war alles verändert. Ich hielt von oben vergeblich nach der Tütensuppenfabrik mit ihrer hohen Mauer Ausschau. An ihrem Platz war

ein lichtes Wäldchen aus Birken und Tannen, durch das sich ein kleiner Bach schlängelte. Ich parkte die Silberkugel hinter dem Haus neben einem blühenden Rosenbusch. Großmutter war nicht da, aber in der Küche duftete es nach frischem Kirschkuchen. Da bin ich erst einmal hinübergegangen in Professor Heuretes Laboratorium. Schon aus der Luft hatte ich gesehen, dass sein Dach vollkommen in Ordnung war, als wäre es nie kaputt gewesen. Der Professor saß an seinem Computer. Ich wunderte mich. Er hatte so sonderbar viele Haare auf dem Kopf. Überhaupt wirkte sein Gesicht irgendwie jünger. Als ich ‚Hallo' sagte, blickte er nur kurz auf und brummte: ‚Hier ist kein Kinderspielplatz. Stör mich nicht!' Bei ihm saß ein kleines schwarzes Kätzchen mit weißem Kragenfell und unschuldigen Äuglein. Und ich sah auf dem Bildschirm den halbfertigen Konstruktionsplan der Silberkugel."

An dieser Stelle machte Elisa eine Pause und blickte mich erwartungsvoll an.

„Merkwürdig", meinte ich. „Weshalb hat er sich so gleichgültig verhalten, nach allem was passiert ist?"

Elisa sprach weiter: „Ich hab die Tür leise wieder zugemacht und bin auf die Straße gegangen. Alles wirkte so anders. Die Fensterläden an unserem Haus waren frisch gestrichen. Die großen Zitterpappeln erschienen mir viel kleiner als vor meiner Abreise. Die Nachbarsleute, denen ich begegnete, schauten mich verwundert an, wenn ich sie grüßte, so als würden sie mich nicht wiedererkennen. Und hinter der Siedlung war es sonderbar still, denn da war nicht die Autobahn, sondern … Ich konnte es kaum glauben. Schon von weitem sah ich den großen, alten Nussbaum. Die Kirschbäume trugen dunkelrote Früchte. Ich konnte durch das Lattentor in unseren Garten blicken. Da stand die kleine Laube mit den dichten Weinranken wieder. Und unter ihrem Vordach saßen Oma und Opa zusammen auf der weißen Bank und sprachen miteinander."

Elisa hielt inne und fragte mich: „Kannst du dir nicht erklären, wie das geschehen konnte?“
Ich brauchte einen Moment der Besinnung, bevor ich schlussfolgerte: „Du bist wahrscheinlich einige Jahre zu früh …?“
Elisa nickte: „So ist es. Nämlich: mich gibt es eigentlich noch gar nicht.“

Mir schwirrte der Kopf. So etwas muss man schließlich erst einmal verdauen. Da hatte ich mich also die ganze Zeit mit jemandem unterhalten, den es noch gar nicht gab!
„Meine Großeltern würden mich gar nicht kennen“, erklärte Elisa, „weil ich noch nicht geboren bin. Die Autobahn ist noch nicht gebaut. Und Professor Heuretes hat erst vor kurzem damit begonnen, die Silberkugel zu erfinden.“

„Und wirst du sie ihm zurückbringen?“, fragte ich. Elisa schüttelte den Kopf: „Das geht nicht. Denn das würde den gesamten Lauf der Zeit durcheinanderbringen. Außerdem darf es solche Erfindungen erst dann geben, wenn niemand mehr auf die Idee kommt, ein Unheil damit anzurichten.“

Elisa holte ihr Tagebuch aus der Silberkugel hervor. Sie strich wie zum Lebewohl mit der Hand darüber und reichte es mir. Zögernd nahm ich es entgegen. Es trug die Bissspuren der Schlange, als hätte jemand zwei Nägel nebeneinander hindurchgeschlagen.

„Alles, was du brauchst, ist dort aufgeschrieben“, sagte Elisa, wobei sie mir fest in die Augen sah. Ich bekam Herzklopfen.

„Meinst du wirklich, dass ich dafür der Richtige bin“, wandte ich zaghaft ein, „nur weil du mir zufällig begegnet bist?“

„Du *bist* der Richtige“, erwiderte sie mit fester Stimme. „Und glaub mir, es gibt keine Zufälle.“

Auf einmal fühlte ich das Nahen unseres Abschieds wie den kühlen Schatten einer dunklen Wolke.

„Was hast du vor, meine Kleine?“, fragte ich besorgt. „Willst du etwa im Sternenhimmel weiter nach deinem Prinzen suchen? Du hast doch selbst gesagt, dass die Schlange zugegeben hat …“

Elisa griff nach meiner Hand, als wollte sie mich beruhigen.

„Es ist anders, als du denkst“, sagte sie. „Leider können wir an der Vergangenheit nichts ändern. Was geschehen ist, das ist nun einmal geschehen. Und trotzdem gibt es eine Möglichkeit, ihm zu begegnen.“

Elisas Augen verrieten, dass ihre Gedanken nun in jenen Tiefen ihrer Seele weilten, für die keine menschliche Sprache mehr Worte hat, wo es nur noch diese schattenhaften Ahnungen gibt, die uns manchmal in stillen Stunden überkommen. Ich hörte sie leise sagen: „Ich bin nichts als ein Gedanke, der wie ein Hauch durch die dunkle Unendlichkeit schwebt. Doch irgendwann werde ich irgendwo an der Grenze zwischen Traum und Wirklichkeit zu einem winzigen Samenkorn, das der Sonnenwind auf einen einsamen, kleinen Planeten trägt. In seiner kühlen Erde erwache ich zum Leben, ich treibe Wurzeln, werde ein Sprössling mit einer Knospe, ich wachse in die Höhe, und eines Morgens gerade zur Zeit des Sonnenaufgangs werde ich mich enthüllen. Ich werde mich recken und strecken und ein bisschen gähnen, und dann werde ich zum kleinen Prinzen sagen: ‚Entschuldigung. Ich bin ja noch ganz zerknittert.'"

Wie kantige Schottersteine legten sich Elisas Worte auf mein Herz. Ich hielt ihre Hand in der meinen. Die Kehle war mir wie zugeschnürt.

Elisa sprach weiter: „Ich werde dem kleinen Prinzen nichts über meine Herkunft erzählen. Das wird mein Geheimnis bleiben. Ich weiß, er liebt das Geheimnisvolle. Ich werde ihn nach gefährlichen Tigern fragen, um ihn zu beunruhigen. Ich werde ein wenig husten und so tun, als würde ich mich vor der Zugluft fürchten, damit er sich um mich sorgt. Ich werde ihn dazu auffordern, dass er mich regelmäßig gießt, damit er sich mir verpflichtet fühlt. Ich werde einfach alles tun, damit er stets an mich denkt. Und wenn ich dann eines Tages spüre, dass er entschlossen ist, mich zu verlassen, werde ich selbst ihn fortschicken. Das wird ihm ein neues Rätsel aufgeben, und darum wird er mich nie, niemals vergessen. Das wird mich in meiner Einsamkeit trösten, wenn die Disteln und Affenbrotbäume um mich herum zu wachsen anfangen.“

Elisa schaute mich an, als suchte sie in meinem Gesicht die Antwort auf eine Frage, die ihr wichtiger zu sein schien, als alle Sorgen um Kälte, Hunger, Durst und Heimweh, wichtiger sogar, als Leben oder Tod. Doch was konnte ich ihr denn schon sagen, ihr, die von all diesen Dingen bereits viel mehr wusste als ich? So löste ich meine Halskette mit dem goldenen Glöckchen und reichte sie ihr.

„Da, nimm“, sagte ich, indem ich mich bemühte, meiner Stimme einen zuversichtlichen Klang zu geben. „Vielleicht schaffst du es, das Glöckchen irgendwie in die Vergangenheit zu schmuggeln. Vielleicht kannst du es sogar ganz unauffällig in der Geschichte vom kleinen Prinzen unterbringen.“

Elisa wand die Halskette um den Kornährenstrauß und versprach: „Ich will es versuchen. Man kann ja nie wissen.“

„Dann wäre es genauso“, fiel mir ein, „als würde der kleine Prinz mir einen Gruß von Dir ausrichten. Ich werde das Buch noch einmal sehr aufmerksam lesen, Wort für Wort. Vielleicht entdecke ich ja das Glöckchen irgendwo darin? Dann werde ich beruhigt sein, weil ich weiß, dass du dein Glück gefunden hast. Und außerdem werde ich dann wissen, dass es für uns alle hier unten auf der Erde zumindest die Hoffnung gibt, dass unsere Herzenswünsche in Erfüllung gehen, auch wenn es manchmal noch so unmöglich scheint.“

Elisa nickte: „Die Hoffnung bleibt uns, solange wir einen Schatten werfen. – Es wird Zeit für mich. Bis zur Milchstraße ist es noch weit.“

Es wurde still um uns her, so als hielte der Wind seinen Atem an. Das beständige Flüstern des Kornfeldes, das uns bis hierher begleitet hatte, war verrauscht. Selbst die Singvögel in den Bäumen waren plötzlich verstummt. Auch ich schwieg. Mir war trotz aller verbleibenden Hoffnung ziemlich elend zumute, denn ich zweifelte daran, dass der kleine Prinz Elisas Erwartungen jemals erfüllen könnte, dass er ihr Verlangen jemals stillen würde. Er könnte sie nicht einmal in die Arme nehmen. Nie würde er den Duft ihres weichen Haares, nie ihren lebenswarmen Atem und ihr schnelles Herzpochen spüren. Sie wird Dornen haben …! Ich schwieg, weil ich deutlich empfand: Was ich nun in den Armen hielt, war eigentlich nur eine Hülle. Das Eigentliche war unsichtbar, und es war schon viel zu weit fort, um meine Besorgnis zu verstehen.

Ich hob Elisa auf und setzte sie behutsam in die Silberkugel, denn das Unvermeidliche war ja doch nicht aufzuhalten. Sie schnallte sich auf ihrem Pilotensitz fest. Dann deutete sie auf das Tagebuch in meiner Hand.

„Die Formel“, sagte sie, „ist das wichtigste von allem, was dort geschrieben steht. Du musst es so einrichten, dass möglichst viele Menschen von ihr erfahren. Dir werden sie einfach mehr glauben als mir, weil du erwachsen bist.“

Ich nickte stumm. Der Blick aus Elisas dunkelblauen Augen war fest auf mich gerichtet, als sich die Panzerglasscheibe mit leisem Summen schloss. Sie betätigte den Startknopf. Auf einmal umgab die Kugel ein mattblaues, pulsierendes Leuchten. Ein sirrendes Geräusch war zu hören. Ich trat ein wenig zurück. Zum allerletzten Mal sah ich Elisas bezauberndes Lächeln, und ich sah, wie sie mir mit dem Kornährenstrauß zuwinkte und mit dem kleinen Glöckchen schellte. Dann hob sich die Silberkugel scheinbar schwerelos empor, wobei sie raschelnd ein paar Zweige streifte, und stieg steil in den Himmel. Ich lief die wenigen Schritte aus dem Wäldchen hinaus, weil mir die Bäume den Blick versperrten, und schaute in die Höhe. Doch da war sie bereits verschwunden. Ich entdeckte nur noch hoch oben gerade über mir ein rundes Tunnelloch in einer weißen Wolke, das der Wind allmählich zuwehte wie eine Tür, die man leise hinter sich schließt.

Als ich dann so allein und verlassen dastand, kam mir für einen Moment in den Sinn, dass ich das alles womöglich nur geträumt haben könnte. Doch ich hielt ja das Tagebuch in den Händen. Nein, geträumt hatte ich nicht. Ich ging dann schnell zu meinem Auto zurück, setzte mich auf den Baumstumpf und schlug gespannt die letzten Seiten auf, weil ich unbedingt wissen wollte… Ja, und da machte ich leider eine sehr, sehr schlimme Entdeckung. Ihr wisst, die verfluchte Schlange hatte in das Buch gebissen. Zwar waren viele Seiten dabei unversehrt geblieben, aber gegen Ende war die Tinte mehr und mehr zerlaufen und das Papier war wie von Säure zerfressen. Und die allerwichtigste Passage, nämlich die Formel des uralten Schnitzers, die war durch das Schlangengift so arg verstümmelt, dass ich damit nichts mehr anzufangen vermochte. Da konnte ich zwar fast das ganze übrige Gespräch Wort für Wort lesen, nur die Formel ließ sich einfach nicht mehr entziffern. Dort stand geschrieben:

‚… wenn es dir gelingt, sein Herz zu erwär… (hier war die Tinte zerlaufen) …alles tun, um deine Geschichte zu verbreiten. In ihr wird die besagte Formel enthalten sein, die ich dir gleich sagen… (wieder Tinte zerlaufen) …du sie verstanden hast, sollst du deine Augen schlie… (Tinte zerlaufen) …Formel heißt: Lie… (Tinte zerlaufen) …dich selbst.‘

Das war alles. Ihr könnt mir glauben, dass mir nun wahrhaft zum Heulen zumute war. Ich blieb auf dem Baumstumpf sitzen und las das ganze Buch, soweit ich es entziffern konnte, von Anfang bis

Ende. Dabei merkte ich kaum, wie die Zeit verging. Erst als ich es durch hatte, blickte ich auf und stellte fest, dass mein Schatten, der quer über die Straße fiel, schon recht lang geworden war. Die Sonne begann allmählich, die Farbe von Elisas Kleid anzunehmen. Und meine eigene bittere Wirklichkeit holte mich wieder ein.

Betrübt schaute ich auf mein defektes Auto, das ich ja nun irgendwie von hier fortbringen musste. Da kam ich auf den Gedanken, dass ich vielleicht doch noch einmal, wirklich nur ein letztes Mal auf den Motor sehen sollte. Man kann ja nie wissen. Ich legte also das Tagebuch auf das Dach des Autos und öffnete die Haube. Und tatsächlich bemerkte ich gleich auf den ersten Blick ein loses Kabel, das mir vordem überhaupt nicht aufgefallen war. Schnell befestigte ich es wieder an seiner Steckverbindung. Sollte das tatsächlich der Fehler gewesen sein, dem ich diesen Aufenthalt zu verdanken hatte?

„Entschuldigen Sie bitte“, hörte ich da eine Stimme hinter mir. „Ich hätte eine Frage.“

Natürlich war ich abermals nicht darauf gefasst, dass plötzlich jemand hinter mir stand. Erschrocken richtete ich mich auf und stieß mir wieder so heftig den Kopf an der Motorhaube, dass mir richtig schwindlig wurde. Mit schmerzverzogenem Gesicht drehte ich mich um und fragte: „Was?“

„Oh, haben Sie sich wehgetan?“, erkundigte sich der Mann mit dem orangeroten Schutzhelm. Er hatte einen großen Gerätekoffer vor sich abgestellt und trug eine lange, weiß-rote Messlatte und ein zusammengeklapptes Stativ über der Schulter.

„Ach, ist nicht so schlimm“, stöhnte ich.

Der Mann stellte auch die Messlatte und das Stativ ab.

„Ich bin Landvermesser, wissen Sie“, begann er zu erklären. „Und ich hoffe, es ist nicht zu viel verlangt. Dürfte ich Sie bitten, mich ein Stück mitzunehmen?“

Ich schaute ihn wohl ziemlich verwirrt an, denn er fuhr fort: „Bitte, seien Sie so freundlich. Sie sehen ja, was ich hier alles zu schleppen habe.“
„Ja, natürlich“, sagte ich. „Ich will nur hoffen, dass der Wagen anspringt, weil …“
„Nämlich mein Kollege“, fuhr der Landvermesser fort, „der wurde heute während der Arbeit benachrichtigt, dass er Vater geworden ist. Und da ist er natürlich gleich mit unserm Dienstwagen in die Klinik zu seiner Frau gefahren. Das kann man ja verstehen, nicht wahr?“
Ich nickte zustimmend.
„Aber er ist nun schon seit über fünf Stunden weg und ist nicht zurückgekommen, wie wir es ausgemacht hatten. Und jetzt steh ich da und weiß nicht, wie ich von hier wegkommen soll.“
Der Landvermesser nahm seinen Helm ab und wischte sich mit einem Taschentuch den Schweiß von der Stirn. Ich versuchte derweil, das Auto zu starten. Der Auspuff knallte, der Anlasser rasselte, der Motor hustete ein-zweimal … und lief. Er lief wieder! Erleichtert atmete ich auf.

Das Stativ und die weiß-rote Latte ragten wippend aus der geöffneten Kofferraumklappe, als wir losfuhren.
„Die Sonne geht gleich unter“, bemerkte der Landvermesser und fügte dankbar hinzu. „Wenn Sie nicht gewesen wären ... Was hätte ich bloß angefangen im Dunkeln in dieser gottverlassenen Gegend.“
Weil es schon recht dämmrig war, schaltete ich die Scheinwerfer ein.
„Was haben Sie hier eigentlich vermessen?“, wollte ich wissen.
„Den Verlauf der neuen Autobahn“, antwortete mein Fahrgast.
„Was?!“, fragte ich bestürzt. „Hier soll tatsächlich eine Autobahn gebaut werden?“

„Ja“, bestätigte er. „Haben Sie das nicht gewusst? Sie wird dort hinten mitten durch den Wald verlaufen und unmittelbar an der nächsten Ortschaft vorbeiführen. Dort werden ihr leider auch ein paar sehr schöne Kleingärten zum Opfer fallen müssen. Aber was soll man da machen?“

„Ich verstehe“, sagte ich, und mir war dabei nicht sehr wohl zumute. Als wir einen Hügel überquerten, wurde endlich eine Straße sichtbar, auf der die Lichter vieler Fahrzeuge entlangzogen.

„Ich hab’ mehrmals versucht, meinen Kollegen übers Handy zu erreichen“, berichtete der Landvermesser, „aber er meldet sich einfach nicht. Dabei ist der Rudi Rose eigentlich immer sehr zuverlässig. Jetzt mach ich mir Sorgen, weil die Bremsen an unserm Geländewagen nicht in Ordnung sind. Wir hatten keine Zeit, sie reparieren zu lassen, denn wir konnten uns keinen Arbeitsausfall leisten. Dann hätte man uns wegen dieser Verzögerung wieder einmal weniger Geld gezahlt. Und ich hab’ drei Kinder, Sie verstehen. – Da vorn an der Einmündung ist eine Bushaltestelle.“

Als ich dem Landvermesser an der Haltestelle mit dem Gepäck half, sagte er: „Ich hoffe wirklich sehr, dass der Rudi nicht zu schnell gefahren ist, weil sonst … die Bremsen, wissen Sie.“

„Ja“, erwiderte ich. „Die Bremsen sind das Allerwichtigste an einem Auto. Wenn die nicht in Ordnung sind, sollte man sich besser nicht ans Steuer setzen. Schon gar nicht, wenn man gerade erst Vater geworden ist.“

„Da haben Sie wohl Recht“, stimmte der Landvermesser zu. „Das Kind ist übrigens ein Mädchen. Die Kleine soll Elisabeth heißen. Ein schöner Name, nicht wahr? – Auf Wiedersehen. Und nochmals vielen Dank.“

In dem Moment fiel mir mit Schrecken ein, dass ich ja das Tagebuch auf das Autodach gelegt hatte, bevor ich die Motorhaube öffnete. Natürlich wendete ich sofort und fuhr an die Stelle zurück, doch leider …

Inzwischen war die Sonne vollständig am Horizont untergetaucht und es dunkelte immer mehr. Trotzdem fuhr ich die Strecke noch dreimal ganz langsam ab, aber im Scheinwerferlicht war nichts mehr von dem Buch zu sehen. Wer mochte wissen, wo es vom Dach gerutscht war? Es hatte keinen Zweck.

Am folgenden Tag war ich wieder dort und suchte zu Fuß die Straßengräben ab, doch ich fand es nicht wieder. Da war nur ein feines Glitzern auf diesem Baumstumpf, auf dem Elisa gesessen hatte. Ganz vorsichtig bürstete ich den wenigen Sternenstaub zusammen und tat ihn in eine Streichholzschachtel, um wenigstens ein kleines Andenken an sie zu haben.

Und damit ist die Geschichte eigentlich zu Ende.

Aber weil ich noch einiges zu sagen habe, gibt es hier einen

Epilog

Inzwischen sind Monate vergangen. Das Tagebuch blieb endgültig verloren, obwohl ich sogar eine Suchanzeige in der Zeitung aufgab. Auch der Sternenstaub aus der Streichholzschachtel hat sich leider verflüchtigt. Es ist ein sehr feiner Staub gewesen. So kann ich dem geneigten Leser keinen einzigen Beweis dafür vorlegen, dass ich Elisa tatsächlich begegnet bin. Da kann man nichts machen.

Zur allgemeinen Beruhigung sei aber gesagt, dass ich mir alles, was in dem Tagebuch stand, recht gut gemerkt habe. Und damit ich wirklich nichts vergaß, machte ich mich gleich am übernächsten Tag nach unserer Begegnung an die Arbeit. Ich schrieb dieses Buch, so schnell es ging. So oft und so lange ich konnte saß ich am Schreibtisch, manchmal ganze Nächte hindurch, bis ich auf meinem Stuhl einschlief.

Was ich meinen Leser unbedingt noch wissen lassen möchte: Im Laufe der Wochen nach meiner Begegnung mit Elisa stellte ich auf einmal fest, dass mein Leben allmählich begann, sich immer mehr zum Guten zu wenden. Ich kann nicht genau sagen, woran das liegt. Vielleicht hängt es ja damit zusammen, dass ich anfing, mich selbst zu ändern. Das zeigte sich unter anderem darin, dass ich eines Tages tatsächlich den Mut fand, die Mama meines kleinen Sohnes anzurufen. Ich erklärte ihr, dass ich nun verstehen könne, weshalb sie mich damals verließ und ich gestand ihr auch, dass ich große Sehnsucht nach unserem Paulchen hätte. Gleich am nächsten Tag sagte ich alle Termine ab und fuhr ihn besuchen. Er sah mich von weitem kommen und rannte aus Leibeskräften auf mich zu. Als ich ihn nach dieser langen Zeit in die Arme nahm, umhalste er mich so fest, dass ich kaum noch Luft kriegte. Er wollte mich gar nicht mehr loslassen. Seitdem sehen wir uns ziemlich oft. Manchmal besucht er mich sogar für mehrere Tage. Er schläft immer so gern in meinem großen Bett.

Übrigens hat sich auch mein Berufsleben grundlegend gewandelt. Ich habe nämlich meine Tätigkeit als Schiffsglockenverkäufer aufgegeben. Ich war es leid, immer neue Geschichten über Glocken zu erfinden, bloß damit die Leute sie kaufen. Auch fand ich es meinen Kunden gegenüber nicht fair, weil diese Geschichten … nun ja. Darum entschloss ich mich, diesen elenden Beruf an den Nagel zu hängen. Und jetzt mache ich etwas völlig anderes: Jetzt verkaufe ich Sternenglöckchen, nämlich diese niedlichen Glöckchen, die man an einer Halskette tragen kann. Und wenn mich die Leute fragen, warum die kleinen Dinger ausgerechnet Sternenglöckchen heißen, dann ergreife ich die Gelegenheit beim Schopf und erzähle ihnen etwas von Elisa und ihrem Freund, dem Fuchs. Und ich sage ihnen, dass die Glöckchen genauso aussehen wie das kleine Glöckchen, das ich Elisa auf ihre Sternenreise mitgegeben hatte. Selbst wenn sie mir nicht glauben, sagen sie meist: „Das ist aber ein schönes Märchen“, und kaufen mir ein Glöckchen ab. Und zu jedem Glöckchen gibt es dann ja auch dieses Buch, das mein Leser gerade in den Händen hält.

Jedenfalls freue ich mich, dass immer mehr Leute ein Sternenglöckchen bei mir erwerben, denn diejenigen werden Elisas Geschichte kennenlernen. Und wer diese Geschichte kennt, wird sich ganz bestimmt bemühen, den Lauf unserer Welt zum Besseren zu wenden. Und darauf kommt es schließlich an.

Eigentlich kann ich jetzt von mir sagen, dass ich so gut wie keine Probleme mehr habe, außer ein paar ziemlich unbedeutende; zum

Beispiel, dass mir meine Anziehsachen alle zu weit werden, weil mich nicht mehr so viel Kummer belastet und ich demzufolge weniger esse. Ja, ich bin sogar richtig schlank geworden und sehe wahrscheinlich recht gut aus für einen Mann in meinem Alter. Das merke ich übrigens auch daran, dass mir Paulchens Mama gelegentlich Blicke zuwirft, fast wie zu der Zeit, als wir uns kennenlernten. Na ja, ich will nicht übertreiben, aber es kommt mir ein wenig so vor. Es scheint beinahe, als wäre sie mir nicht mehr richtig böse. Vielleicht sollte ich sie einmal fragen, ob sie nicht Lust hätte, mit Paul und mir zum Schwimmen zu gehen oder mit auf die Drachenwiese zu kommen. Leider habe ich mich noch nicht getraut. Jedenfalls Paul und ich … Aber das ist eigentlich ein Geheimnis, und ich bitte den geneigten Leser, es für sich zu behalten: Paul und ich bauen nämlich an einem Modell von einem wunderschönen Schiff mit zwei Segelmasten, einem Steuerruder und einem richtigen kleinen Anker vorn an der Seite. Es wird natürlich auch eine kleine Schiffsglocke haben, die richtig läutet. Und wenn wir es das allererste Mal zu Wasser lassen, dann ist Pauls Mama ganz bestimmt dabei. Eine richtige Schiffstaufe muss ja bekanntlich von einer Frau vorgenommen werden. Solange werden die Namenszüge am Bug natürlich verhüllt sein. Und wenn sie die Tücher herunternimmt, wird sie ganz überrascht den Namen unseres Traumschiffs lesen: MARLENE.

An dieser Stelle möchte ich meinen Leser daran erinnern, was ich Elisa zum Abschied sagte; ich wollte das Buch vom kleinen Prinzen noch einmal ganz genau lesen, in der Hoffnung, das Glöckchen irgendwie darin erwähnt zu finden. Eigentlich habe ich es ja nicht wirklich geglaubt. Aber ich kann gar nicht sagen, wie maßlos ich gestaunt habe, als da zum Schluss gleich von ‚fünfhundert Millionen Glöckchen' die Rede war! Das ist eine Tatsache! Jeder kann es selber nachlesen. Da wurde mir klar, dass sich Elisas größter Wunsch erfüllt und sie ihr Glück gefunden hatte. Und als ich die Worte der Blume las, da hörte ich im Geiste ganz deutlich ihre Stimme wieder.

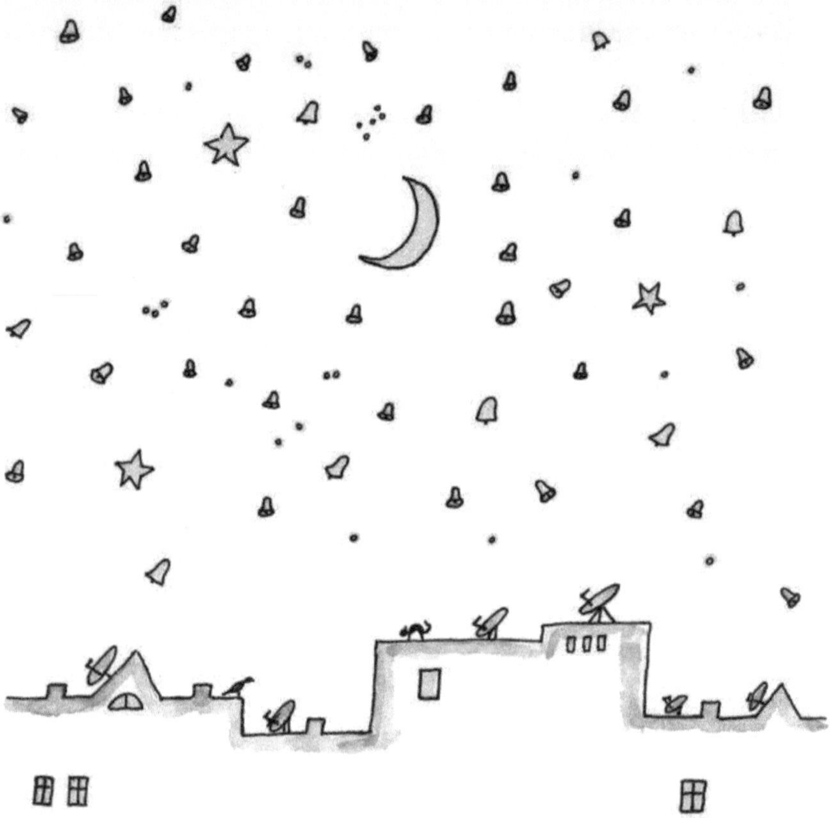

Diese Formel des uralten Schnitzers, die angeblich schon seit zweitausend Jahren auf der Erde bekannt ist – ihre Zerstörung ist gewiss ein großer Verlust für uns. Aber vielleicht brauchen wir sie ja gar nicht? Es muss uns doch auch ohne irgendwelche Formeln gelingen, unseren Planeten vor dem Unheil zu bewahren! Wer diese Geschichte kennt, wird sowieso niemals zulassen, dass er von irgendwelchen skrupellosen Karnifeksen kaputt gemacht wird. Denn das Glück, das wir alle zum Leben brauchen, ist ja nur hier auf unserer wunderschönen Erde zu finden. Doch bestimmt nicht in all den glitzernden Kostbarkeiten, die sich nur die wenigsten von uns leisten können. Nein, das wirkliche Glück, das weiß ich jetzt, liegt in den einfachen Dingen, die man selbst für alles Geld der Welt nicht kaufen kann. Wir finden es in den gut gemeinten Wahrheiten, an denen wir unsere wirklichen Freunde erkennen, und im verständnisvollen Lächeln über unsere kleinen Schwächen, wir finden es in den leisen Melodien, die unser Innerstes berühren, und im sanften Kerzenschein, der uns so nachdenklich stimmt, und wir finden es im Frieden mit uns selbst und in der Wärme unserer Hände.

Dennoch liege ich manchmal nachts lange wach und grüble und grüble: **Lie.....................................dich selbst.** Aber wenn ich dann zum Fenster trete und den Himmel voller Sterne sehe, muss ich lächeln. Ich weiß, irgendwo da oben blüht eine Rose für uns.

ENDE

Das originale Sternenglöckchen

bestellbar beim Verlag

abentheuerverlag.de

oder im Buchhandel

Messingglöckchen Ø 11 mm, Lesezeichen 160 x 36 mm und Kordel 500 mm

Artikel-Nummer: 9117710